FEITAS PARA CRESCER

CHRIS KUENNE
JOHN DANNER

FEITAS PARA
CRESCER

Como o
intraempreendedorismo
pode promover
a inovação e o
desenvolvimento
das empresas

Uma publicação da

THE POWER
OF KNOWLEDGE

Feitas para crescer – Como o intraempreendedorismo pode promover a inovação e o desenvolvimento das empresas
© 2018 Casa Educação Soluções Educacionais Ltda.
BUILT FOR GROWTH. Copyright © 2017 Harvard Business Publishing Corporation | Authors: Chris Kuenne and John Danner. All rights reserved.

Publisher: Lindsay Viola
Tradução: Cristina Yamagami
Preparação de texto: Crayon Editorial
Revisão: Trivium Editorial e Marcia Menin
Diagramação: Carlos Borges Jr.
Capa: Light Criação

Todos os direitos reservados. Nenhum trecho desta obra pode ser reproduzido – por qualquer forma ou meio, mecânico ou eletrônico, fotocópia, gravação etc. –, nem estocado ou apropriado em sistema de imagens sem a expressa autorização da HSM do Brasil.

1ª edição

Dados Internacionais de Catalogação na Publicação (CIP)
Andreia de Almeida CRB-8/7889

    Kuenne, Chris
       Feitas para crescer : como o intraempreendedorismo pode promover a inovação e o desenvolvimento das empresas / Chris Kuenne e John Danner ; tradução de Cristina Yamagami. -- São Paulo : HSM, 2018.
       280 p.

       Bibliografia
       ISBN: 978-85-9598-016-7
       Título original: Built for growth: how builder personality shapes your business, your team, and your ability to win

       1. Empresários - Psicologia 2. Sucesso nos negócios 3. Administração de empresas 4. Empreendedorismo I. Título II. Danner, John III. Yamagami

18-0448   CDD 658.4

Índices para catálogo sistemático:
1. Negócios

Alameda Tocantins, 125 – 34º andar
Barueri-SP. 06455-020
Vendas Corporativas: (11) 3097-8476 ou
livros@hsmpublishing.com.br

A meus filhos, Peter, William e Matthew, na esperança de que eles encontrem sua paixão por construir, e a minha filha, Olivia, uma pintora de arco-íris, cuja memória é uma inspiração para tudo o que eu busco construir.

Chris

A Eliot, Chris e Will. O crescimento de vocês é uma fonte inesgotável de alegria, descobertas e orgulho para sua mãe e para mim.

John

PREFÁCIO ESPECIAL PARA A EDIÇÃO BRASILEIRA

"É O EMPREENDEDOR, ESTÚPIDO!"

Nunca o empreendedorismo experimentou a *hype* que vivemos nos dias de hoje. A diminuição das barreiras de entrada com a internet e com a economia digital democratizou oportunidades e passou a sensação de que todos podem empreender e ser bem-sucedidos com sua iniciativa.

Com esse boom vieram os gurus, os modelos, os canvas e todas as incontáveis ferramentas que prometem ao futuro empreendedor o pote de ouro no fim do arco-íris se o planejamento for bem-feito e apontar para uma oportunidade de negócios gigantesca. Livros, documentários, eventos, feiras... enfim, todo um ecossistema foi construído para dar suporte aos heróis de nossos tempos: os destemidos empreendedores.

Pouco a pouco, percebeu-se que o planejamento nota 10 não era garantia de sucesso. Os canvas podem estar lá, e as pesquisas de mercado, dar inveja a qualquer grande consultoria, mas ainda assim planos de negócio excelentes titubeiam no contato com a realidade. O mantra "Ideia sem execução não é nada", repetido à exaustão no Vale do Silício e espalhado pelo mundo, reflete a percepção de que empreender e dar certo é um processo muito mais complexo do que a autoajuda fácil faz parecer.

Mas o que é "execução"? É a capacidade de tomar decisões diárias, normalmente sob pressão, que vão permitir a um empreendedor e seu negócio encontrar a trilha do crescimento. Trilha, não

Prefácio especial para a edição brasileira

trilho: o caminho é esburacado, cheio de subidas e descidas, com uma série de variáveis externas – mercado, concorrentes, economia, regulação – e outras tantas internas – sócios, time, produto. Com um grau tão grande de incertezas, a "execução" se torna um processo quase artesanal de cada empreendedor.

Nesse contexto, nosso herói empreendedor é o artista principal: o gargalo que emperra e a engrenagem que faz girar; o freio que reduz a velocidade de crescimento e o acelerador que assume riscos, engaja pessoas e questiona a realidade.

Há anos convivendo com empreendedores, foram incontáveis as vezes que assisti a negócios maravilhosos naufragarem pelo ego ou pela falta de capacidade do empreendedor de evoluir com o tempo. Outros tantos empolgados com o espírito do tempo se esqueceram de se autoconhecer e nem sequer sobreviveram aos primeiros meses, por mais competentes que fossem. Apenas alguns poucos conseguem se equilibrar no nível de tensão permanente entre o espírito empreendedor e o gestor e construir negócios arrebatadores.

Ler *Feitas para crescer* é um alívio para quem se acostumou a ver fórmulas prontas de sucesso sendo oferecidas aos mais incautos. Ao analisarem os diferentes traços de personalidade de empreendedores de sucesso, como eles se comportam em cada etapa do negócio, o que os motiva e suas limitações, Chris Kuenne e John Danner constroem, por meio de histórias reais e dados de pesquisas, "tipos ideais" com os quais se identificarão os leitores-empreendedores. Mais além, ao propor sugestões de como ser um empreendedor melhor com base nas próprias características e limitações, o livro dá uma imensa contribuição para uma jornada fundamental por que todo empreendedor precisa passar: a do autoconhecimento.

Mesmo que de início você se identifique com um ou outro perfil de empreendedor proposto pelos autores, vale conhecer a fundo cada um deles. No final, você pode chegar à conclusão de que essa coisa de empreender não é para você ou identificar onde é preciso melhorar em função do estágio de seu negócio e de suas características. No entanto, começar por conhecer a si mesmo e a cabeça dos empreendedores é o primeiro passo para sua jornada ser bem-sucedida. Afinal, mesmo que o canvas seja nota 3 e

PREFÁCIO ESPECIAL PARA A EDIÇÃO BRASILEIRA

o plano esteja incompleto, se o empreendedor tiver o necessário para encarar o sobe e desce do caminho, uma avenida de oportunidades se abrirá.

Boa leitura!

Juliano Seabra
Especialista em empreendedorismo,
ex-diretor-geral da Endeavor

SUMÁRIO

1. A PERSONALIDADE CONSTRUTORA   03
A força vital do crescimento

PARTE 1: OS CONSTRUTORES DO CRESCIMENTO   25
As diferenças entre Condutores, Exploradores,
Expedicionários e Capitães

2. CONDUTOR   29
Implacável, focado em vendas e extremamente confiante

3. EXPLORADOR   59
Curioso, centrado em sistemas e impassível

4. EXPEDICIONÁRIO   89
Intrépido, inspirado pela missão e compassivo

5. CAPITÃO   119
Pragmático, empoderador da equipe e direto

PARTE 2: MONTE A MELHOR EQUIPE PARA CRESCER   149
Encontre as pessoas certas para alavancar
sua personalidade construtora

6. CRIE PARCERIAS COM COCONSTRUTORES   153
Escolha os colaboradores mais alinhados com seu estilo

7. Recrute seu círculo de aliados   175
Escolha as pessoas que trabalham melhor com você

8. Atraia os melhores patrocinadores financeiros   187
Alimente a visão com o capital certo

PARTE 3: COMO SE TORNAR O MELHOR   205
CONSTRUTOR POSSÍVEL
Estratégias para estender seu impacto

9. Expanda seu repertório   211
Cresça além dos limites de sua personalidade

APÊNDICE A: NOSSA METODOLOGIA DE PESQUISA   231
Como decodificamos os segredos dos construtores

APÊNDICE B: OS ARQUÉTIPOS DO CONSTRUTOR   243
Padrões de resposta de cada tipo de construtor

Notas   249

Índice remissivo   255

Agradecimentos   263

Sobre os autores   267

CAPÍTULO UM

A PERSONALIDADE CONSTRUTORA
A força vital do crescimento

Construir para crescer deve ser a prioridade máxima de qualquer empreendedor, líder, gestor e empresa. Você se acha capaz de construir para crescer? Porque quem você é define o tipo de construtor que você vai ser.

Se estiver construindo um novo empreendimento (pode ser uma startup independente ou uma nova divisão dentro de uma empresa existente), você enfrentará obstáculos e dificuldades sem igual. Precisará converter suas ideias em produtos, empoderar talentos individuais para reforçar a contribuição coletiva deles, transformar compradores em parceiros, conquistar o apoio de patrocinadores financeiros e executivos, e escalar seu empreendimento. Tudo isso enquanto combate as tradições e convenções, enfrentando uma grande resistência de pessoas que ainda não entenderam sua nova ideia.

Em nossa atuação como consultores e orientadores de organizações e startups, como investidores em novos empreendimentos, como professores e como construtores, essas questões nos intrigavam. Ao longo de nossa carreira, compartilhamos com centenas de equipes de gestão e milhares de estudantes das universidades de Princeton e Berkeley os princípios de abrir e escalar novos empreendimentos e tomamos decisões para investir em dezenas de startups de crescimento rápido em diversos setores. Em cada uma dessas diferentes funções, ficamos impres-

A personalidade construtora

sionados com a variedade de caminhos que os líderes e os empreendedores tomam para construir e promover o crescimento de empreendimentos de sucesso.

Imaginávamos se não seria possível codificar os diferentes caminhos para o sucesso. Quem acaba tendo sucesso e como? Existem padrões ainda desconhecidos que determinam o sucesso na construção e no crescimento de um negócio? Como ajudar as pessoas a ter mais sucesso em seus empreendimentos?

Para responder a essas perguntas, desenvolvemos e patenteamos uma metodologia de pesquisa para desvendar o tipo de pessoa que tende a criar empreendimentos de sucesso (para saber mais sobre nossa metodologia de pesquisa, leia o quadro "Estudos que fundamentam nossa pesquisa", ao final deste capítulo, e o Apêndice A). Também analisamos a literatura sobre os empreendedores de sucesso e conduzimos entrevistas aprofundadas com dezenas de experientes construtores de empresas.

Nossa conclusão (e o conceito no qual este livro se baseia) é que a personalidade do fundador ou líder constitui a força vital para construir qualquer novo empreendimento, ou seja, a combinação específica de crenças e preferências que reflete a motivação, o processo decisório, a abordagem de gestão e o estilo de liderança do construtor. Esses fatores são importantíssimos para criar e ampliar um empreendimento. O que chamamos de "personalidade construtora" é fundamental para determinar a equipe, o produto e o empreendimento em geral, mas também pode ser um tremendo obstáculo. Qualquer pessoa envolvida na tarefa de liderar, sustentar ou financiar novos empreendimentos precisa saber como a personalidade construtora afeta o processo de crescimento.

É claro que muitos fatores configuram o sucesso ou o fracasso de um novo empreendimento, seja uma startup independente ou um novo negócio dentro de uma corporação. Não importa qual a situação específica, o objetivo dos construtores é "buscar oportunidades além dos recursos controlados", como Howard Stevenson, renomado professor da Harvard Business School, define o empreendedorismo.[1] No entanto, ao contrário de outras qualidades necessárias para garantir o crescimento de um negócio, você pode controlar e direcionar sua personalidade construtora.

CAPÍTULO UM

Este livro decodifica a interação entre a personalidade do fundador ou líder e as dinâmicas inerentes ao processo de promover o crescimento de um negócio. Nossa pesquisa revelou quatro personalidades construtoras, e demonstramos como cada uma delas pode ser bem-sucedida (ou fracassar) na promoção do crescimento de um novo empreendimento. Este livro é um guia prático que apresenta ferramentas e exemplos para avaliar sua personalidade e planos para ajudá-lo a aplicar essas ideias para expandir seu empreendimento, montar sua equipe e vencer.

AS QUATRO PERSONALIDADES CONSTRUTORAS DE EMPREENDIMENTOS

Em nossa pesquisa, constatamos que não existe um único tipo de construtor de empreendimentos de sucesso, e sim quatro personalidades construtoras, que batizamos de *Condutor*, *Explorador*, *Expedicionário* e *Capitão*. Cada tipo de personalidade promove o crescimento de determinada maneira, com base em quatro fatores: a motivação para se tornar empreendedor, o processo decisório, a abordagem de gestão e o estilo de liderança. Nos capítulos de 2 a 5, apresentaremos as personalidades construtoras, com exemplos e histórias para ilustrar como costumam trabalhar. Por enquanto, faremos uma breve descrição de cada personalidade. Qual delas tem mais sua cara? Depois de ler o resumo dos quatro tipos, consulte o quadro "Qual personalidade construtora é mais parecida com a sua?", na página 9.

Condutor
Implacável, focado em vendas e extremamente confiante

Os Condutores não conseguem evitar: precisam criar e promover o crescimento de um negócio como forma de validação. O empreendedorismo está bastante arraigado na identidade desses indivíduos. Eles são extremamente confiantes e implacáveis na busca do sucesso comercial de sua ideia e têm um talento excepcional para adiantar-se às necessidades dos mercados e dos clientes.

Os Condutores em geral não passam muito tempo trabalhando em uma organização, subordinados a um chefe. Rejeitam as regras e a burocracia, que, na cabeça deles, não passam de ferramentas para controlar os funcionários medianos, mas não raro restringem as pessoas talentosas e rebeldes ao redor. Os Condutores fazem o que for necessário para concretizar o sucesso comercial que consideram ser seu destino, acreditando que este tem potencial ilimitado.

Apesar de cada caso ser um caso, os Condutores em geral querem provar alguma coisa. Podem ter sido contrariados em um emprego no passado (não receberam uma promoção ou foram demitidos) ou, então, ser de origem modesta e desejar usar suas habilidades para criar grande valor e, com isso, usufruir uma vida melhor. Mark Cuban é um exemplo famoso desse tipo de construtor. Seu pai era tapeceiro e reparava bancos de carros, e Mark sempre acreditou que poderia e deveria criar um futuro melhor para si e para sua família usando sua energia e seu talento para as vendas.[2] Esse ressentimento alimenta a necessidade dos Condutores de provar seu valor aos olhos do mundo.

Os Condutores não são sonhadores presos no mundo das ideias. Ao contrário, eles se dispõem a botar as mãos na massa e querem trabalhar mais, pensar mais e vender mais que qualquer pessoa que cruzar seu caminho. Como explicou Ben Weiss, da Bai Brands, fabricante de bebidas saudáveis de rápido crescimento: "Tenho uma tenacidade dentro de mim que deu origem a este produto [...] Sou o cara mais persistente do mundo. Não tenho a pretensão de ser o sujeito mais inteligente da sala. Todo mundo tem ideias, só que eu levo as minhas um pouco mais longe que a maioria das pessoas. Quando vejo que as ideias não vão dar em nada, não desanimo. Levanto, sacudo a poeira e sigo em frente".[3]

No entanto, a intensidade e o foco dos Condutores também têm um custo. Eles podem exaurir suas equipes, privando-as de cuidados e de um espírito de participação que ajudariam a aprofundar suas competências e formar as bases para escalar o empreendimento.

CAPÍTULO UM

Explorador
Curioso, centrado em sistemas e impassível

Os construtores do tipo Explorador não se sentem especialmente motivados para criar um empreendimento do zero, mas adoram procurar e resolver problemas. Não importa se o problema for criar uma meia-calça melhor (Sara Blakely, da Spanx) ou concretizar o potencial do comércio eletrônico (Jeff Bezos, da Amazon), as soluções dos Exploradores podem se concentrar em produtos, processos ou ambos. Essas pessoas abrem empresas ou constroem novos negócios dentro de uma corporação porque novos empreendimentos lhes parecem ser a melhor maneira de resolver e comercializar suas soluções.

Quando um problema lhes chama a atenção, os Exploradores focam a solução, pelo menos até encontrar o próximo problema intrigante em busca de uma solução. Seu estilo de liderança tem um enfoque prático, e eles podem ser controladores demais.

Os Exploradores gostam de fazer ajustes nos sistemas para criar uma abordagem melhor. Por isso, são bastante empíricos em seus processos de decisão, confiando nos fatos relevantes e no raciocínio lógico, em vez de nas emoções ou na intuição.

Esses construtores atraem outros solucionadores de problemas, que reforçam a própria autoconfiança depois de conhecerem a maneira particular de os Exploradores pensarem os sistemas. Os Exploradores às vezes são indiferentes a departamentos que não se relacionem diretamente com sua paixão por criar soluções, a ponto de desdenhá-los. Por exemplo, podem achar que o departamento de vendas e marketing não passa de um mal necessário (afinal, todas as soluções que desenvolvem são tão brilhantes que deveriam se vender sozinhas).

Expedicionário
Intrépido, inspirado pela missão e compassivo

Os Expedicionários são motivados pelo intenso desejo de tornar o mundo um lugar melhor encontrando a solução de importantes problemas para o mercado e para a sociedade. A batalha pode ser a venda de sorvetes como missão social (Ben & Jerry's), disponibilizar o acesso a vestidos de grife para uma ocasião especial (Jenny Fleiss e Jenn Hyman, da Rent the Runway) ou desenvolver uma abordagem mais responsável para o descarte do lixo (Rubicon Global, de Nate Morris, o "Uber" do setor de gestão de resíduos). Por conta dessa profunda capacidade de empatia, os Expedicionários criam empresas baseadas em uma missão, com uma visão arrojada e abrangente.

Eles têm uma missão clara e agarram qualquer oportunidade de recrutar pessoas para concretizá-la (tanto que perseguem ativamente essas oportunidades). Os Expedicionários apresentam uma combinação incomum de sensibilidade e humildade aliada a uma grande confiança em sua visão do empreendimento. Ao contrário dos Exploradores, seu processo decisório é extremamente intuitivo e ancorado em seu senso quase instintivo de certo e errado.

Os Expedicionários são orientados por sua missão, mas podem ter dificuldades de gerenciar pessoas. Embora consigam atrair aliados dedicados e inspirados pela missão da empresa, tendem a evitar conflitos, o que os faz manter os correligionários de baixo desempenho em vez de afastá-los. No aspecto operacional, os Expedicionários não raro se sentem como peixes fora d'água e nem sempre dão orientações claras como os outros tipos de construtor.

Capitão
Pragmático, empoderador da equipe e direto

Os Capitães não só sabem montar uma boa equipe, como são catalisadores de talentos. Esses construtores se propõem a criar uma cultura corporativa baseada em valores e em responsabilidade de mão dupla. Não se importam de liderar nos bastidores e confiam que os colegas e a cultura concretizarão a visão da empresa, avançando na direção de um futuro comum. Ao contrário dos Exploradores e dos Condutores, encontram mais satisfação no "nós" que no "eu".

CAPÍTULO UM

Apesar de serem mais abertos que os três outros tipos de construtor a ouvir antes a opinião das pessoas, os Capitães têm uma ideia clara do destino do navio e o que precisa ser feito para chegar lá. São motivados a construir empreendimentos duradouros mobilizando o potencial produtivo das pessoas e equipes.

Na liderança, acreditam na definição de metas e expectativas claras, delegando a responsabilidade pela execução. Embora prefiram decisões consensuais, às vezes lideram com punhos de ferro em luvas de pelica quando suas equipes apresentam um desempenho abaixo do esperado.

Seu estilo decisório tende a ser livre de emoções e focado no crescimento, enquanto buscam manter-se alinhados com sua missão, sua visão e suas promessas. Os Capitães são os líderes que mais sabem promover a comunicação direta, franca e coerente entre as pessoas e as equipes que gerenciam. Sua tendência a buscar o consenso, contudo, pode levar à adoção de melhorias incrementais, tirando o foco de inovações mais drásticas e disruptivas e deixando passar oportunidades de inovação.

QUAL PERSONALIDADE CONSTRUTORA É MAIS PARECIDA COM A SUA?

As definições anteriores são uma forma simples de identificar o tipo de personalidade construtora que mais se parece com a sua, mas achamos que vale a pena explicar um pouco mais nosso processo de classificação e tipologia.

O questionário da página 11 é uma versão simplificada de nossa ferramenta Builder Personality Discovery™ (BPD, ou Descoberta da Personalidade Construtora). Para cada pergunta, circule a resposta que representa melhor sua opinião. Depois, trace uma linha passando por todas as respostas, como mostra a figura.

No Apêndice B, apresentamos um padrão de respostas que representa o arquétipo de cada tipo de construtor para você comparar com seu padrão e identificar seu tipo.

A personalidade construtora

Para essa simulação, reduzimos as possíveis respostas de uma escala de sete pontos a apenas três (discordo, neutro e concordo) para ajudá-lo a identificar seu padrão.

As respostas podem variar muito para cada tipo de construtor e também para diferentes pessoas. Como seria de esperar, o arquétipo de cada tipo não representa essa variação, de modo que recomendamos que você visite nosso site (www.builtforgrowth.com). Nele, nosso algoritmo converte suas respostas na escala completa de sete pontos e fornece uma avaliação precisa de sua tipologia.

Você pode estar se perguntando por que um algoritmo é necessário. O questionário envolve mais de um bilhão de padrões de resposta possíveis, de modo que essa análise não pode ser feita de outra maneira.

DESAFIOS DINÂMICOS QUE TODO CONSTRUTOR ENFRENTA

Neste livro, você verá como cada uma das quatro personalidades construtoras enfrenta as dificuldades e alavanca as oportunidades para criar um grande e duradouro valor para clientes, para investidores, para funcionários e para si. Todos os construtores, em qualquer situação, enfrentam uma série de dinâmicas recorrentes que testam sua capacidade de atingir o sucesso. Seja qual for sua personalidade construtora, você provavelmente vai encontrar cinco dinâmicas que se destacam das outras. Cada uma dessas dinâmicas refere-se a determinado recurso ou aspecto do empreendimento: a solução, a equipe, o cliente, o patrocinador e a escala. Nós as chamamos de "dinâmicas de crescimento" (Figura 1.1).

As cinco dinâmicas de crescimento demonstrarão e revelarão os pontos fortes e fracos de sua personalidade. Algumas serão superadas com facilidade, outras representarão enormes desafios.

Adotamos o termo "dinâmica" por várias razões. Os desafios estão sempre mudando (são dinâmicos), pois a natureza do empreendimento, seu estágio de maturidade e o contexto do setor estão em constante evolução. Eles não ocorrem necessariamente em sequência; não raro surgem ao mesmo tempo. Além disso, repetem-se no decorrer de todo o processo de construção do

CAPÍTULO UM

QUAL TIPO DE CONSTRUTOR VOCÊ É?

MOTIVAÇÃO E AUTOIDENTIDADE

1. Eu sempre soube que um dia abriria um negócio.

Discordo   **Neutro**   **Concordo**

2. Acho que grande parte de meu sucesso pode ser atribuída à sorte, ao momento certo e às condições de mercado.

Não   **Sim**

3. Gosto mais de vender que de criar produtos ou serviços.

Vender   **Neutro**   **Criar**

PROCESSO DECISÓRIO

4. Quando pondero um problema, uso mais os fatos que minha intuição.

Fatos   **Neutro**   **Intuição**

5. A cultura de nossa empresa encoraja a experimentação.

Discordo   **Neutro**   **Concordo**

ABORDAGEM DE GESTÃO

6. Acho que uma das principais razões de meu sucesso é minha equipe de gestão/meu pessoal.

Não   **Sim**

7. A maioria de meus amigos e colegas diria que sou controlador.

Discordo   **Neutro**   **Concordo**

8. Não levo as decisões difíceis do negócio para o lado pessoal. Essas decisões fazem parte do trabalho.

Discordo   **Neutro**   **Concordo**

ESTILO DE LIDERANÇA

9. As pessoas me seguem principalmente em virtude de minha compaixão/empatia.

Não   **Sim**

10. Vejo a empresa como "minha empresa" e não "nossa empresa".

Minha empresa   **Neutro**   **Nossa empresa**

A personalidade construtora

empreendimento. Nas mãos dos melhores construtores, essas dinâmicas têm o poder de transformar o valor do negócio.

A expressão "dinâmica de crescimento" também transmite a essência dos elementos envolvidos na construção de um empreendimento. Em inglês, o substantivo "dinâmica" (*dynamics*) é definido como "as forças ou propriedades que estimulam o crescimento, o desenvolvimento ou a mudança dentro de um sistema ou processo".[4] Essa definição não poderia ser mais precisa. Os físicos usam o termo para se referir ao ramo da mecânica que estuda o movimento dos corpos sob a ação de forças, também uma descrição bastante precisa do que acontece com os novos empreendimentos quando seus construtores lutam para sobreviver e escalar.

Este livro se concentra na inter-relação entre as personalidades construtoras (quem) e as cinco dinâmicas de crescimento (o quê). É nessa interação que o valor é criado, transformado ou destruído.

INTERAÇÃO ENTRE OS TIPOS DE CONSTRUTOR E AS DINÂMICAS: COMO OS CONSTRUTORES (QUEM) LIDAM COM AS DINÂMICAS DE CRESCIMENTO (O QUÊ)

Não nos limitamos, aqui, a definir e descrever os quatro tipos de personalidade construtora. Também observamos esses construtores em ação, analisando como seu comportamento e suas preferências os motivam a construir, como eles tomam suas decisões e como gerenciam e lideram para enfrentar as dinâmicas de crescimento.

O sucesso não é exclusividade de um ou outro tipo de personalidade construtora; todos os construtores criam planos para promover o crescimento do negócio. As estratégias de alguns deles são mais eficazes que as de outros, refletindo os talentos e as deficiências de cada tipo de construtor. Juntas, as estratégias dos quatro tipos constituem um verdadeiro manual, com lições práticas que você pode aplicar para alavancar seus pontos fortes, ajudar sua empresa a superar os obstáculos e, no processo, tornar-se um construtor melhor.

Por meio de histórias e exemplos extraídos de entrevistas que nós mesmos conduzimos e de outras fontes, mostraremos como cada tipo de personalidade construtora enfrenta os desafios em inúmeros contextos. Independentemente de qual é seu tipo de

CAPÍTULO UM

FIGURA 1.1

DINÂMICAS DE CRESCIMENTO

Dinâmica da escala
Promover a escalada do empreendimento
Criar valor continuamente por todo o empreendimento e ajustar o portfólio de produtos ou serviços de acordo com as mudanças, as condições do mercado e as necessidades dos clientes.

Dinâmica da solução
Converter ideias em produtos
Criar soluções que atendam às necessidades e às exigências do mercado de maneira competitiva e justificável.

Dinâmica da equipe
Estimular talentos individuais para aumentar o impacto colaborativo
Formar e inspirar uma equipe em constante evolução e comprometida com o sucesso do empreendimento.

SOLUÇÃO

ESCALA

EQUIPE

PATROCINADOR

CLIENTE

Dinâmica do patrocinador
Alinhar financiadores e outros aliados
Alinhar patrocinadores financeiros (e, no caso de empreendedores corporativos, executivos aliados) com as necessidades e as prioridades em constante mudança do empreendimento à medida que ele cresce.

Dinâmica do cliente
Transformar clientes em parceiros
Converter clientes e usuários em parceiros defensores, tendo em vista o sucesso de todos.

A personalidade construtora

construtor, você sem dúvida aprenderá algumas lições com os outros três tipos. Munido dos conceitos que apresentamos, você vai poder aumentar suas chances de construir um empreendimento de sucesso, seja uma startup independente, um novo negócio dentro de uma corporação existente ou algo com a intenção de melhorar a sociedade.

COMO ESTE LIVRO PODE AJUDÁ-LO

Não somos os primeiros autores dedicados a compreender o fenômeno da construção de empreendimentos de sucesso a partir do zero, muito menos a examinar a personalidade dos empreendedores. É possível identificar fatores que levam ao sucesso em biografias de empreendedores renomados, desde Andrew Carnegie, Henry Ford e Larry Ellison até Mary Kay, Arianna Huffington e Oprah Winfrey. Em geral, essas histórias são fascinantes, instrutivas e até inspiradoras. Com elas, você poderá aprender muito sobre como abrir, fazer crescer e sustentar um empreendimento.

Este não é um livro que descreve os passos necessários para lançar uma startup ou outro empreendimento, adequar um produto ou serviço ao mercado ou inovar. Muitas obras foram escritas com esse foco. No entanto, não são receitas excelentes que tornam um restaurante excelente, e sim um chef excelente. Outros livros têm muito a ensinar, mas negligenciam o elemento mais importante: quem é o construtor e como sua personalidade interage com os problemas dinâmicos enfrentados por todos os empreendedores.

Munido de um conhecimento mais profundo dos talentos e das deficiências inerentes a sua personalidade construtora, você ficará mais capacitado a enfrentar os desafios para que seu empreendimento sobreviva e escale. Daremos sugestões práticas para ajudá-lo a se tornar um construtor melhor, usando os padrões de sucesso e fracasso de cada personalidade para lidar com as várias dinâmicas de crescimento.

Os construtores de novos empreendimentos trabalham dentro e fora das corporações, e analisaremos esses dois tipos de construtor. O conceito de personalidade construtora se aplica

CAPÍTULO UM

a qualquer contexto. Contudo, ao longo do caminho, destacaremos algumas diferenças inerentes a distintos cenários.Se você está pensando em se tornar construtor, identificará, neste livro, os padrões de sucesso que lhe permitirão desenvolver seu empreendimento. Descobrirá qual personalidade construtora faz mais seu estilo e verá como se beneficiar das lições aprendidas a duras penas pelos colegas para enfrentar os desafios que o futuro lhe reserva.

Se você for colaborador de uma empresa ou estiver pensando em entrar em uma, nós o ajudaremos a saber o que motiva as decisões do construtor e descobrir a melhor maneira de colaborar para que ele promova o crescimento do negócio.

ESTUDOS QUE FUNDAMENTAM NOSSA PESQUISA

Nosso livro baseia-se em dois pilares: os tipos de personalidade e o crescimento de um negócio. O primeiro pilar fundamenta-se em uma tradição de décadas voltada para estudos da personalidade, que você já deve conhecer na forma de ferramentas populares como Tipologia de Myers-Briggs, Metodologia DiSC e Hogan Assessments.[5] O segundo pilar apoia-se na obra clássica de Geoffrey Moore, *Crossing the Chasm* [Atravessando o abismo], que explica os desafios básicos que as empresas enfrentam na escalada dos cinco segmentos de clientes, desde os inovadores e os usuários pioneiros, passando pela maioria que vai se formando, até os retardatários.[6] A obra de Moore influenciou muito nosso trabalho. Assim como ele descobriu que as empresas enfrentam dificuldades diferentes de acordo com o segmento de clientes (sacada que levou à metodologia da Rosetta [Relational Oriented Systems Engineering Technology Tradeoff Analysis] – falaremos a respeito dela mais adiante), nós mostramos que fundadores e líderes deparam com dificuldades diferentes no processo de lançamento e na escalada do empreendimento.

A personalidade construtora

Se você for um financiador ou patrocinador de novos empreendimentos, aprenderá como identificar e ajudar cada tipo de personalidade construtora para aumentar suas chances de promover o crescimento do negócio até atingir uma escala satisfatória.

Sabemos, por experiência, que não é fácil mudar. As sugestões que você encontrará nestas páginas vão de abordagens fáceis para reforçar seus pontos fortes naturais até mudanças muito difíceis por exigirem enfrentar alguns receios ou mesmo medos profundos. Cabe a você decidir quais estratégias são mais adequadas.

Pode ser extremamente solitário criar um empreendimento do zero, mas saiba que você não está sozinho. Muitos construtores, famosos ou não, têm o mesmo tipo de personalidade que você e muitas lições a oferecer. Você também poderá aprender com outros tipos de personalidade construtora descobrindo como eles alavancam seus pontos fortes e contornam ou minimizam os pontos fracos.

COMO ESTE LIVRO ESTÁ ESTRUTURADO

Na parte 1, detalhamos os quatro tipos de construtor, dedicando um capítulo para cada um. Com base em entrevistas que conduzimos com empreendedores extraordinários que exemplificam cada tipo de personalidade, analisamos como sua abordagem lhes permitiu deixar uma marca no mundo dos negócios. Você vai conhecer a história de empreendedores famosos, como Ben Cohen e Jerry Greenfield (Ben & Jerry's) e Jack Dorsey (Twitter e Square), além de fundadores menos conhecidos, como Nate Morris, Grace Choi e Steve Breitman, que criaram um enorme valor em seu setor de atividade (gestão de resíduos, cosméticos e lavanderias para prédios residenciais, respectivamente). Incluímos construtores corporativos, como Chris Pinkham, o inventor da tecnologia básica que possibilitou o desenvolvimento da Amazon Web Services; o finado Charlie Cawley, que transformou um pequeno departamento do Maryland National Bank na gigante de cartões de crédito MBNA; e verdadeiras lendas, como Norbert Berta, que criou o comprimido que ajudou a marca Tylenol a se recuperar do incidente de envenenamento de 1982.

Usamos esses exemplos para ilustrar como cada tipo de personalidade enfrenta as dificuldades dinâmicas que ocorrem na constru-

CAPÍTULO UM

ção de um empreendimento de sucesso. Onde cada tipo cria valor e onde corre o risco de destruí-lo? O que motiva esses construtores? Como eles tomam decisões, gerenciam as pessoas e lideram para conduzir o crescimento de seus negócios? Concluímos cada capítulo com recomendações práticas que você poderá aplicar imediatamente para tornar-se um construtor melhor, alavancando seus pontos fortes naturais e contornando ou minimizando seus pontos fracos ao delegar as atividades que você não domina.

Na parte 2, tiramos o foco dos tipos de personalidade e nos dedicamos a analisar três tipos de equipe que os construtores devem montar para promover o crescimento. No capítulo 6, examinamos a decisão profundamente pessoal de unir forças com um cofundador e, caso uma parceria seja a opção, qual tipo de personalidade construtora pode ser mais adequado para aliar-se a seu estilo. No capítulo 7, mostramos como você pode recrutar a melhor equipe para trabalhar com você, e, no 8, como atrair os investidores financeiros ou patrocinadores executivos que mais combinam com sua personalidade construtora.

A parte 3 tem um único capítulo. A essa altura do livro, você já saberá que o sucesso não se restringe a nenhum dos quatro tipos de personalidade construtora. Cada construtor pode ter sucesso a sua maneira. Sugerimos duas estratégias para que você se torne um construtor melhor. Na primeira, que chamamos de "estratégia do construtor especializado", a ideia é concentrar-se em suas forças (ou, em nosso linguajar, "reforçar seus talentos") e delegar as tarefas e responsabilidades que não constituem seus pontos fortes. Já na abordagem mais ambiciosa, que chamamos de "estratégia do construtor mestre", a ideia é tomar e adaptar alguns talentos dos outros tipos de construtor praticando-os até incorporá-los.

O caminho para tornar-se um construtor mestre o levará a rever algumas de suas premissas e tendências mais arraigadas, com raízes em suas ambições e medos mais profundos. Nesse capítulo final, nós o munimos do conhecimento e das medidas práticas para começar a expandir seu repertório além dos limites de sua personalidade construtora. Você não se transformará em outro construtor, mas, como os melhores artistas e atletas, com algum

A personalidade construtora

empenho, aprenderá estratégias de outros tipos de construtor que poderão ser eficazes para você também.

Seja muito bem-vindo a esta jornada de autodescoberta! Nas próximas páginas, você provavelmente se identificará com alguma personalidade construtora e classificará as pessoas com quem trabalha ou que são uma fonte de inspiração para você. E, ainda mais importante, esperamos que, ao terminar de ler este livro, você esteja pronto a se tornar um construtor melhor para fazer crescer seu empreendimento.

UM PASSEIO PELO VALE DO SILÍCIO PARA EXPLORAR AS PERSONALIDADES CONSTRUTORAS

Vamos dar uma olhada nos tipos de personalidade construtora em ação em um rápido passeio pelo Vale do Silício. Observe como cada personalidade definiu a estrutura, a trajetória de crescimento e a cultura de quatro empresas icônicas.[7]

O Condutor da Apple

Nossa primeira parada é em um dos mais famosos casos de sucesso de uma startup que cresceu para fazer diferença.

Deixando de lado a história de como o Apple 1 revolucionou a indústria de computadores quando Steve Wozniak e Steve Jobs fundaram a empresa, pense na marca que Jobs imprimiu na Apple depois que voltou, em 1997, para liderar a impressionante revitalização da companhia. Sua personalidade (um homem nascido para construir, um tomador de decisões intuitivo, com um estilo de liderança controlador e não raro ofensivo) mudou todo o destino da Apple.

Implacável em levar sua empresa a concretizar a visão inigualável de criar "produtos insanamente grandiosos", Jobs sabia do que o mundo precisava antes mesmo de o mundo se dar conta disso. Essa capacidade de sondar o mercado, impulsionada pela motivação obsessiva de lançar o produto perfeitamente adequado ao mercado, caracteriza muito bem o construtor que chamamos de Condutor.

CAPÍTULO UM

A Apple sob o comando de Jobs não foi uma organização do tipo "somos uma grande família". A empresa foi, e ainda é, vaidosa, rebelde e notoriamente sigilosa, atuando sob o escrutínio de um fundador e CEO brilhante e, muitas vezes, caprichoso. A fusão de simplicidade e beleza no design, tecnologia funcional e modelos de negócio inovadores continua a refletir o poder transformador que um Condutor pode ter, mesmo que seja um visionário que vive no futuro.

O Explorador do Facebook

Ao transformar o Facebook no fenômeno global que é hoje, Mark Zuckerberg demonstrou curiosidade, pensamento sistêmico e fascínio diante de um interessante desafio, que se propôs a resolver: "Como posso criar um perfil em um site de relacionamento para atrair, abrir um canal de comunicação e me conectar com amigos ou pessoas que eu gostaria de conhecer?". Zuck, como seus amigos o chamam, é um exemplo perfeito de Explorador.

Embora a sede do Facebook fique a poucos minutos de distância da Apple, você veria um mundo completamente diferente se percorresse os corredores do Facebook e conversasse com seus funcionários. Atraídas pela atmosfera leve e fluida de resolução de problemas, as pessoas são encorajadas a trabalhar em projetos que as empolguem. Os escritórios estão cheios de bilhetes escritos à mão e lembretes da equipe colados em quase todas as superfícies. De acordo com o diretor de recursos humanos do Facebook, "trabalhamos com o objetivo explícito de adequar as funções às pessoas em vez de adequar as pessoas às funções; com isso, elas vão ocupar uma posição em que poderão realizar seu melhor trabalho".[8] Esse não é exatamente o tipo de equipe que Jobs teria formado.

Os Expedicionários do Google

"Organizar as informações do mundo e torná-las universalmente acessíveis e úteis." É difícil imaginar uma missão inicial mais ambiciosa que essa (exceto, talvez, a outra missão da mesma empresa: "Não seja mau"). Foi nessa cruzada que os fundadores do Google, Larry

Page e Sergey Brin, se engajaram em 1998. Desde suas origens, o Google redefiniu a maneira como usamos a internet, revolucionou o ambiente de trabalho e ajustou seu modelo de negócio, separando seu bem-sucedido empreendimento de publicidade de suas iniciativas mais malucas, como veículos autônomos. A cultura aberta do tipo "o céu é o limite" do Google e de sua controladora, a Alphabet, reflete a abordagem de gestão criativa e flexível que caracteriza a personalidade do Expedicionário.

É possível dizer que as duas divisões do Google são, basicamente, motores de busca: uma delas busca o que já é e a outra busca o que pode ser. E ambas refletem o estilo mais conciliador de seus fundadores Expedicionários, construtores que adoram conduzir experimentos para ver no que vai dar. A visão dos Expedicionários do Google é intrépida e abrangente.

Os Capitães da HP

Concluímos nosso passeio com uma visita à empresa que deu origem ao Vale do Silício, não muito longe da pequena garagem onde Bill Hewlett e Dave Packard fundaram sua empresa com um capital de US$ 568. Eles tinham uma visão não só da tecnologia que queriam criar, mas também do tipo de empreendimento que pretendiam construir. A combinação de técnica genial e liderança sagaz deixou uma marca na criação deles por mais de meio século. Tanto Hewlett como Packard foram Capitães, focados não só em desenvolver excelentes produtos, como também em criar uma cultura espetacular baseada na equipe.

A personalidade construtora desses dois fundadores foi cristalizada no que hoje se conhece como "estilo HP".[9] Essa cultura reforçava a importância do trabalho em equipe e atuava como guia para tomar decisões difíceis e como fonte de inspiração para definir o que a empresa representava para seu pessoal e seus clientes. Embora a HP tenha perdido o rumo nos últimos anos, sua história sugere uma herança que pode voltar a ser mobilizada para ter sucesso no futuro.

CAPÍTULO UM

NOSSA ABORDAGEM DE PESQUISA: APLICAÇÃO DE UMA METODOLOGIA COMPROVADA PARA CLASSIFICAR OS TIPOS DE PERSONALIDADE CONSTRUTORA

Utilizamos a mesma metodologia de pesquisa comprovada e patenteada que um de nós (Chris) e a equipe da Rosetta (a empresa de consultoria e marketing digital que ele fundou) desenvolveram para decifrar como os diferentes consumidores tomam decisões em centenas de mercados ao redor do mundo. A técnica de agrupamento baseado em personalidade (Personality-Based Clustering) da Rosetta tem sido aplicada há quase 20 anos em empresas líderes nos setores de saúde, tecnologia de consumo, serviços financeiros e varejo. Entre seus vários clientes estão Johnson & Johnson, Bristol-Myers Squibb, Genentech, Capital One, Fidelity, Citibank, Microsoft e Samsung.

A metodologia de pesquisa da Rosetta responde a uma pergunta fundamental: quem compra quais produtos e serviços e por quê? Para este livro, adotamos a mesma metodologia para responder a uma pergunta mais acima na cadeia produtiva: quem decide construir os empreendimentos que vendem esses produtos e serviços e por quê?

NOSSO FOCO

Construir um empreendimento de sucesso e promover seu crescimento em grande escala é uma empreitada de fôlego, comparável a uma maratona. Não focamos as características de personalidade genéricas que podem diferenciar os competidores nessa corrida (atributos como tolerância ao risco, abertura às incertezas, ambição, independência e iniciativa pessoal). Muitos outros livros já foram escritos sobre as qualidades que a maioria dos empreendedores de todo o mundo têm em comum, independentemente de obterem sucesso ou não.

Nosso foco são os vencedores da maratona, as pessoas de sucesso que construíram empreendimentos que sobreviveram e cresceram. Esses empreendedores foram *feitos para crescer*. Suas empresas resistiram ao teste do tempo e do mercado. Algumas delas foram

A personalidade construtora

avaliadas em mais de US$ 100 bilhões, enquanto outras têm uma receita anual que não chega a uma pequena fração desse valor. No entanto, praticamente todos os construtores de empreendimentos de nosso estudo enfrentaram riscos e criaram empresas duradouras, que deixaram uma marca no mundo e atingiram uma escala que as distingue das outras. Naturalmente, nada garante que os construtores que selecionamos e seus empreendimentos sobrevivam para sempre, mas é inegável que ultrapassaram a maioria dos outros corredores nessa maratona.

COMO CHEGAMOS AQUI

Nossa primeira tarefa foi identificar fatores para classificar os construtores em grupos de acordo com as motivações, crenças e preferências que orientam explicitamente sua abordagem para garantir o crescimento do negócio. Com base em nossa experiência como consultores, investidores e professores e na metodologia comprovada da Rosetta, criamos um instrumento de pesquisa quantitativo com cem perguntas voltadas para isolar as dimensões da personalidade que levam a diferentes comportamentos. Enviamos o levantamento a uma amostra de empreendedores norte-americanos de sucesso, construtores de empresas que sobreviveram e cresceram apesar dos riscos e das dificuldades.

Aplicando a metodologia da Rosetta, examinamos bilhões de combinações potenciais de respondentes e respostas para distinguir e traçar o perfil dos quatro tipos de construtor. Nosso algoritmo analisa todas as combinações de perguntas e respostas para identificar o menor número de tipos de construtor e ao mesmo tempo maximizar as semelhanças entre respondentes de cada tipo e as diferenças entre respondentes desse tipo e de todos os outros usando o menor número de perguntas. Esse método permite classificar os construtores de sucesso em um dos quatro tipos de personalidade sem excluir um ou outro construtor que, embora seja predominantemente de um tipo, também apresente características de um ou mais outros tipos (chamamos esses construtores de "híbridos").

Os fatores que distinguem uma personalidade das outras (motivação, processo decisório, estilo de liderança e abordagem de gestão) também formam a base para o que denominamos "comple-

CAPÍTULO UM

mento polar" de cada tipo. Cunhamos esse termo aparentemente contraditório para representar o tipo que é oposto a esses fatores determinantes, o que, por sua vez, leva a preferências opostas e, em consequência, comportamentos opostos. No entanto, o oposto de cada tipo apresenta uma mentalidade e competências com as quais o outro tipo pode aprender, de maneira que o oposto também pode ser complementar.

Essa ideia de acelerar o crescimento pessoal identificando e aplicando alguns aspectos do tipo oposto baseia-se no trabalho de Isabel Briggs Myers e Katharine Briggs, que usaram como fundamento o trabalho de Carl Jung sobre os tipos psicológicos.[10] Exploraremos detalhadamente essas oportunidades de aprender com os outros tipos no capítulo 9.

Nosso modelo também possibilitou destilar o levantamento original para criar o questionário BPD (Builder Personality Discovery™) de dez perguntas apresentado anteriormente. Enviamos o questionário a construtores de sucesso que atuam em diversos setores e se dedicam ao crescimento tanto de startups independentes como de iniciativas internas de novos negócios em organizações. Milhares de construtores de sucesso já responderam ao questionário.

Para entender melhor os tipos de personalidade, conversamos pessoalmente com dezenas de construtores representativos de cada tipo e analisamos publicações sobre outros proeminentes empreendedores de sucesso, e apresentamos muitas dessas histórias nas próximas páginas. (Para saber mais sobre nossa metodologia, veja o Apêndice A.)

UMA RESSALVA

Como nos voltamos explicitamente para a análise de empreendedores de sucesso, este livro não se propõe a explicar os fatores que determinam quem serão os vencedores e os perdedores na maratona de construção de novos empreendimentos. Acreditamos ser possível extrair mais lições de empreendedores de sucesso que de aspirantes ao sucesso.

Este livro foi escrito como um guia prático para empreendedores, tanto independentes como corporativos, suas equipes e patrocinadores. Nossa pesquisa visa decifrar como a personalidade

A personalidade construtora

construtora afeta a trajetória de crescimento do empreendimento e oferecer orientações práticas para ajudar você a se tornar um construtor melhor.

Consideramos esta obra o início de uma jornada colaborativa para decodificar a interação dinâmica entre a personalidade construtora e o processo de construção de empreendimentos. Nossa pesquisa é investigativa, e os insights resultantes sem dúvida serão aperfeiçoados quando outros pesquisadores também se dedicarem a analisar essa importante interação. E fazemos questão de estender esse convite a todos. Nossas recomendações para cada personalidade construtora baseiam-se em nossa ampla experiência como consultores, investidores e professores, mas não temos pretensão alguma de ter criado a explicação definitiva para o sucesso dos empreendedores. O empreendedorismo é um fenômeno complexo demais para prestar-se a esse tipo de conclusão sumária.

Convidamos o leitor e todas as pessoas da área a usar nossa pesquisa inicial para se aprofundar na investigação dessa interseção entre a personalidade construtora e as dinâmicas de crescimento para construir grandes empreendimentos. Esperamos que nossas ideias se consolidem e novas descobertas e recomendações sejam desenvolvidas e compartilhadas entre os construtores e todos os que se dedicam a promover a busca do crescimento.

Por fim, para saber mais sobre as dificuldades da identificação precisa e sistemática dos tipos de personalidade construtora e sobre a questão dos híbridos de dois ou mais tipos de personalidade, consulte o Apêndice A.

PARTE 1

OS CONSTRUTORES DO CRESCIMENTO

As diferenças entre Condutores, Exploradores, Expedicionários e Capitães

Nesta parte do livro, analisaremos mais profundamente o quarteto das personalidades construtoras, com foco em seus pontos fortes e fracos. Em cada capítulo você encontrará descrições e exemplos de cada tipo de construtor e sua tendência a agir no contexto das cinco dinâmicas de crescimento.

Durante a leitura, tente identificar a personalidade construtora mais parecida com você. Você consegue confirmar os resultados da autoavaliação que fez no capítulo 1? Ou acha que se identifica mais com outro tipo de construtor? E tudo bem se você se identificar com mais de um tipo. Muitos de nossos líderes e empreendedores se identificam principalmente com um tipo e, com o tempo, desenvolvem pontos fortes mais associados a outro tipo. Nos capítulos posteriores deste livro, vamos mostrar como você pode aprender com todas as personalidades construtoras e praticar deliberadamente certos pontos fortes de outros tipos para minimizar alguns de seus pontos fracos.

Além de descrições detalhadas, os quatro capítulos da parte 1 incluem sugestões específicas para você se beneficiar de seus pontos fortes, minimizar seus pontos fracos e pensar em estratégias para se tornar um construtor melhor. Resumimos todas essas informações no fim de cada capítulo.

Capítulo 2   **Condutor**
Implacável, focado em vendas e
extremamente confiante

Capítulo 3   **Explorador**
Curioso, centrado em sistemas e impassível

Capítulo 4   **Expedicionário**
Intrépido, inspirado pela missão e compassivo

Capítulo 5   **Capitão**
Pragmático, empoderador da equipe e direto

CAPÍTULO DOIS

CONDUTOR
Implacável, focado em vendas
e extremamente confiante

> "Se a senhora comprar meu cinzeiro de concha, sra. Teetor, nunca mais vai precisar se preocupar com cinzas no tapete."
> **Chris Kuenne, aos 7 anos, Condutor, fundador da Rosetta**

Eu, Chris, vou agora contar um pouco de minha história no empreendedorismo.

Sou vendedor inveterado desde que tive a ideia de pintar as conchas de mexilhão que encontrava nas margens do lago Champlain e vendê-las como cinzeiros de porta em porta na cidadezinha de veraneio onde gerações e gerações de minha família passaram as férias. Era 1969, e eu tinha 7 anos.

Bati à porta da sra. Teetor. Ela fumava feito uma chaminé. Expliquei os benefícios de minhas conchas pintadas: ela nunca mais teria de se preocupar com cinzas no tapete. Também observei que as conchas ficariam lindas em sua varanda.

Em seguida, fui à casa da sra. Colby. Ela não fumava, mas achei que compraria meus cinzeiros porque era uma senhora muito bacana e amiga de infância de minha avó. Ajustei meu discurso às necessidades dela. Sugeri que ela poderia precisar de cinzeiros na varanda quando recebesse convidados fumantes e sutilmente mencionei a amizade entre nossas famílias.

A partir daí me dei conta de que nasci com um dom que alguns consideram uma maldição: sou vendedor nato ou, como meu pai

Perfil do Condutor

Fator	Descrição
MOTIVAÇÃO	• Sempre se considerou um empreendedor. Impelido por ideias, põe-se a vendê-las com um fervor que reforça sua autoconfiança.
PROCESSO DECISÓRIO	• Começa decidindo com base na intuição, mas depois busca dados e outros pontos de referência para triangular e ajustar as decisões.
ABORDAGEM DE GESTÃO	• Com enfoque prático, em geral dá instruções ou ordens. Severo, tem pouca ou nenhuma tolerância ao fracasso.
ESTILO DE LIDERANÇA	• Focado em resultados, tende a atrair e inspirar perfeccionistas como ele e tem dificuldade de lidar com quem não é igualmente motivado e orientado a metas.

costumava dizer, tenho um cifrão no lugar do cérebro. É claro que, aos 7 anos de idade, eu não sabia que esse talento poderia ser descrito como uma força intuitiva, apesar de ser o caso. Eu tinha o dom de intuir o que as pessoas queriam e a motivação para criar um produto para satisfazer esse desejo e convencê-las a comprar meu produto.

Vinte anos depois, eu trabalhava na Johnson & Johnson (J&J), na divisão da marca de vitaminas Sesame Street, voltada para o público infantil, e encontrei um problema na abordagem convencional a clientes segmentados. Essa abordagem não considerava a personalidade do consumidor, fator que usei intuitivamente quando vendi meu produto para as sras. Teetor e Colby. Minhas primeiras clientes, apesar de serem da mesma faixa etária e de viverem em circunstâncias parecidas, compraram meu produto por motivos muito diferentes.

No segundo trimestre de 1998, resolvi ressuscitar minhas habilidades de vendedor de cinzeiros. Apresentei em PowerPoint, para a Bristol-Myers Squibb e a J&J, minha ideia de criar um modo melhor e mais prático de segmentar os clientes para aumentar a eficácia das vendas. Para cada cliente, identificamos o segmento-alvo de consumidores cujas preferências básicas se alinhavam melhor com cada marca. Essa sacada possibilitou que as equipes de marketing adequassem o argumento de vendas a cada segmento de consumidores. A prática triplicou a eficácia do marketing em relação à abordagem anterior. Os resultados foram como meu sucesso inicial vendendo cinzeiros de concha de porta em porta: para remédios de venda livre (sem receita médica), as vendas e o marketing voltados para a personalidade eram muito mais eficazes.

Nos treze anos seguintes, a equipe da Rosetta e eu aprimoramos e patenteamos nossa abordagem de agrupamento baseado na personalidade para a segmentação de clientes, incorporando-a em todas as principais formas de marketing digital, desde a criação de sites de comércio eletrônico até o marketing de relacionamento com o cliente. Com essa metodologia, desenvolvemos a Rosetta para se tornar a maior empresa de marketing digital de capital fechado antes de decidirmos vendê-la para o Publicis Groupe por um preço recorde. O agrupamento baseado na personalidade é a mesma abordagem que John e eu usamos para identificar os quatro tipos de construtor que apresentamos neste livro.

Na tipologia da personalidade construtora, não tenho dúvida de que sou um Condutor. Quando criança, já sabia que minha missão era identificar as necessidades do mercado e explorá-las comercialmente como uma forma de validação pessoal. Se você é um Condutor, nasceu para ser um empreendedor. Você sempre soube, desde a infância ou a juventude, que sua motivação é identificar necessidades não satisfeitas dos clientes direcionando sua intuição ao mercado, e isso o impulsiona a criar uma solução superior. Você não vê problema algum em basear suas decisões em uma mistura de autoconfiança e instinto.

Nós, Condutores, temos uma abordagem de gestão prática e intensa e esperamos que nossos colegas sejam igualmente obcecados por resultados. No meu caso, esse estilo se mostrou muito eficaz no começo, possibilitando atrair colaboradores incríveis, cujo talento levou à escalada e ao sucesso da Rosetta. Entretanto, meu estilo de liderança começou a se revelar problemático quando a empresa chegou a ter quase uma dúzia de escritórios e mais de 1.200 pessoas. Caí na armadilha que paralisa muitos Condutores quando tentam controlar tudo, confundindo controle com liderança autêntica (analisaremos essa tendência mais adiante, neste capítulo).

COMO OS CONDUTORES LIDAM COM AS DINÂMICAS DE CRESCIMENTO
"Sei o que os clientes querem. Pode confiar em mim!"

Se você é um Condutor, enfrenta cada dinâmica com intensidade e confiança. No que diz respeito à dinâmica da solução, você está em seu habitat natural, intuindo as tendências do mercado e adequando seu produto a necessidades que os clientes podem nem saber que têm. Sua intensa motivação o ajuda a recrutar talentos, early adopters e alguns investidores que alimentam sua necessidade de validação e seu desejo de deixar uma marca no mercado. Mas, à medida que o empreendimento atinge níveis sucessivos de escala e passa a ser preciso afrouxar um pouco o controle em todos os aspectos do negócio e empoderar as pessoas, você começa a enfrentar dificuldades. Vamos dar uma olhada em cada dinâmica de crescimento para entender esse padrão.

Dinâmica da solução
Converter ideias em produtos

Ben Weiss é o fundador da Bai Brands, fabricante de bebidas saudáveis de enorme sucesso que rapidamente conquistou mercado em todo o território norte-americano e uma legião de fãs. Antes de abrir sua empresa, Weiss desenvolveu uma bebida à base de café para a Godiva Chocolates. A experiência o levou a acre-

CAPÍTULO DOIS

ditar que o café e sua origem, o fruto da planta, poderiam levar à criação de um tipo de bebida completamente novo. Ele, então, se pôs a fazer experimentos com a casca do fruto, parte em geral descartada, sabendo que ela é rica em antioxidantes.

Weiss intuiu que os segmentos de bebidas dietéticas e não dietéticas tinham amadurecido a ponto de se abrir a novas oportunidades. Ele explicou: "O consumidor da geração Y estava dizendo: 'Não quero bebidas calóricas e não confio em adoçantes artificiais'. E aí, quando descobri a fórmula da Bai (usando uma mistura de adoçantes naturais, entre eles a estévia, e reduzindo o número de calorias para apenas cinco), encontrei a solução para o dilema da dieta. A solução está no ponto em que 'o bom para a saúde' e 'um sabor incrível' se cruzam. Nós somos a *Bevolução* e estamos redefinindo o sabor sem comprometer a saúde".[1]

Se você é um Condutor, o desejo de sondar o mercado para encontrar uma necessidade e criar uma solução para satisfazê-la é um instinto quase visceral. Howard Lerman tem personalidade de Condutor e é o fundador da Yext, empresa líder em marketing baseado na localização (*location-based marketing*). A Yext garante que mais de 2,5 milhões de pequenas empresas tenham seu endereço, número de telefone e horário de atendimento presentes em todos os principais mecanismos de busca, permitindo que os consumidores encontrem a localização de uma loja física diretamente de uma pesquisa na internet. Quando pedimos a Howard para nos explicar o conceito, ele disse: "Sou especialista em concretizar ideias. Logo percebemos que a presença adequada no Google, no Yahoo! e no Facebook seria fundamental para todas as empresas do planeta. Mas é fácil ter ideias. O que me diferencia é que, quando tenho uma ideia, persisto até transformá-la em realidade. Tenho esse ímpeto enorme que me leva a agir".

O Condutor dispõe de uma combinação sem igual de intuição e disciplina bem-focada. Enquanto muitas pessoas tendem a ser mais racionais ou mais intuitivas em seus padrões de pensamento, o Condutor apresenta as duas tendências. Se você é um Condutor, é especialmente focado em criar e capitalizar valor para o cliente. Você não pensa que a sorte é fundamental para o sucesso de um empreendedor. Acredita que seu sucesso é uma função de seus talentos e os direciona deliberadamente a uma necessidade do mercado que você identificou. Dedica-se, então, a satisfazer essa necessidade por meio de uma detalhada experimentação no mercado, coletando feedbacks, calculando os riscos e aplicando seu talento natural para as vendas. Sua confiança e capacidade de convencer as pessoas do valor de sua solução se traduzem em uma abordagem de vendas do tipo "corpo a corpo" que pode ser considerada intensa demais.

"Se eu analisar uma situação, perceber o problema e só observar, quase consigo ver o fluxo."

Observamos, na indústria da moda, essa mesma paixão por identificar e capitalizar o ajuste do produto ao mercado. Mi Jong Lee é uma designer de moda de Nova York e vende os produtos de sua marca, a Emmelle, em uma loja própria e em mais de 65 outras lojas espalhadas por todo o país. Sua necessidade compulsiva de sondar o mercado em busca de oportunidades é um dos fatores essenciais de seu sucesso.

Ela se diz obcecada por observar, estudar e refletir sobre as necessidades e desejos de seu público-alvo, mulheres entre os 40 e 50 anos que trabalham fora. "Eu sei o que elas querem. Querem um bom caimento, um bom tecido, uma boa aparência. Querem estar elegantes, mas sem chamar muito a atenção. Querem ser femininas, estar bem-vestidas, mas sem parecer sexy demais."

Lee procura satisfazer as necessidades dessas mulheres aplicando um delicado equilíbrio entre intuição e fatos. Como ela explicou: "Eu diria que na maior parte do tempo uso a intuição, mas também gosto de analisar. Vivo analisando as coisas. Pode parecer estranho, mas sempre achei que, se eu analisar uma situação, perceber o problema e só observar, quase consigo ver o fluxo, a tendência do mercado". Esse equilíbrio natural, impelido por uma enorme motivação para atingir o sucesso de vendas, se reflete na maneira como Lee administra e conduz sua empresa ao crescimento. Segundo ela, "sempre achei que, se eu perdesse essa espécie de intuição natural que tenho, a empresa não faria mais sentido para mim".

A dinâmica da solução canaliza o talento que define o Condutor. Se você é um Condutor, curte todas as partes do proces-

CAPÍTULO DOIS

so, desde a inspiração resultante de sua capacidade de intuir as tendências do mercado até sua motivação e a confiança em sua capacidade de traduzir esse insight em algo concreto. A energia decorrente de seu sucesso na dinâmica da solução é transmitida a todas as outras dinâmicas, pelo menos no começo. Sua energia, algumas vezes, é positiva e aplicada construtivamente; outras, no entanto, pode levá-lo a se indispor com seu pessoal e mesmo com clientes e patrocinadores financeiros.

É provável que você depare com esse problema sucessivamente, à medida que sua ideia inicial de produto se transforme em um portfólio de produtos ou serviços e cresça até se transformar em uma autêntica plataforma, com escritórios e divisões em diferentes locais. Sua tendência a continuar botando as mãos na massa pode se tornar um impedimento ao desejo de expandir o negócio. Você deve empoderar as pessoas para focar sua ideia inicial e ampliá-la, não só para satisfazer as novas e mais abrangentes necessidades de clientes e mercados, mas também porque a criação colaborativa atrairá novos e fervorosos seguidores, levando a uma alavancagem maior. Em outras palavras, se você conseguir abrir mão de parte do controle que tinha no estágio de criação, terá condições de mobilizar uma fonte de criatividade muito maior nessa dinâmica.

O CONDUTOR EM AÇÃO

"Eu passava o dia inteiro no pé de todo mundo."
Steve Breitman, SEBCO Laundry Systems

Quando Steve Breitman saiu do carente bairro do Bronx, em Nova York, onde havia passado a infância, jurou que daria uma boa vida à família que esperava ter um dia. Aos 19 anos, já tinha guardado dinheiro suficiente para comprar três máquinas de lavar roupa operadas por moedas. Isso foi quase 50 anos atrás. Hoje ele é dono mais de 40 mil máquinas de lavar roupa (e cobra US$ 4 por ciclo de lavagem... faça as contas).

O Condutor busca seguidores empenhados, que pensam como ele. Refletindo sobre o início de seu empreendimento, Breitman conta que "estava em busca de pessoas dispostas a se comprometer e dedicar a vida ao negócio" e que, para treiná-las, trabalhava lado a lado com elas. "Foi uma espécie de osmose. Elas meio que começaram a viver e a respirar como eu." No que se refere a seu estilo de liderança, Breitman afirma: "Vinte anos atrás, eu passava o dia inteiro no pé de todo mundo. Devia trabalhar umas 18 horas por dia, seis ou sete dias por semana". Essa é a intensidade do Condutor.

Enquanto trabalhava todas essas horas, Breitman também pensava em desenvolver a organização. Ele explica: "Você precisa se alinhar com pessoas que conheçam o lado operacional, o lado das finanças e o lado do marketing para poder juntar tudo em uma coisa só. Por sorte, eu sabia um pouco de todas essas facetas do negócio".

Dinâmica da equipe
Estimular talentos individuais para aumentar o impacto colaborativo

Seu conhecimento intuitivo do mercado e a energia que o impele a criar produtos também atraem os melhores talentos nos primeiros anos da empresa, quando a inventividade é fundamental para a sobrevivência e o crescimento inicial. Howard Lerman teve a sorte de conhecer seus sócios no ensino médio.

Lerman sempre foi o líder do grupo. Ele conta como identificou a oportunidade e inspirou e orientou seus amigos no início: "Quando começamos, éramos nós três em um pequeno barco a remo. Sean MacIsaac e Tom Dixon remavam, e eu dizia: 'Remem naquela direção, parece que estou vendo alguma coisa lá'". E de fato ele viu alguma coisa lá.

Naquele barquinho a remo metafórico, Lerman e seus amigos criaram a Intwine, sua primeira empresa, apenas três anos depois de formados. A Intwine era uma consultoria especializada na linguagem de programação .NET da Microsoft. Eles a desenvolveram até atingir US$ 5 milhões em vendas, depois a venderam à Daltran Media por US$ 7 milhões e então passaram a construir o empreendimento atual, a Yext.

CAPÍTULO DOIS

Atualmente Lerman lidera uma companhia de quase mil colaboradores, mas continua a inspirar as pessoas demonstrando sua capacidade de intuir o mercado. Ele explica: "Hoje sou o CEO de uma verdadeira frota de navios de guerra. Há um navio gigante no centro e 28 menores ao redor, e todos têm complexas partes interligadas. A essência de meu trabalho agora é ficar no navio maior conduzindo a frota, mas, quando criamos um produto, eu salto de volta àquele barquinho a remo. Apelidamos esse processo de 'pular no navio pirata'".

Lerman demonstra como os Condutores canalizam seus talentos de intuir o mercado e desenvolver novos produtos para atrair, inspirar e orientar os seguidores. Ao contrário dos CEOs corporativos, os Condutores não hesitam em botar as mãos na massa e criar eles mesmos o próximo produto. Impelidos pelo conhecimento do mercado e pela autoconfiança resultante de seu sucesso nas vendas, eles inspiram funcionários, clientes e investidores a segui-los.

Se você é um Condutor, será mais eficaz recrutando o primeiro grupo de membros da equipe e inspirando-os com sua capacidade de intuir o mercado e fechar vendas. A prova de fogo ocorrerá nos níveis subsequentes da escala do negócio, quando você vai precisar empoderar as pessoas, dotando-as de autonomia para inventar. Lerman aprendeu a adaptar seu estilo de liderança e seu papel de maneira que a cultura de sua empresa o aceita e talvez até se sinta inspirada quando ele volta ao navio pirata para desenvolver a próxima grande ideia.

Alguns setores, como os centrados na tecnologia, permitem que esse tipo de inventividade se concentre nas mãos do construtor e de uma pequena equipe. Já nas empresas de serviços especializados, essa abordagem não é tão eficaz, porque as equipes de atendimento ao cliente devem ser capazes de encontrar soluções com agilidade, e o Condutor não pode ser a única fonte de soluções para resolver os problemas do cliente. Nessas áreas, os talentos do Condutor para recrutar, treinar e inspirar as pessoas são testados com rigor.

"Sucesso para mim era [...] virar o jogo."

Laurie Spengler é uma Condutora híbrida que atua no mercado de serviços especializados e combina os valores centrados na missão de um Expedicionário com o elevado quociente emocional de um Capitão para orientar sua abordagem ao desenvolvimento de equipes. Spengler construiu, ampliou e vendeu a sua equipe de gestão uma empresa chamada Central European Advisory Group, especializada em assessorar clientes corporativos da Europa Central e Oriental na melhor maneira de levantar mais capital externo.

Fica claro que ela apresenta muitas qualidades do Condutor. "No começo, sucesso para mim era ser a referência em consultoria para empresários da Europa Central e Oriental [...], fechar essa lacuna no mercado e [...] virar o jogo". No entanto, Spengler também está ciente da importância de montar uma excelente equipe e conquistar a adesão de seu pessoal. "Uma coisa é ser a fundadora da empresa", afirma ela. "A ideia está mais do que clara em sua cabeça. Você pensa: 'Uau, isso tudo é muito óbvio!'. Outra coisa, bem diferente, é ter de articular sua ideia para que as pessoas a entendam e montar a melhor equipe do mundo".

Em sua primeira reunião com seu pessoal, Spengler surpreendeu a equipe de especialistas quando decidiu não fazer um discurso de uma hora (a norma na Europa Central), mas falar por apenas dois minutos, formulando uma pergunta e pedindo a opinião de cada pessoa na sala. Depois, um membro da equipe comentou: "Laurie, não sei se você sabe, mas você deixou as pessoas frustradas naquela reunião. Elas acharam muito estranho uma fundadora fazer uma pergunta logo de cara. Ficaram com a impressão de que você não sabia a resposta".

Spengler ignorou as normas sociais da região e foi contra uma das tendências básicas dos Condutores. No entanto, está ciente da tensão intrínseca que todos os Condutores têm de levar em conta: é preciso saber atingir o delicado equilíbrio entre liderar pelo exemplo, ensinar e dar às pessoas uma chance de desenvolver e aprimorar a própria inventividade. Ela explica: "Eu não queria dizer: 'Sou a fundadora. Criei este modelo de negócio espetacular e espero que vocês sejam capazes de executar minhas ideias'. O que eu quis dizer a eles é que esperava que discutissem e questionassem as ideias. Se não pudermos questio-

CAPÍTULO DOIS

nar, expressar nossa opinião e discutir, nunca vamos ser capazes de orientar bem nossos clientes".

Nesse ponto, Spengler estava mobilizando seus talentos de Capitã, sabendo que o fator mais importante para criar uma excelente equipe, depois de recrutar as pessoas certas, é conquistar sua confiança. Ela explica: "Para mim estava claro que, para criar um clima de confiança, de franqueza, rigor intelectual e comprometimento, eu precisaria liderar pelo exemplo".

Se você é um Condutor, não se esqueça do equilíbrio que Spengler exemplifica. Sua determinação e seu talento para converter ideias em produtos inspiram as pessoas a se unir a você. Contudo, é importante saber controlar o desejo de criar e levar em conta a necessidade de gerar uma alavancagem operacional para possibilitar a escalada. Essa alavancagem só pode resultar do ensino e empoderamento das pessoas para que criem elas mesmas as soluções.

Dinâmica do cliente
Transformar clientes em parceiros

"Usar a projeção anual de vendas de sua empresa pendurada no pescoço (6.058.921 caixas de Bai)."

Ben Weiss faz uma reverência a sua bebida Bai de cinco calorias e conta como fechou um cobiçado contrato com seu maior cliente, o distribuidor de bebidas Dr Pepper Snapple Group (DPSG): "Tenho um produto que se encarrega de todo o trabalho pesado. Confio tanto nele que posso me dedicar a lutar por meus clientes todos os dias". Weiss se refere à luta com o distribuidor por mais espaço nas prateleiras das lojas, luta que ele está claramente ganhando. Para ter uma ideia do carisma de Weiss e de sua confiança em si mesmo e em seu produto, ele se tornou o queridinho do CEO do DPSG, empresa de capital aberto de US$ 6 bilhões e líder do setor.

Weiss chegou a convencê-lo a usar no pescoço uma plaqueta metálica gravada com a marca Bai e a cota de vendas anual que ele tinha negociado com o DPSG. Eis uma ação clássica de um Condutor: criar um produto tão adequado ao mercado que convence

Condutor

o CEO de uma corporação gigantesca a usar a projeção anual de vendas de sua empresa pendurada no pescoço (6.058.921 caixas de Bai). Talvez a parte mais incrível dessa história seja o fato de a Bai representar menos de 2% do volume anual do distribuidor na ocasião. No entanto, a força do produto e o carisma de Weiss inspiram seu cliente (o distribuidor) a se comprometer de corpo e alma com a parceria.

"Já trabalhei com 22 parceiros espalhados por todo o nosso ecossistema. Nenhum deles jamais conseguiu o que vocês acabaram de fazer!"

Para um Condutor, o melhor resultado possível é dissolver as fronteiras entre a empresa e o cliente. Quando você ganha, seu cliente também ganha. Rick Greenberg, fundador do Kepler Group, nos deu um exemplo dessa abordagem em sua empresa de marketing digital. A equipe de Greenberg estava no fim do primeiro dia de um encontro de dois dias com um cliente, planejando a estratégia de marketing do ano seguinte. Para concluir as atividades, Greenberg perguntou: "Como vocês alocam seus gastos de marketing por canal de mídia?". O cliente respondeu que a alocação era feita caso a caso. Todos davam sua opinião, eles discutiam um pouco e por fim decidiam por uma alocação que estava bem longe de resultar de um processo empírico.

Greenberg ficou obcecado. Em vez de aceitarem o convite do cliente para jantar, sua equipe e ele passaram a noite em claro desenvolvendo um modelo de alocação de recursos mais empírico. Quando, no dia seguinte, apresentaram o modelo ao cliente, ele exclamou: "Já trabalhei com 22 parceiros espalhados por todo o nosso ecossistema. Nenhum deles jamais conseguiu o que vocês acabaram de fazer!". Isso é resultado da obsessão do Condutor pela necessidade do cliente, do desejo de agradar a ele e, principalmente, do objetivo de sempre atendê-lo melhor que qualquer um de seus concorrentes. A abordagem de Greenberg (típica de um Condutor) foi aplicar seu talento para criar um produto perfeito para as necessidades do cliente e transformá-lo em parceiro.

Len Pagon, assim como Greenberg, fundou uma empresa com base na paixão de "conquistar rapidamente a confiança e a credibilidade dos clientes", a Brulant, dedicada à integração de sistemas digitais. Uma das estratégias de crescimento de Pagon concentrou-se na criação de um canal de relacionamento com a IBM, fazendo de sua companhia a maior implementadora independente da plataforma de e-commerce WebSphere, da IBM. Essa abordagem o levou a firmar relacionamentos com várias organizações da *Fortune 500* no leste dos Estados Unidos, como a TRW, a Eli Lilly, a BP entre outras.

Se você é um Condutor, tende a ser muito eficaz na dinâmica do cliente nos estágios iniciais da empresa. Em geral, volta-se para os segmentos de clientes que Geoffrey Moore chama de "inovadores" e "early adopters" em seu famoso livro, *Crossing the Chasm*. Esses clientes procuram ativamente soluções ainda não comprovadas para seus problemas antes de o restante do mercado encontrá-las.

No entanto, não confunda o crescimento inicial impulsionado por early adopters com o apelo mais amplo necessário para garantir um sucesso crescente. Você é particularmente vulnerável a cair no abismo de Moore (a lacuna entre o mercado inicial e o grande mercado) por simpatizar muito com os clientes que sacam sua ideia. Lembre que os early adopters em geral representam menos de 15% do mercado. Para cruzar esse abismo, você precisa atraí-los e se associar a eles, e fazer o mesmo em relação aos compradores posteriores, que constituem a maior fatia de muitos mercados.

Dinâmica do patrocinador
Alinhar financiadores e outros aliados

A paixão e o talento para as vendas de Ben Weiss, da Bai Brands, conquistaram investidores iniciais, como Bill Bradley, que foi senador pelo estado norte-americano de Nova Jersey, um jogador de basquete da National Basketball Association e o ator Ashton Kutcher.

Quando estava arrecadando fundos de seus primeiros financiadores, Weiss se limitava a colocar uma garrafa de Bai na frente da pessoa, sugeria que ela tomasse um gole e lhe apresentava os dados de vendas em suas melhores lojas de varejo: "Estamos vendendo cinco vezes mais que o Honest Tea nesta loja e o mesmo que a Vitamin Water nesta outra. Ah, a propósito, a Vitamin Water foi vendida para a Coca-Cola por US$ 3,5 bilhões". (Essa fala se revelaria visionária, considerando que no fim de 2016 Weiss vendeu sua empresa por US$ 1,7 bilhão a seu cliente distribuidor, o DPSG.)

A maioria dos patrocinadores financeiros é obcecada pela questão do ajuste do produto ao mercado ou, como os empreendedores gostam de dizer: "Os cachorros comem ração de cachorro?". Se você é um Condutor, considera essa questão essencial. Você adora qualquer oportunidade de demonstrar que conhece profundamente a necessidade dos clientes e que seu produto ou serviço satisfaz essa necessidade. Empolga os patrocinadores financeiros e conquista a confiança deles alavancando seu talento especial para as vendas. No entanto, conforme salientou Bob Kocher, experiente investidor e sócio da Venrock: "Pode ser mais difícil trabalhar com os Condutores porque eles costumam estar absolutamente convencidos de que estão certos, e alguns podem estar pouco abertos a novas informações, a mudar de opinião ou a dar ouvidos a seu pessoal".

Se você é um Condutor que trabalha em uma organização, a dinâmica do patrocinador requer um equilíbrio mais complicado que para seus colegas fundadores de startups. Apesar de o Condutor de uma startup também precisar atrair os investidores certos, ele tem vários investidores para escolher (se o Condutor for bom e criar momentum em um setor badalado). Se você é um Condutor corporativo, contudo, só terá os patrocinadores já existentes na organização. Nesse caso, você deve aprender a controlar a impaciência e transpor sua visão para as prioridades de orçamento e investimento da companhia. Se conseguir fazer isso, pode gerar um impacto enorme ao longo do tempo, mobilizando a verba que conseguir canalizar e recrutando colegas na empresa.

CAPÍTULO DOIS

Muitos Condutores têm dificuldade de se adaptar à complexidade mais arrastada de um ambiente corporativo. Sua motivação e necessidade de autonomia podem se transformar em impaciência e frustração. Se você já conhece essa história, respire fundo e aguente firme antes de pedir demissão. Afinal, você poderia estar deixando para trás muitos recursos importantes que seus colegas fundadores de startups matariam para obter, como financiamento no estágio inicial, acesso a talentos com um histórico comprovado para montar a equipe e uma porta de entrada para clientes ou fornecedores potenciais.

Será que você e sua ideia não estariam em uma situação melhor se você tentasse convencer seu empregador a deixá-lo construir seu empreendimento dentro da organização? Dê uma olhada nas grandes empresas abertas à inovação, como a P&G, a Nike, a 3M, a GE, a Cisco, a Microsoft, a Shell e o Walmart, entre muitas outras; elas estão demonstrando maior flexibilidade para se abrir a iniciativas como a sua, que conciliam as ambições pessoais com os interesses dos acionistas corporativos.

O que pode diferenciá-lo de seus colegas de empresa e ser um grande trunfo é sua disposição de correr mais riscos pessoais e profissionais. Veja se não vale a pena se oferecer para arcar com parte do risco em troca de vantagens que você provavelmente não teria como um funcionário qualquer. Esse risco pode assumir a forma de ações fantasma de seu novo empreendimento,* de um superbônus vinculado ao desempenho do negócio, de uma empresa derivada (*spin-off*) com opção de recompra pela patrocinadora ou até de uma divisão de patrimônio. Se nada disso der certo e você decidir lançar sua ideia como um empreendimento independente, considere duas outras sugestões. Em primeiro lugar, tome o cuidado de não queimar nenhuma ponte ao sair. Não dê a impressão de que você abusou dos recursos da empresa, do acesso privilegiado a informações ou de outros ativos

---

* N.T.: As ações fantasma (*phantom stock options*) constituem um plano de incentivo no qual um executivo recebe, durante determinado período, um bônus com base no valor de mercado das ações da empresa.

Condutor

valiosos para desenvolver sua ideia enquanto trabalhava ali. Em segundo lugar, seja o mais diplomático possível. Nunca se sabe quando você pode ter de negociar com seu antigo empregador no papel de cliente potencial ou como possível comprador de seu empreendimento.

Dinâmica da escala
Promover a escalada do empreendimento

Em muitos aspectos, a dinâmica da escala é a mais difícil para os Condutores, porque muitos dos fatores que motivam seu comportamento nas outras dinâmicas colidem aqui. O Condutor é obcecado por criar produtos especialmente adequados ao mercado, tende a querer fazer tudo sozinho e espera que todas as pessoas da equipe sejam como ele em termos de competências, motivação e entusiasmo. Essas tendências podem entrar em conflito com o tipo de seguidor que o Condutor precisa atrair nas etapas posteriores de crescimento do negócio.

Em geral, os Condutores recrutam os primeiros parceiros a sua imagem e semelhança: especialistas motivados e confiantes, capazes de intuir as tendências do mercado. Nas etapas posteriores, quando as funções precisam ser mais definidas, os Condutores são forçados a contratar seguidores que preferem cumprir instruções específicas. Em alguns casos, o desejo de atingir uma escala significativa se transforma em um catalisador para a mudança; em outros, o entusiasmo do Condutor recebe um balde de água fria ao encontrar seguidores que não se encaixam em seu perfil ideal. Vejamos um exemplo.

Adam Jackson, um "coconstrutor" (explicaremos esse conceito mais adiante) da Doctor On Demand, empresa de tecnologia voltada para a área da saúde que foi incluída na lista "As 50 Mais da Saúde Digital" da Goldman Sachs em 2015, é um Condutor clássico. Passou a infância em Cleveland e logo percebeu que era muito mais ambicioso e motivado que as pessoas que conhecia. Jackson foi morar em São Francisco logo depois de terminar a faculdade e aprendeu programação sozinho. Trabalhou para algumas startups até encontrar uma grande ideia que acreditava ter o potencial de

CAPÍTULO DOIS

revolucionar a área da saúde: consultas com médicos em vídeo pelo smartphone para problemas de saúde repentinos, como resfriados, gripes, erupções cutâneas e infecções no trato urinário.

Jackson, Phil McGraw (o popular apresentador do programa de entrevistas *Dr. Phil*) e o filho de McGraw fundaram a Doctor On Demand em 2012. O serviço por enquanto está disponível como um benefício oferecido por grandes corporações norte-americanas, como a American Airlines, a Comcast e a The Home Depot, aos funcionários e aos clientes de planos de saúde como os da United Healthcare.

Jackson descreve sua abordagem de gestão nos seguintes termos: "Confio no meu taco e me orgulho muito de colocar as mãos na massa e pensar em todos os detalhes". Os Condutores tendem a ser perfeccionistas e controladores. De outro lado, sabem que não conseguem atingir sozinhos a escala e o impacto desejados. Jackson conta como resolveu esse conflito: "Aprendi essa lição em duas partes. A primeira foi ao me dar conta de que são raríssimas as pessoas que conseguem gerar bilhões de dólares sozinhas, como Kobe Bryant ou Michael Jordan".

Ele explica a segunda parte de seu aprendizado: "Fui criticado por meu comportamento controlador. Não foi fácil, mas tentei ver isso como uma crítica construtiva [...]. Algumas vezes foi complicado, porém, uma vez superado esse obstáculo, fiquei livre para encontrar pessoas muito melhores que eu. Pude alocar essas pessoas para desenvolver a empresa sem me incomodar com o fato de elas brilharem mais que eu".

Se você é um Condutor, tende a abordar a dinâmica da escala aplicando o mesmo método que costuma usar para conquistar mercados, ideias para novos produtos e clientes: com a força bruta de sua personalidade. Contudo, quando chega a hora de contratar uma pessoa para assumir as operações do negócio, você pode ficar diante de um obstáculo.

Matt Blumberg, fundador da Return Path, empresa que presta serviços seguros e eficazes de e-mail marketing para organizações do mundo todo, sentiu o problema na pele. "Com o crescimento da empresa, ficamos cada vez mais atolados nos detalhes operacionais. Eu diria que muitos candidatos que entrevistei para a função eram grandes imbecis, e várias pessoas que contratamos não conseguiram dar conta de trabalhar em um ambiente como o nosso – simplesmente não rolou".

Por nossa experiência, pessoas com sólidas competências operacionais têm dificuldade de equilibrar as necessidades dos clientes com os aspectos práticos da eficiência operacional. Esses líderes operacionais durões tendem a escolher a eficiência e preferem não mergulhar nas sutilezas dos clientes e do mercado. Como o Condutor tem a capacidade de intuir as demandas do mercado, é naturalmente difícil encontrar colegas operacionais que se adaptem a seu estilo.

O CONDUTOR EM AÇÃO

"Adoramos quando os outros se distraem e se esquecem de crescer. Nós nunca nos distraímos."
Charlie Cawley, MBNA

Depois de ser demitido da Beneficial Finance no início de sua carreira, Charlie Cawley decidiu que provaria seu valor.[2] Em 1982, seu chefe o escolheu para administrar o portfólio de cartões de crédito do Maryland National Bank, na cidade de Baltimore. Sob a liderança impetuosa, exigente e ocasionalmente dominadora de Cawley, uma pequena unidade de negócios se converteu na gigante dos cartões de crédito MBNA, uma empresa de capital aberto.

Cawley transferiu as operações de cartão de crédito para o vizinho estado de Delaware, onde as regras de taxas de juros eram mais favoráveis aos emissores de cartão. Estabelecido em um prédio que havia sido um supermercado, ele se dedicou a aplicar seus talentos de Condutor. Na época, bancos como o Citibank e o Chase Manhattan Bank e empresas como a American Express dominavam o mercado de cartões de crédito. Formado pela Georgetown University, Cawley teve a ideia de vincular um cartão de crédito à associação de ex-alunos da instituição, argumentando que os ex-alunos gostariam de ter um cartão que beneficiasse a universidade que haviam frequentado.

CAPÍTULO DOIS

Munido do conhecimento intuitivo do mercado e da determinação que caracterizam o Condutor, ele resolveu dois problemas ao mesmo tempo: diferenciou um cartão de plástico comum que todo mundo leva na carteira e desenvolveu um método para levantar fundos para a universidade. Com isso, criou o cartão de crédito de afinidade. E, se você nunca teve um, ainda vai ter.

Cawley acredita que o cliente sempre tem razão e que é fundamental atendê-lo bem para conquistar sua confiança e fidelidade. Em pouco tempo, ele e sua equipe experimentaram e escalaram essa fórmula mágica do marketing de afinidade para adquirir novos clientes e proporcionar um atendimento espetacular aos já existentes.

Em menos de uma década, a divisão de Cawley no Maryland National Bank passou a ser mais valiosa que todos os outros ativos da matriz juntos. Em 1991, a MBNA abriu o capital e tornou-se uma entidade independente. Quando foi adquirida pelo Bank of America, em 2006, a empresa tinha 50 milhões de clientes, 30 mil funcionários e US$ 120 bilhões em crédito.

Se você é um Condutor, precisa refrear sua tendência de contratar pessoas iguais a você e de controlar todos os aspectos da operação no estágio de escalar as funções de apoio. É nesse estágio que os melhores Condutores abrem mão de parte do controle. Você precisa contratar colaboradores com competências específicas e empoderar as pessoas para crescer e se destacar na empresa. A dinâmica da escala tem o potencial de levar a um enorme crescimento pessoal e empresarial, mas só se você conseguir optar pela escala e dominar sua tendência natural de fazer tudo sozinho.

TALENTOS E DEFICIÊNCIAS DO CONDUTOR

Vimos como os Condutores têm um aguçado instinto para identificar as necessidades do mercado e são motivados pela autoconfiança e talvez até pelo desejo combativo de provar algo ao mundo. Se você é um Condutor, tudo o que faz é para chegar àquele momento em que pode combinar sua intuição das tendências do mercado com sua inventividade para criar a próxima grande ideia.

Condutor

Will Margiloff, CEO da IgnitionOne, empresa dedicada a combinar tecnologia e marketing, é um exemplo perfeito dessa característica dos Condutores. Ele nos contou: "Não sou programador nem tecnólogo. Consigo ver para onde o mercado está indo. O maior problema do pessoal de marketing é integrar todas as diferentes tecnologias. Fomos os primeiros a usar a nuvem para isso".

A confiança e a intensidade do Condutor atraem aliados talentosos para formar a equipe inicial. O conhecimento intuitivo do mercado conquista clientes e investidores, enquanto o Condutor ganha ímpeto para dar o salto e cruzar o abismo de Geoffrey Moore. Mas cuidado! Os atributos que o trazem até esse ponto não garantem que você conseguirá cruzar para o outro lado. É provável que encontre uma barreira inesperada que o impeça de atingir a escala desejada. Sua energia intensa e a necessidade de provar seu valor aos olhos do mundo também podem afastar o tipo de pessoa de que você precisa para incrementar seu empreendimento.

Veja uma breve descrição de seus talentos e deficiências:

- **Aguçado conhecimento intuitivo do mercado.** Vimos como Ben Weiss capitalizou o cruzamento entre "o bom para a saúde" e "um sabor incrível" para criar uma potência da indústria de bebidas chamada Bai Brands. Foi esse mesmo senso intuitivo do mercado que levou Howard Lerman a voltar a seu "navio pirata" para gerar a próxima grande ideia na Yext. Laurie Spengler foi impelida pela mesma força depois da queda do Muro de Berlim, ao identificar uma chance de ajudar novos empresários ensinando-os a aumentar o capital de investimento.

- **Energia criativa que possibilita converter as necessidades dos clientes em um produto ou serviço adequado.** Mi Jong Lee, designer de moda, aplica essa energia para ajudar mulheres de 40 a 50 anos a se vestir para o trabalho. Adam Jackson descobriu como levar um médico diretamente ao paciente acometido de um problema de saúde repentino, como uma gripe, por meio de uma consulta em vídeo possibilitada pela expansão da banda larga móvel e pela popularidade dos smartphones.

CAPÍTULO DOIS

- **Necessidade ferrenha de levar o empreendimento ao sucesso.** Um exemplo desse foco inflexível foi a negociação de Ben Weiss com o CEO do Dr Pepper Snapple Group para que sua bebida ganhasse um cobiçado espaço na prateleira dos supermercados de todo o território norte-americano. E foram também a força de vontade e a crença na própria capacidade de decifrar o mix de marketing que levaram Rick Greenberg e seus colegas do Kepler Group a passar a noite em claro para demonstrar a um cliente como seria possível alocar melhor seus recursos em mídia.
- **Propensão a ser controlador e implacável com a equipe.** No decorrer de nossa carreira como empreendedores e consultores, vimos Condutores cuja necessidade de perfeição e natureza implacável afastaram os talentos especiais que tinham sido atraídos por sua energia e visão. Uma consultoria especializada que conhecemos foi aberta por um Condutor que havia trabalhado na McKinsey e, nos primeiros anos, competiu lado a lado com companhias como a Oliver & Wyman e a Alvarez & Marsala, e hoje as duas são dez vezes maiores que sua companhia. Esse Condutor foi incapaz de relaxar e deixou que sua obsessão pelo controle sufocasse a independência e a inventividade das pessoas. Com isso, seus funcionários não tiveram condições de contribuir para o sucesso da empresa, que não conseguiu atingir a escala e o impacto esperados.
- **Amor narcisista pelos produtos que criou.** Quando o Condutor vincula sua identidade a sua criação (produto ou serviço) e fica apaixonado demais por ela, corre o risco de ignorar sinais sutis do mercado e não se movimentar quando necessário. Essa vulnerabilidade é o equivalente ao dilema do inovador nas startups, levando alguns Condutores a conseguir sucesso em apenas um empreendimento.[3]
- **Tendência a ir longe demais com investidores e clientes.** Um dos Condutores que entrevistamos nos contou: "Sou capaz de ir até os confins do mundo para conseguir o dinheiro de que preciso nos termos que acredito que mereço. Já mandei muitos capitalistas de risco à m****". O

Condutor

49

sucesso inicial do Condutor no mercado pode levar a uma postura arrogante diante dos investidores, fazendo com que o empreendedor acredite que sua empresa vale muito mais que seu valor real de mercado e não consiga obter o financiamento necessário para concretizar o sonho de escalar o empreendimento. Uma vez que o crescimento e a escala requerem expandir a base de clientes (desde os inovadores tolerantes e inventivos e early adopters até os compradores posteriores), o Condutor pode ter dificuldade de lidar com clientes pouco imaginativos, mas muito mais exigentes em detalhes mundanos e triviais.

E agora? O que fazer com essas informações? Algumas pessoas se dedicam a reforçar seus pontos fortes ou, em nosso linguajar, "reforçar seus talentos"; outras decidem minimizar seus pontos fracos ou, como dizemos, "delegar suas deficiências"; e há, ainda, aquelas que preferem adotar uma combinação das duas estratégias. Seja qual for a abordagem escolhida, apresentamos a seguir cinco sugestões concretas que você pode começar a aplicar hoje mesmo para se tornar um Condutor melhor.

ESTRATÉGIAS DE "REFORÇAR E DELEGAR" PARA SER UM CONDUTOR MELHOR

Neste capítulo, vimos como a persistência e a autoconfiança do Condutor podem levá-lo a um empolgante sucesso de vendas. No entanto, embora essa obsessão possa gerar um ímpeto inicial, também traz dificuldades mais adiante. Veja como você pode lidar com esses obstáculos:

1. **Deixe de ser um criador de produtos e transforme-se em um olheiro do mercado.** No início de seu empreendimento, você viu uma oportunidade e concebeu a ideia, e sua equipe contribuiu para transformá-la em um produto ou serviço, que vocês venderam aos clientes iniciais. À medida que a empresa ganha escala, você precisa se transformar em um olheiro do mercado, usando para isso sua capacidade de intuir as tendências. Se você souber identificar e

CAPÍTULO DOIS

especificar a próxima tendência do mercado, seu pessoal, se tiver sido contratado e treinado corretamente (veja o item 2), poderá ajudá-lo a desenvolver um novo produto ou serviço. Essa mudança de função lhe proporcionará alavancagem e seus funcionários vão sentir que também são donos da ideia e se inspirar com o produto ou serviço que a empresa estiver levando ao mercado.

Entretanto, é preciso compartilhar, e sabemos muito bem que essa não é uma tarefa fácil nem natural para um Condutor. Provavelmente, sua capacidade de compartilhar o que sabe fazer melhor depende da atenção que seus colegas prestam às mudanças muitas vezes sutis da dinâmica do mercado e das expectativas dos clientes, e isso, por sua vez, depende da capacidade deles de ouvir os clientes com atenção.

Leve alguns de seus talentos em ascensão a reuniões para que vejam você agir. Explique por que faz as perguntas que faz, por que tenta investigar determinados problemas e tendências, e como busca se manter à frente dos concorrentes – mas fale tudo isso em uma conversa, não passe um sermão. Prepare-se para ouvir as ideias e opiniões deles. Permita que os colaboradores que participam de conferências do setor compartilhem o que aprenderam e observaram com o objetivo específico de identificar as possíveis implicações desses achados na atual estratégia da empresa. Eles também são olheiros; não cometa o erro de desprezar o que eles têm a dizer.

2. **Não espere que todas as pessoas da equipe principal tenham o mesmo entusiasmo e intensidade que você.** Apesar de ser uma bela massagem no ego cercar-se de pessoas tão obcecadas quanto você, elas podem não ser necessárias nem de grande auxílio quando chegar a hora de escalar o empreendimento. É mais importante contratar especialistas estrategicamente alinhados com essa tarefa e lhes dar espaço para desenvolver o próprio trabalho. Provavelmente, esses líderes trabalham em áreas não muito interessantes para você, como finanças, operações e gestão de talentos, e precisam entender a fundo sua estratégia de mercado para que possam in-

Condutor

corporá-la a suas funções. No entanto, você também tem de fazer sua parte e afrouxar as rédeas para que fiquem livres para dar conta do recado.

Quando conversamos com Matt Blumberg, ele se identificou como Condutor (confirmado por nosso questionário BPD), mas também notou que tinha algumas tendências de Capitão. Essa constatação, somada à caracterização feita por Blumberg de sua jornada, é esclarecedora para quem aspira a se tornar um Condutor esclarecido enquanto tenta fazer seu empreendimento crescer com a ajuda de terceiros. Como ele nos contou: "Eu diria que 16 anos atrás não sabia muito bem como criar uma cultura de aprendizado que empodere pela delegação, mas agora, no meio da jornada, acho que aprendi a fazer isso. Agora sei como alavancar o poder das pessoas". Hoje em dia, uma obsessão de Blumberg é só contratar pessoas adequadas à cultura e não clones dele mesmo quando recruta talentos para fazer sua empresa crescer.

3. **Não negligencie a inovação pelo amor narcisista a seus produtos.** É ótimo orgulhar-se do produto que criou, porém não esqueça que o tempo de vida dele provavelmente será mais curto que sua admiração. Ben Weiss descreve seu pessoal nos seguintes termos: "Na empresa trabalham pessoas que têm nas veias o sangue da Sumatra Dragonfruit [uma bebida da Bai]". A afirmação pode soar pedante, mas Weiss emenda: "Acho que a próxima Bai está no porão de alguma outra pessoa. Nós só estamos liderando a mudança". Se você decifrou mesmo seu mercado, outras empresas o seguirão rapidamente, e, se você não tomar cuidado, os concorrentes podem ultrapassá-lo. Não deixe isso acontecer!

Lembre que seu sucesso inicial é resultado de seu conhecimento intuitivo do mercado. Agora você precisa confiar em sua equipe para dar continuidade à expansão de seus produtos e garantir que eles se encaixem nas expectativas dos novos clientes e no cenário competitivo.

Dan Raju, cofundador da Tradier, companhia inovadora de tecnologia financeira para investidores, corretores do mercado financeiro e consultores, não demorou a fazer isso e contratou

CAPÍTULO DOIS

para o cargo de diretor de tecnologia um profissional que não acreditava muito que a principal solução da Tradier pudesse ser produzida. Esse diretor e sua equipe fizeram de tudo para refutar a teoria dos fundadores, partindo do pressuposto de que, se eles pudessem ser convencidos do contrário, a empresa de fato poderia ter um bom produto nas mãos. Esse banho de água fria conduziu a uma organização próspera e florescente, que simplifica o processo de negociação no mercado financeiro.

4. Admita que você pode não ser o melhor vendedor para todos os clientes potenciais. Os Condutores costumam ser excelentes vendedores e tendem a ser um tanto intensos em sua abordagem de vendas. No entanto, à medida que o mercado amadurece e o processo de vendas fica mais institucionalizado, você precisa deixar de vender apenas a early adopters que sacam sua ideia. Com o tempo, o ciclo de vendas se expande e se torna mais burocrático. O Condutor pode se irritar a ponto de se indispor com clientes potenciais menos inspirados e decididos que ele. Considere delegar as vendas nesse estágio do ciclo de crescimento. Se soube contratar e desenvolver bem sua equipe, sua força de vendas vai fazer um trabalho melhor que o seu, e você poderá se dedicar a sondar o mercado em busca da próxima oportunidade.

Eu, John, um dos autores deste livro, aprendi essa lição a duras penas, anos atrás, ao cofundar e desenvolver um periódico de distribuição nacional sobre a indústria da saúde. Os executivos do setor e os prestadores de serviços de saúde não demoraram a se tornar ávidos leitores da publicação, e eu, tendo convencido pessoalmente várias empresas importantes a anunciar nela, presumi que conseguiria fazer o mesmo com o próximo grupo de clientes potenciais. Entretanto, várias dessas empresas eram representadas por agências de publicidade que relutavam em recomendar o investimento em nosso canal de mídia, e muitas vezes a decisão de investimento publicitário ficava nas mãos de jovens que não conheciam muito bem as complexas mudanças que estavam transformando a indústria da saúde.

Em incontáveis reuniões com esses guardiões do orçamento publicitário do próximo grupo de clientes potenciais, tentei impressioná-los, instruí-los e convencê-los de que fazia sentido para os clientes deles anunciar em nossa publicação, e o retorno de meu empenho em número de anúncios vendidos foi ridículo. Eu costumava sair exasperado dessas reuniões. Pensando bem, muitos desses sujeitos devem ter achado que minha confiança em nosso produto era um tanto arrogante. Acabei abrindo mão e deixando minha equipe de vendas se encarregar desses clientes, livre de meu ego de cofundador, com resultados claramente superiores. Moral da história: às vezes, os Condutores são mais eficazes quando se recolhem aos bastidores e deixam o palco para os outros.

5. **Tenha cuidado para que sua arrogância não inflacione a avaliação da empresa aos olhos dos patrocinadores financeiros.** Lembre que praticamente toda empresa encontra obstáculos no caminho para o crescimento e o sucesso. A ideia é alinhar-se com os investidores certos, possibilitando-lhes um retorno interessante pelo risco que eles decidiram correr e pelo valor que eles o ajudarão a criar.

Vários Condutores que entrevistamos (e que devem permanecer anônimos por motivos óbvios) admitem que foram agressivos demais e criaram expectativas exageradas entre os investidores, o que acabou inflacionando a avaliação da empresa. Como um deles nos contou: "Agora que fechamos a rodada de investimento, precisamos correr para fazer a empresa crescer de acordo com a avaliação que recebemos dos investidores".

Considerando que muitos fatores que possibilitam o crescimento de um negócio são incertos ou estão fora de seu controle, conseguir uma boa avaliação para sua empresa aos olhos dos investidores pode se tornar um problema se você supervalorizá-la e não conseguir entregar um bom resultado. Nesse caso, talvez você tenha de emitir ações mais baratas para ganhar mais tempo de vida para o empreendimento. Tente resistir à tentação de dar um passo maior que a perna e deixe um espaço para recompensar seus investidores de acordo com o risco que eles estão dispostos a correr. Não esqueça que, quando as bolhas estouram, tudo o que sobra é ar. Evite que a avaliação

CAPÍTULO DOIS

da empresa seja um mero balão de ar quente. Sustente o valor dela com resultados concretos e perspectivas realistas para poder garantir seu crescimento.

Essas sugestões para se tornar um Condutor melhor não passam de maneiras possíveis de reforçar seus pontos fortes e contornar ou delegar seus pontos fracos. No capítulo 9, faremos um convite para você ir além dessas sugestões iniciais e entrar em uma trajetória de crescimento mais rápida. Chamamos essa trajetória acelerada de "estratégia do construtor mestre", que envolve escolher e incorporar alguns pontos fortes de outro tipo de construtor.

O Condutor em resumo

Perfil

Fator	Descrição
MOTIVAÇÃO	• Sempre se considerou um empreendedor. Impelido por ideias, põe-se a vendê-las com um fervor que reforça sua autoconfiança.
PROCESSO DECISÓRIO	• Começa decidindo com base na intuição, mas depois busca dados e outros pontos de referência para triangular e ajustar as decisões.
ABORDAGEM DE GESTÃO	• Com enfoque prático, em geral dá instruções ou ordens. Severo, tem pouca ou nenhuma tolerância ao fracasso.
ESTILO DE LIDERANÇA	• Focado em resultados, tende a atrair e inspirar perfeccionistas como ele e tem dificuldade de lidar com quem não é igualmente motivado e orientado a metas.

Talentos (pontos fortes)
- Usa uma combinação de intuição e análise com base em fatos para alavancar as tendências do mercado antes dos concorrentes.
- Tenacidade, ambição e foco claro minimizam as distrações.

Deficiências (pontos fracos)
- Tende a identificar-se demais com o produto, o que pode levá-lo a ignorar novas mudanças no mercado.
- Não tem paciência com os clientes que não sacam o produto.
- Pode ter dificuldade de empoderar uma equipe em expansão à medida que a empresa cresce.

Estratégias para o crescimento

Pontos fortes e fracos em cada dinâmica de crescimento

Solução: converter ideias em produtos
+ Tem conhecimento intuitivo do mercado.
+ Ajusta o produto ao mercado.
− É narcisista em relação ao produto.

Equipe: estimular talentos individuais para aumentar o impacto colaborativo
+ Atrai especialistas.
− Tende a ser controlador e implacável com a equipe.
− Para ele, é difícil alinhar-se com membros da equipe menos orientados ao mercado e com menos conhecimento intuitivo do mercado.

Cliente: transformar clientes em parceiros
+ Cria uma solução superior.
+ Tem paixão e motivação para resolver os problemas dos clientes.
− Não tem paciência com os clientes menos inovadores.

Patrocinador: alinhar financiadores e outros aliados
+ Acredita na adequação do produto ao mercado.
+ Conta com excelentes referências dos clientes iniciais.
− Seu excesso de arrogância pode inflacionar a avaliação financeira da empresa.

Escala: promover a escalada do empreendimento
+ É intensamente motivado para o sucesso.
− Tem dificuldade de empoderar a equipe.

Como ser um construtor melhor
- Deixe de ser um criador de produtos e transforme-se em um olheiro do mercado.
- Não espere que todas as pessoas da equipe principal tenham o mesmo entusiasmo e intensidade que você.
- Não negligencie a inovação pelo amor narcisista a seus produtos.
- Admita que você pode não ser o melhor vendedor para todos os clientes potenciais.
- Tome cuidado para que sua arrogância não inflacione a avaliação da empresa aos olhos dos patrocinadores financeiros.

CAPÍTULO TRÊS

EXPLORADOR
Curioso, centrado em sistemas e impassível

"Eles olharam para mim como se eu fosse maluco, porque nunca ninguém tinha formulado o problema daquele jeito."
Brian O'Kelley, Explorador, AppNexus

"Está horrível! Simplesmente odiei! Não acredito que contratei você!" Foi o que Brian O'Kelley ouviu de seu chefe na Right Media depois de ter passado seis semanas trabalhando feito louco na criação de uma plataforma de exibição de anúncios (*ad serving*) na internet.[1]

Se O'Kelley fosse um Condutor, provavelmente teria voltado a sua mesa, recolhido suas coisas e dado as costas para a empresa. No entanto, como Explorador, reagiu com uma pergunta: "Certo, então fale para mim novamente: qual é o problema que você está tentando resolver?". Uma investigação mais aprofundada revelou a complexidade da situação.

O'Kelley ficou sabendo que o CEO queria uma plataforma para exibir banners publicitários que solucionasse dois problemas ao mesmo tempo. O primeiro deles era otimizar o preço de um banner publicitário quando diferentes anunciantes utilizassem diferentes fatores para analisar o banner: o custo por mil pessoas expostas ao anúncio, o custo por clique ou o custo por cliente adquirido. O segundo problema consis-

Perfil do Explorador

Fator	Descrição
MOTIVAÇÃO	• Considera o empreendedorismo uma forma sistemática de vender e escalar soluções para os problemas mais complexos que instigam sua curiosidade.
PROCESSO DECISÓRIO	• Extremamente motivado e sistemático, acredita que todo problema pode ser segmentado em seus elementos constituintes e analisado detalhadamente para identificar a melhor decisão.
ABORDAGEM DE GESTÃO	• Gosta de colocar as mãos na massa e dar instruções e orientações e espera que todos sejam tão sistemáticos e curiosos quanto ele.
ESTILO DE LIDERANÇA	• Tende a atrair pensadores sistêmicos como ele e cria uma relação de confiança com as pessoas que demonstram capacidade de resolução sistêmica de problemas e bons conhecimentos. • Delega a administração das principais funções para se dedicar às atividades nas quais pode contribuir mais para o futuro da empresa.

tia em como proteger a plataforma da manipulação de preços pelos licitadores.

Esse tipo de problema complexo atrai os Exploradores como as crianças são atraídas por um sundae com cobertura de chocolate. O problema tem muitas dimensões, requer conhecimento sistêmico de diferentes áreas e, se for resolvido, pode revolucionar o setor.

CAPÍTULO TRÊS

A solução dominante do mercado para o problema tinha sido desenvolvida e era comercializada por uma empresa chamada DoubleClick. Dependia de um enorme poder de computação para fazer cálculos extremamente complexos com rapidez e definir o preço de cada banner publicitário. O'Kelley tinha uma abordagem original para o problema. Na faculdade, havia aprendido que uma rede de servidores bem-distribuída tem o potencial de aumentar consideravelmente o poder de computação. E, com base nas aulas de econometria, descobriu uma fórmula para determinar os preços dos anúncios em leilões.

Combinando essas duas ideias, criou o protótipo de um sistema completamente novo e, com o CEO, reuniu-se com uma equipe de empreendedores israelenses para apresentar a ideia. "Eles estavam tentando resolver um problema dificílimo de *ad network* [rede que conecta diversos sites] usando a tecnologia. O que eu fiz foi redirecionar o problema: de problema tecnológico passou a ser um problema de definição dinâmica dos preços dos anúncios. Eles olharam para mim como se eu fosse maluco, porque nunca ninguém tinha formulado o problema daquele jeito. Os engenheiros ficaram furiosos, pois não tinham pensado naquilo. Os empresários ficaram de queixo caído e adoraram a solução."

Brian O'Kelley é um Explorador clássico. Sua motivação resulta de uma profunda curiosidade para entender o funcionamento dos sistemas. Ele é disciplinado e obstinado e não larga o problema até encontrar uma solução. Seu processo decisório é linear, racional e baseado em fatos; ele acredita que a melhor maneira de resolver um problema é decompô-lo em suas partes constituintes.

O'Kelley saiu da empresa para aplicar esses mesmos talentos na construção e escalada de um empreendimento próprio, a AppNexus, a maior empresa de *ad serving* do mundo. Se você é um Explorador como O'Kelley, sua abordagem de gestão requer colocar as mãos na massa nas áreas mais importantes da empresa. Os Exploradores lideram atraindo e inspirando pessoas que pensam como eles: tipos curiosos, sistemáticos e analíticos.

Explorador

COMO OS EXPLORADORES LIDAM COM AS DINÂMICAS DE CRESCIMENTO
"De qual sistema estamos falando?"

O Explorador é motivado por sua curiosidade e confiança, que o levam a identificar e desenvolver uma abordagem melhor para resolver problemas de grande valor comercial. Se você é um Explorador, aplica seu meticuloso pensamento sistêmico a todas as áreas da empresa. Você não precisa ser, necessariamente, um empreendedor, mas está sempre em busca de um quebra-cabeça para resolver, um mistério para decifrar.

Aplicar seu pensamento sistêmico a cada dinâmica de crescimento é uma boa estratégia na maior parte das vezes, especialmente nos estágios iniciais da escalada. Lançar seus primeiros produtos, conquistar os clientes iniciais e atrair os primeiros investidores são desafios que podem se beneficiar de seu processo decisório linear e baseado em fatos. No entanto, à medida que o empreendimento cresce, você (como seu colega Condutor) vai ter de evitar cair na tentação de fazer tudo sozinho e silenciar a voz em sua cabeça que diz: "Mas o trabalho ficaria melhor se eu mesmo o fizesse". Na verdade, os Exploradores tendem a ser ainda mais controladores que os Condutores. Vamos analisar as cinco dinâmicas para ver como essa personalidade se revela na prática.

Dinâmica da solução
Converter ideias em produtos

O Explorador tem interesse em resolver problemas para fazer diferença no mundo, e não em explorá-los e ajustá-los para sua satisfação intelectual. Ele entende a importância de desenvolver um protótipo e fazer ajustes por meio de um processo de iteração para criar um produto que possa ser demonstrado aos clientes potenciais.

"Será que não há um jeito melhor de fazer isso?"

Os Exploradores são observadores aguçados, não tanto de pessoas, mas de sistemas e processos. São fascinados por saber como as coisas funcionam e estão sempre se perguntando se não existe uma forma melhor de atingir o resultado pretendido.

Por exemplo: "Para que pagar um preço exorbitante por cores de cosméticos difíceis de encontrar quando todas as cores do mundo estão disponíveis para baixar na internet e imprimir no substrato de um blush ou batom?". Essa foi a pergunta que Grace Choi, fundadora da Mink, empresa de impressão 3D especializada em maquiagem, se propôs a responder. E Sara Blakely, que inventou a Spanx, questionou: "Por que as meias-calças e os modeladores são assim? Será que não existe um jeito melhor de fazer isso?". Essas perguntas a levaram a criar uma solução mais efetiva que o modelador tradicional, proporcionando maior cobertura com tecido mais confortável. Blakely explica: "Essa descoberta me possibilitou encontrar meu propósito na vida, que era ajudar as mulheres".[2]

O Explorador começa atraído pelo problema em si, de preferência um problema espinhoso, merecedor de seu tempo e de seus talentos. Isso muitas vezes acontece por acaso. Foi o que ocorreu quando Tom Leighton estava trabalhando no Massachusetts Institute of Technology (MIT), perto de Tim Berners-Lee, o inventor da World Wide Web. Um dia, Berners-Lee disse a Leighton que acreditava que o congestionamento e o volume de tráfego poderiam restringir consideravelmente o potencial e o crescimento da web.

Essa conversa casual deixou Leighton e seu assistente de pós-graduação, Danny Lewin, intrigados com uma possível solução para esse problema gigantesco. Eles precisaram bolar uma brilhante combinação de algoritmos e contaram com a ajuda de uma excelente equipe, que persistiu apesar do ceticismo inicial dos clientes. O resultado foi a criação e o rápido crescimento da Akamai, empresa global de US$ 2 bilhões que hoje provê grande parte do tráfego da web no mundo.[3]

A maioria dos Exploradores não trabalha no MIT, mas, se você é um Explorador, também adora resolver quebra-cabeças com curiosidade implacável. Você é atraído ao empreendedorismo por acreditar que vai encontrar uma forma melhor de solucionar o problema.

Explorador

Os Exploradores são questionadores e gostam de analisar as coisas de vários ângulos e perspectivas, adotando uma visão tanto macro como micro. Costumam superar os concorrentes tradicionais do setor pensando quatro ou cinco jogadas à frente.

"Eu pensei: 'Como posso concretizar esse conceito ambicioso?'"

Tom Phillips, da Dstillery, é outro Explorador que, como Brian O'Kelley, atua no setor de tecnologia de *ad serving*. O problema que chamou a atenção dos fundadores da empresa foi a crença de que o preço por clique era a métrica errada para pagar pelos anúncios. Phillips achava que a publicidade na internet deveria ser medida em termos da eficácia no desenvolvimento da reputação da marca.

Ele entrou na Dstillery logo depois de os fundadores desenvolverem um conceito central com base na afiliação entre clientes. Eles acreditavam que, se conseguissem descobrir quais consumidores eram atraídos por determinada marca, poderiam usar afiliações pessoais identificadas em plataformas de marketing social (Pinterest, Tumblr etc.) para encontrar consumidores similares. Com base nessa percepção, consideravam ser possível lançar campanhas digitais mais atraentes para reforçar a conscientização, a relevância e a reputação de uma marca. Phillips explica o que o levou a assumir o cargo de CEO da empresa: "Eles criaram esse conceito ambicioso e eu pensei: 'Como posso concretizar isso?'".

Foi a atitude clássica de um Explorador. Fascinado por sistemas complexos e atraído pela oportunidade comercial de uma solução para o problema, Phillips se perguntou como a Dstillery poderia transformar o conceito em realidade.

O segundo problema que despertou seu interesse foi descobrir como as interações digitais criam valor para a marca. "A promessa de que minha plataforma vai levar à conversão de clientes tende a chamar a atenção do pessoal de marketing", diz ele, "mesmo que os critérios mensurados sejam equivocados. Clicar em um banner publicitário não necessariamente desen-

CAPÍTULO TRÊS

volve a marca. É um pouco como o galo assumindo os créditos pelo nascer do sol."

Phillips explica: "As empresas que vendem essas campanhas de custo por clique são orientadas às vendas. Não há nada de errado com a tecnologia delas. O que fazem é excelente, mas tem um valor limitado. É fácil executar campanhas para atrair cliques. Difícil é executar campanhas capazes de desenvolver as marcas". Para o Explorador, traduzir ideias em soluções envolve dois elementos: a solução deve ter o funcionamento pretendido e criar um valor mensurável.

Se você é um Explorador que trabalha em uma empresa, usufrui um ambiente diversificado de objetivos com uma série de problemas complexos nos quais pode concentrar seu pensamento sistêmico e seu talento analítico. Para garantir uma próspera carreira como construtor de empreendimentos ou pelo menos muitos anos de contribuições gratificantes, suas áreas de exploração precisam se alinhar com o foco estratégico da corporação.

Alguns dos Exploradores corporativos mais bem-sucedidos buscam o que chamamos de "estratégia de faróis". Resolvem um problema que se encontra no campo estratégico de visão da empresa, algo que ela já identificou como um problema importante. Essa é a história de Norbert Berta, que você conhecerá mais adiante neste capítulo e que literalmente salvou a marca Tylenol, da J&J. No mínimo, você vai conquistar credibilidade diante dos executivos seniores e, com isso, obter o financiamento e os talentos de que precisa para explorar, resolver, comercializar e escalar uma iniciativa de sua escolha.

Alguns Exploradores corporativos preferem trabalhar sozinhos ou com uma pequena equipe, pelos menos até se satisfazerem com uma solução elegante e eficaz que valha a pena revelar aos outros. Se você é um desses Exploradores, pode pensar em montar sua equipe experimental, talvez na garagem de sua casa ou em seu tempo livre.

Explorador

Depois que alguns Exploradores passam repetidas vezes pelo ciclo de problema, experimentação e solução, começam a ganhar confiança e desenvolvem o que certos colegas talvez considerem uma espécie de complexo de superioridade intelectual. O Explorador pode se achar capaz de segmentar praticamente todos os problemas em suas partes constituintes e descobrir uma solução melhor para eles. Em geral, essa crença o leva a preferir resolver os problemas sozinho, e é assim que ele tem suas melhores ideias. Essa abordagem do tipo lobo solitário, contudo, põe em dúvida a eficácia dos Exploradores na liderança e no gerenciamento de equipes em níveis sucessivos de escala.

Dinâmica da equipe
Estimular talentos individuais para aumentar o impacto colaborativo

Enquanto os Condutores atraem aliados com sua autoconfiança e a obsessão por atingir um objetivo, os Exploradores costumam atrair pessoas tão curiosas quanto eles. No entanto, as equipes podem precisar mais de líderes técnicos que de pensadores, à medida que o empreendimento cresce e se torna mais complexo.

Como Brian O'Kelley disse no início da história da AppNexus: "Eu não sabia nada de finanças, mas li muitos livros e analisei a demonstração do resultado item por item até dominar o funcionamento da área. Não consigo me imaginar fazendo de outro jeito". Quando perguntamos o que o motivou a decodificar as finanças de sua empresa em um nível tão detalhado, O'Kelley respondeu: "Não foi pelo dinheiro. Na verdade, não me importo com o dinheiro. O que quero é saber como as coisas funcionam". Em suma, o Explorador busca um nível mais profundo de entendimento dos sistemas para poder controlá-los.

E como um maníaco por controle consegue recrutar, desenvolver e inspirar as pessoas para participar da equipe? O melhor é começar com pessoas que pensem como ele. Para trabalhar em seu novo empreendimento, O'Kelley recrutou seus primeiros seguidores na Right Media, onde ele decifrou a primeira peça-chave para melhorar o *ad serving*.

CAPÍTULO TRÊS

O talento persuasivo de O'Kelley pode ser observado no acordo de demissão que ele fez com a Right Media. Conseguiu o direito de levar com ele um colega de empresa, apesar das cláusulas contratuais que impedem ex-funcionários de fazer isso por um período. Ele queria contratar o diretor de tecnologia, que recebeu uma contraproposta mais que generosa da Right Media para ficar pelo menos mais um ano ali. No entanto, o diretor se sentiu atraído pela maneira original como a nova empresa de O'Kelley se propunha a resolver o mesmo problema. De fato, um ano depois, no dia em que as restrições de contratar funcionários da antiga empresa expiraram, outros protegidos de O'Kelley saíram da Right Media para embarcar em seu empreendimento.

O que convenceu esse grupo de ex-colegas a seguir O'Kelley em seu novo negócio? Foram o fascínio pelo problema que aquele Explorador havia se proposto a resolver e sua reputação como solucionador e vendedor de soluções de alto impacto.

Se você é um Explorador, o mesmo brilho que atraiu sua equipe inicial pode se transformar em um obstáculo quando você começa a escalar a empresa. "Brian, sabia que os primeiros cem funcionários que você contratou acham que são a tropa de elite, mas as outras trezentas pessoas que trabalham na empresa se ressentem por não fazerem parte do grupo dos 'eleitos'?" Quem disse isso foi um consultor de desenvolvimento organizacional que passou um tempo conversando com o pessoal da AppNexus. Ao saber desse diagnóstico, o sócio de O'Kelley correu em defesa dos primeiros cem funcionários. Afinal, a lealdade e a camaradagem que aquilo representava eram exatamente o que ele queria. Entretanto, O'Kelley, sempre sistêmico, mudou imediatamente seu tom de gestão para combater a sensação de que a empresa favorecia os cem primeiros funcionários, o que acabou resultando na decisão do sócio de sair da empresa.

Essa é a reação típica de um Explorador: ele atrai seguidores com ideias afins e confia em um grupo de preferidos — até essa atitude impedir a capacidade da empresa de gerar escala. Em seguida, aplica seu aguçado pensamento sistêmico para entender o

Explorador

problema da perspectiva dos novos funcionários e adota uma cultura mais meritocrática, voltada para reconhecer e recompensar as contribuições de todos os funcionários. Algumas pessoas podem achar que esse tipo de reação só poderia vir de um mecânico frio, que vê as pessoas como meras engrenagens de um mecanismo. Em nossa opinião, essa abordagem demonstra a capacidade do Explorador de enfrentar os problemas com decisão e se dedicar a entender o mecanismo em questão, abordagem que ele aplica igualmente a produtos, processos e pessoas.

O Explorador em ação

"Era o ano de 1999 e eu tentava salvar a indústria da tecnologia de um desastre."
Derek Lidow, iSuppli

Após uma carreira de sucesso como CEO da empresa que seu avô havia fundado, Derek Lidow fez uma lista dos cinco problemas que o intrigavam. Se conseguisse resolver pelo menos um deles em escala comercial, poderia abrir o próprio negócio. Embora seja essencialmente um Explorador, Lidow também tem um pouco da personalidade do Condutor, já que se sentia motivado a provar que era capaz não só de liderar uma empresa, mas também, como seu avô, de criar uma e fazê-la crescer.

Quando ele falava de sua ideia para resolver a ineficiência na cadeia de fornecimento de componentes eletrônicos, muitas pessoas rapidamente viam o apelo da proposta. Graças à reputação de ser um líder ponderado e profundo solucionador de problemas no design e fabricação de chips de silício, Lidow não teve dificuldade em atrair talentos para resolver esse problema intrigante.

Com uma equipe de especialistas e a demanda inicial de encontrar uma forma melhor de fornecer peças em uma indústria em rápido crescimento, Lidow nos disse: "A iSuppli se beneficiou de muitas vantagens competitivas injustas: minha boa reputação na comunidade da tecnologia, meu conhecimento direto de fatores

CAPÍTULO TRÊS

que tinham valor, mas que não estavam sendo bem desenvolvidos no mercado, e minha capacidade de bancar financeiramente o desenvolvimento do negócio". No entanto, esses elementos raramente se alinham à perfeição por acaso. Ao contrário, refletem o talento do Explorador de resolver problemas aplicando seu pensamento sistêmico ancorado na confiança de que tem condições de criar uma solução melhor.

Foi um telefonema do maior cliente da empresa que consolidou a iSuppli. Lidow lembra como foi o ultimato: "Largue todos os outros projetos. Preciso de um milhão de capacitores de tântalo para o mês que vem! Se vocês não conseguirem fornecer o componente, culparemos sua empresa pelo atraso de nosso lançamento global". Com seu pensamento sistêmico e a cabeça fria, Lidow reuniu a equipe e decompôs o problema em partes. Feito isso, mandou seu pessoal mundo afora para encontrar e comprar a matéria-prima que seria enviada a cada fábrica a tempo. Foi praticamente um milagre, mas nada além do alcance de um Explorador talentoso.

Realizar essa façanha enfrentando grandes adversidades marcou um momento catalisador para a iSuppli. O desafio ajudou a unir um grupo de especialistas para formar uma equipe disposta a seguir Lidow na solução de um problema complicado que mais ninguém seria capaz de resolver.

Vejamos como Tom Phillips constrói e mensura sua equipe na Dstillery. Ele usa métricas e uma comunicação transparente, sempre dando feedback. Todas as pessoas da empresa são avaliadas a cada trimestre. O processo de avaliação que ele chama de "ferramenta de depuração", usa uma pontuação de 0 a 100, e um desempenho verdadeiramente excepcional chega a mais de 100 pontos. "Todo mundo aqui é franco consigo mesmo e com os outros", diz Phillips. "Se, em sua avaliação, você não atingiu 100 pontos, mas, digamos, 90, a mensagem é que dá para resolver. Agora, se você tirou 80 ou menos, é melhor procurar emprego em outro lugar. Somos transparentes. Quantitativos. Inequívocos."

Explorador

"Tínhamos uma coisa que os concorrentes não tinham: um pessoal superpilhado."

Outro Explorador, Mark Bonfigli, fundador da Dealer.com, adotou esse mesmo tipo de pensamento sistêmico para aprimorar o recrutamento e a cultura de sua empresa, possibilitando escalar o empreendimento para mais de mil funcionários até sua venda à DealerTrack, por mais de US$ 1 bilhão. No começo, Bonfigli e seus cofundadores trabalhavam tanto que todos adoeceram. Bonfigli, que tinha sido um exímio tenista na escola, engordou mais de 25 quilos. Um sócio desenvolveu a doença de Crohn e o outro teve de extrair a vesícula biliar.

Bonfigli ficou obcecado pelo bem-estar físico e mental. Mandou construir na empresa uma academia de 1.800 metros quadrados com uma quadra de tênis coberta e contratou personal trainers e até um massagista. Percebeu que, se a cultura de sua organização não equilibrasse a mente, o corpo e o espírito, ele e sua equipe poderiam não conseguir atingir o objetivo de revolucionar o marketing digital para revendedores de automóveis.

Em pouco tempo, a cultura focada no bem-estar começou a atrair talentos energizados. Bonfigli percebeu que sua equipe de vendas e atendimento ao cliente, engajada e enérgica, poderia ser uma arma competitiva no mercado. Ele explica: "Tínhamos algumas invenções legais que nos distinguiam dos concorrentes, mas a verdade é que alguns deles tinham soluções mais robustas. Porém tínhamos uma coisa que eles não tinham: um pessoal feliz, entusiasmado, inspirado e superpilhado, que atendia o cliente com um sorriso no rosto". O que começou como uma forma sistemática de garantir a saúde de seu pessoal se transformou na vantagem competitiva da Dealer.com.

Se você é um Explorador, é um verdadeiro ímã para atrair solucionadores de problemas de mente parecida. Você é claro e direto a ponto de ser rude em suas expectativas e comunicações para sua equipe. À medida que o empreendimento cresce, você deve continuar a aplicar seu pensamento sistêmico à gestão de talentos e buscar oportunidades como a que Bonfigli encontrou ao converter um benefício para os funcionários em uma van-

CAPÍTULO TRÊS

tagem competitiva. Afinal, seu pessoal é o principal diferencial no longo prazo.

Dinâmica do cliente
Transformar clientes em parceiros

O Explorador se concentra nos problemas. Trabalha em estreita colaboração com os clientes para entender profundamente o problema dele, o contexto e cada componente do sistema. Feito isso, trabalha com zelo quase religioso para bolar uma solução melhor. Pode até acreditar que esse foco intenso na resolução de problemas do cliente torna o departamento de vendas e marketing desnecessário, a ponto de ter certo desdém pelas vendas, acreditando que os melhores produtos se vendem sozinhos. Como um Explorador explica: "Não temos interesse em vender ou empurrar o produto. Nosso foco é melhorar o produto, e o produto acaba se vendendo sozinho".

Se você é um Explorador, concentra-se na inovação de maneira original e melhor para resolver os problemas mais difíceis dos clientes. Isso torna você e sua solução particularmente atraentes para o grupo de early adopters de Geoffrey Moore. São esses clientes iniciais que conseguem ver o potencial de suas soluções inovadoras. Eles ficam aliviados ao saber que alguém está tentando resolver seus problemas de um jeito original, criativo e ponderado.

O Explorador pode não ter paciência para esperar os retardatários do mercado antes de direcionar sua curiosidade a um novo desafio. Se não tiver paciência, como poderá cercar-se de colegas pacientes para que a empresa se beneficie de todas as recompensas de sua solução inovadora?

De outro lado, o Explorador que vê o sistema como pessoas pode atrair clientes de uma forma diferente. Bonfigli e seus cofundadores da Dealer.com criaram um modo mais emocional de engajar os clientes, que começou a dissolver as fronteiras entre a empresa e os compradores (a meta de todo novo empreendimento conforme ganha escala).

Explorador

"Quando vimos a festa de Halloween de vocês, nosso CEO teve 100% de certeza de que trabalharíamos muito bem juntos."

Certa vez, em um final de outubro, a equipe de gestão da Dealer.com tentava fechar um acordo com um dos maiores revendedores de automóveis dos Estados Unidos. No meio de uma tensa reunião na sede da companhia, o sócio de Bonfigli percebeu o tumulto no andar de baixo e perdeu as esperanças de conseguir fechar o negócio com aquele importante cliente. Tinha esquecido que era o dia da festa anual de Halloween da empresa, quando todos iam trabalhar fantasiados, e algumas fantasias eram bem malucas. Ele olhou para Bonfigli e fez o gesto universal do dedo passando pela garganta, querendo dizer: "Já era! Estamos acabados!". Bonfigli e seu sócio desanimaram; aquele sisudo cliente jamais os levaria a sério ao ver que permitiam aquela bagunça no escritório.

Bonfigli achou que tinha perdido a batalha antes mesmo de ela começar. Em dado momento, a bagunça no andar de baixo ficou tão ruidosa que os representantes do cliente foram dar uma espiada no pessoal fantasiado e em toda a energia e comoção. Morrendo de vergonha, Bonfigli e sua equipe concluíram a reunião o mais rápido possível e correram para levar os convidados ao aeroporto. Bonfigli nos contou: "Umas três horas depois, recebi uma ligação da diretora de marketing do cliente, dizendo: 'Acabamos de desembarcar, e só estou ligando para dizer que estamos bem impressionados. Vamos fechar o contrato. Não ficamos convencidos na reunião, mas, quando vimos a festa de Halloween de vocês, nosso CEO teve 100% de certeza de que trabalharíamos muito bem juntos'".

Para os Exploradores, o pensamento sistêmico pode render mais clientes mesmo quando o sistema em questão é a cultura da empresa, o moral e a saúde dos funcionários, e não apenas outro algoritmo genial. Bonfigli uniu o que sabia sobre a motivação humana a um elemento que faltava no mundo dos revendedores de automóveis: ser você mesmo, até um pouco bobo, e se divertir.

CAPÍTULO TRÊS

Com isso, ele atingiu um nível mais profundo e mais duradouro de relacionamento com o cliente, inspirando-o a se tornar um autêntico parceiro da empresa.

Dinâmica do patrocinador
Alinhar financiadores e outros aliados

Para alguns patrocinadores, faz sentido investir nos empreendimentos dos Exploradores em virtude da mentalidade de engenheiro que é a base que esses construtores usam para desenvolver e vender seus projetos. Essa compatibilidade pode criar um vocabulário e uma perspectiva em comum. Os investidores que simpatizam com os Exploradores valorizam sua abordagem sistemática para identificar e resolver problemas de grande valor econômico. Muitos investidores, por apreciarem a inventividade do que um Explorador tenta fazer, são motivados pela possibilidade de obter grande retorno financeiro ao combinar o cérebro do Explorador com seu dinheiro.

Se você é um Explorador, pode ficar frustrado ao esperar que seus investidores se envolvam tanto quanto você no problema que está buscando solucionar. Um Explorador descreve amargamente que seus investidores "acharam que eram donos de nossa empresa porque investiram o suficiente para controlar 20%. Eles eram os maiores chatos do universo [...]. Não davam a mínima para nossa solução, não ligavam se estávamos passando noites em claro e se nosso pessoal estava infeliz. Tudo o que queriam era maximizar seu retorno".

Como um Explorador, você quer ter uma conexão intelectual, até emocional, com seus investidores. Deseja que eles entendam o problema que sua equipe tenta resolver e respeitem a elegância da solução que ela está criando. Você tem o mesmo orgulho de um pai ao mostrar as fotos dos filhos, esperando alguma forma de elogio. Se os investidores não confirmam essa expectativa, perdem a oportunidade de aprofundar a conexão com o construtor e a chance de fortalecer o importantíssimo vínculo de confiança entre eles.

Explorador

O EXPLORADOR EM AÇÃO

"O compromisso de Bezos com a inovação inspira um nível de inventividade que não existe nas outras empresas."
Chris Pinkham, Amazon Web Services

Chris Pinkham tinha acabado de convencer seus superiores na Amazon a deixá-lo voltar a sua terra natal, a África do Sul, para o nascimento de seu primogênito e a continuar bancando seu trabalho em um projeto que acabaria se tornando a Amazon Web Services (AWS).

Antes da mudança, já trabalhando na Amazon em Seattle, em 2003, sua curiosidade o levou a se perguntar se não havia uma forma de criar "um serviço de infraestrutura para o mundo". Ele ponderou sobre o problema básico: "o custo de manter uma infraestrutura confiável e escalável em um modelo tradicional com muitos centros de dados". Pinkham é um Explorador, então se questionou se não haveria um jeito de conectar um grupo distribuído de servidores que pudessem disponibilizar uma infraestrutura sob demanda para qualquer cliente empresarial com capacidade de expansão ilimitada.

De volta a sua terra natal, Pinkham e Benjamin Black, um engenheiro de mente parecida com a sua, uniram-se para elaborar um relatório sobre a ideia que haviam tido, uma forma particularmente eficaz de um Explorador corporativo obter patrocínio financeiro em uma grande empresa. Jeff Bezos gostou da ideia e deu carta branca para desenvolvê-la.

Pinkham começou recrutando e inspirando uma pequena equipe de engenheiros para desenvolver o EC2, a tecnologia que hoje fundamenta a AWS. Em 2005, ele já tinha recebido permissão para tentar vender o serviço aos clientes.

Quando perguntamos a Pinkham (que, a propósito, diz se considerar um empreendedor "situacional" e não serial) como ele conseguiu explorar e comercializar o EC2, ele respondeu: "O compromisso de Bezos com a inovação inspira um nível de inventividade que não existe nas outras empresas".

A distância também ajudou. Anos depois, Jesse Robbins, que supervisionava a infraestrutura tecnológica da Amazon na época, afir-

CAPÍTULO TRÊS

mou: "Pode ser que nunca tivesse acontecido se eles não estivessem tão longe. Eu ficava horrorizado só de pensar na internet pública suja em contato com *minhas* belas operações".[4]

Em 2016, a AWS, fundamentada no EC2, já atendia mais de 1 milhão de empresas, gerando uma receita anual de cerca de US$ 8 bilhões.

Os Exploradores também podem ter motivações diferentes com seus investidores. Brian O'Kelley expressou em nossa conversa o mesmo desagrado que os Exploradores podem sentir pelos investidores que não se interessam pela solução. O CEO da AppNexus se concentra em melhorar e expandir sua plataforma e garantir que sua empresa se mantenha inovando no cenário em constante evolução da tecnologia de *ad serving*. Em uma discussão acalorada com um investidor sobre uma questão que afetaria sua remuneração, O'Kelley defendeu seu argumento dizendo: "Não faço ideia de quanto ganho e, francamente, não dou a mínima para isso".

Embora o principal fator de alinhamento entre construtores e investidores seja, com seria de esperar, a recompensa financeira, os Exploradores podem não ver o dinheiro como um objetivo direto. Se você é um Explorador, deve deixar claro para os investidores que se importa com os fatores não financeiros, porque eles provavelmente não sabem que esses fatores também são importantes para aprofundar o alinhamento e a confiança mútuos. Procure um investidor que se mostre tão intrigado quanto você com o problema que está tentando resolver. Pode até ser interessante aliar-se a um investidor que também seja Explorador. Falaremos mais sobre a conexão entre Exploradores e patrocinadores financeiros no capítulo 8, quando apresentaremos uma análise mais aprofundada dessa relação.

Se você é um Explorador corporativo, é fundamental encontrar um patrocinador financeiro na empresa para concretizar sua visão. Alguns construtores apresentam a proposta diretamente às pessoas que controlam a verba. Outra abordagem que costuma ser especialmente eficaz é a "estratégia de guerrilha". O Explorador trabalha nos bastidores para gerar provas iniciais da

Explorador

adequação do produto ao mercado e sua viabilidade econômica. Essa abordagem pode ser especialmente eficaz se você contar pelo menos com o consentimento tácito de seu chefe e da cultura da empresa. E, se tiver a sorte de trabalhar em uma organização com uma cultura parecida com a da 3M, a da Gore (famosa por criar o tecido impermeável e respirável Gore-Tex) ou a do Google, você pode até ter permissão explícita para dedicar parte de seu tempo a esse tipo de projeto, pelo menos dentro de certos limites.

Dinâmica da escala
Promover a escalada do empreendimento

Brian Coester, fundador da CoesterVMS, empresa dedicada a melhorar e simplificar as avaliações de imóveis residenciais em processos de financiamento imobiliário, contou-nos: "Não é só uma questão de tecnologia; as pessoas são importantes. No entanto, também não é só uma questão de pessoas. É uma combinação de tecnologia, pessoas e conhecimento". Foi assim que Coester descreveu a engenhosa abordagem que usou para construir e escalar sua plataforma de avaliação de imóveis residenciais. O maior valor de sua plataforma está em permitir que os avaliadores de imóveis ganhem escala ao codificar e simplificar o processo de avaliação.

Como muitos outros Exploradores, Coester deparou com esse problema ainda na infância, quando por vezes acompanhava o pai em avaliações de imóveis residenciais para financiadoras da cidade. Ainda menino, Coester notou que, quando seu pai analisava uma casa à venda, fazia extensas anotações em várias folhas de papel presas em uma prancheta. Depois, passava horas pesquisando residências equivalentes para elaborar sua avaliação.

Quando terminou a faculdade, Coester começou a imaginar como uma plataforma de computador poderia simplificar e escalar o negócio de avaliação de imóveis. Percebeu que os profissionais da velha guarda detinham um conhecimento valiosíssimo, que poderia ser condensado em uma lista de verificação. Então mapeou todas essas informações e as registrou em um banco de dados.

Ao possibilitar a comparação dos dados das avaliações de imóveis residenciais com um banco de dados de valores equivalentes de

CAPÍTULO TRÊS

outros imóveis, o sistema permitiria que as informações inseridas pelos avaliadores fossem comparadas com as de outras casas do bairro. Essa verificação de dados em tempo real aumentou a precisão, reduziu as dúvidas e problemas dos clientes com o serviço e melhorou o processo de financiamento imobiliário.

"A 'funcionalidade essencial' de todas as pessoas de nossa empresa precisa ser aplicada para melhorá-la."

Quando perguntamos a Coester como ele desenvolveu seu empreendimento, ele explicou que, como o atendimento ao cliente constituía a parte mais intensiva em mão de obra do negócio, a empresa se concentrou em resolver os problemas dos clientes já na primeira interação que eles tinham com o serviço. "Nós nos perguntamos que tipo de problema levaria um cliente a nos ligar e aplicamos a engenharia reversa para resolver os problemas de nossa plataforma. A 'funcionalidade essencial' de todas as pessoas de nossa empresa precisa ser aplicada para melhorá-la". Ele nos contou com orgulho: "Antes precisávamos ter 20 pessoas no call center e hoje temos só cinco".

O *EXPLORADOR EM AÇÃO*

"Acho que eles nunca mais vão poder vender qualquer outro produto sob aquela marca. Se existir algum publicitário que acredite ser capaz de resolver esse problema, quero contratá-lo para transformar água em vinho."
Jerry Della Femina, Della Femina Travisano Partners, sobre a crise do Tylenol, da J&J

Em 29 de setembro de 1982, sete pessoas morreram por alguém que ter incluído cianeto em cápsulas de Tylenol e recolocado os frascos nas prateleiras de diversas farmácias da região de Chicago. O assassino abriu as cápsulas que continham o ingrediente ativo do Tylenol, o paracetamol, e o substituiu pela substância química letal.

O uso de uma das marcas mais confiáveis dos Estados Unidos como arma letal deixou o país inteiro em pânico e levou muitas pessoas a acreditar que a marca deveria ser descontinuada. Mas não Norbert Berta, imigrante húngaro que trabalhava como engenheiro sênior na McNeil Consumer Products, a divisão da Johnson & Johnson que fabricava e comercializava o Tylenol. Dias depois do envenenamento, esse Explorador corporativo começou a ponderar se o formato de dosagem em cápsula não poderia ser modificado para algo inviolável (ou seja, incluir meios de detecção de adulteração).

Berta passou meses testando abordagens diferentes na cozinha de sua casa até descobrir como colocar o paracetamol em um comprimido sólido, que não pode ser aberto nem adulterado com a mesma facilidade que uma cápsula.

Norbert e a equipe de marketing do Tylenol rapidamente apresentaram protótipos a varejistas, como a rede de farmácias Walgreens e os supermercados Ralphs, para saber a opinião deles e demonstrar que, como essa forma sólida de dosagem era segura, a marca Tylenol poderia voltar a ser vendida. Berta usou sua credibilidade e seu histórico de sucessos na empresa para convencer os executivos a investir em sua ideia e levar o produto do protótipo à fabricação. Considerando o enorme volume de comprimidos que precisariam ser fabricados (bilhões de comprimidos só para substituir todo o estoque do varejo nos Estados Unidos), o desafio de engenharia foi hercúleo.

Com uma solução interessante, o apoio dos varejistas e o patrocínio executivo, inclusive do CEO, o Tylenol foi relançado na forma de comprimidos e tabletes em 1983. Graças à cultura de responsabilidade corporativa da J&J, que impele a empresa a fazer o que for necessário para conquistar a confiança do consumidor, e à inventividade de um Explorador corporativo chamado Berta, o Tylenol continua a marcar presença no armário de remédios de todas as famílias dos Estados Unidos.

CAPÍTULO TRÊS

Na CoesterVMS, espera-se que todos sejam solucionadores de problemas, mesmo quando isso significa transformar o próprio trabalho em algo que um computador é capaz de fazer. O fato de Coester gostar de usar a expressão "funcionalidade essencial" revela a perspectiva de alguns Exploradores. Eles veem as pessoas como engrenagens de um sistema e descrevem sua contribuição em termos de "funcionalidade" e não usando palavras mais humanistas que um Expedicionário ou um Capitão prefeririam.

Coester demonstra como os Exploradores gostam de fazer experimentos em um sistema para descobrir novas maneiras de acelerar o crescimento. Se você é um Explorador, tem talento especial para encontrar problemas que lhe dão a oportunidade de gerar valor aplicando um processo sistemático e escalável.

TALENTOS E DEFICIÊNCIAS DO EXPLORADOR

Ao longo deste capítulo, vimos como os Exploradores aplicam seu pensamento sistêmico e sua profunda curiosidade para identificar e explorar oportunidades comerciais. Se você é um Explorador, conta com muitos talentos e descobre maneiras de aplicá-los para gerar valor econômico. No entanto, sua enorme tendência a ser controlador e as consequências que isso acarreta podem se revelar um obstáculo no caminho para a escalada.

Veja uma breve descrição de seus talentos e deficiências:

- **Curiosidade e pensamento sistêmico.** O Explorador é dotado de uma extraordinária curiosidade, o que o motiva a investigar em profundidade o funcionamento das coisas. Vimos essa curiosidade levar Brian O'Kelley, Derek Lidow e Brian Coester a questionar as abordagens tradicionais aos serviços de banners publicitários na internet, à indústria de componentes de eletroeletrônicos e ao negócio de avaliação de imóveis residenciais, respectivamente. Esses e outros Exploradores combinam o pensamento sistêmico com a curiosidade para investigar razões, encontrar um jeito melhor e criar e comercializar uma solução.
- **Capacidade de concretizar e escalar a solução.** Outro talento que distingue os Exploradores é a capacidade de enten-

Explorador

der o funcionamento de um sistema, converter esse conhecimento em uma ideia e transformá-la em realidade. Vimos esse talento em ação quando Tom Leighton, Tom Phillips e Grace Choi buscavam concretizar suas ideias para administrar o congestionamento do tráfego na internet, reforçar marcas pela identificação de afiliações em plataformas de marketing social e criar maquiagens imprimíveis, respectivamente. Os Exploradores não se satisfazem em descobrir como algo funciona. Só param depois que encontram uma solução melhor e aplicam seu pensamento sistêmico para escalar essa solução.

- **Capacidade de atrair talentos.** Em muitos aspectos, um Explorador pode se transformar em uma espécie de lenda na comunidade de pessoas interessadas em resolver um tipo específico de problema. Os Exploradores usam a pergunta "Será que não existe um jeito melhor de fazer isso?" como um ímã para atrair pensadores sistêmicos incrivelmente talentosos. Neste capítulo, vimos Chris Pinkham e Mark Bonfigli atrair talentos para construir, respectivamente, os fundamentos da Amazon Web Services e de uma das empresas de marketing digital de mais rápido crescimento do mundo para revendedores de automóveis. De certo modo, a maneira como os Exploradores conseguem articular o problema e sua visão para resolvê-lo gera o mesmo poder de atração criado pelos Expedicionários (veja o capítulo 4). Esse talento permite aos Exploradores recrutar os seguidores necessários para superar obstáculos cada vez maiores e mais complexos com que as empresas deparam em seu caminho para o crescimento.

- **Tendência autocrática.** Se você é um Explorador, provavelmente intimida muitos de seus funcionários com sua exigência de que todos saibam como tudo funciona e tenham a mesma velocidade ao passar do pensamento à ação que você tem. Apesar de você usar essas características para reforçar sua autoconfiança, elas podem sufocar as pessoas ao redor, levando-as a se transformar em meras extensões de seus desejos e não verdadeiros aliadas, capazes de fazer contribuições muito maiores.

- **Propensão a adotar um estilo "sou melhor que vocês" com o pessoal de apoio.** Nem todas as pessoas têm o poder de processamento de seu córtex frontal e sua inten-

CAPÍTULO TRÊS

sidade. Essa combinação não só as intimida, como também pode levar você a se indispor com elas. No começo, quando você está montando sua equipe, esse problema pode ter menor chance de transparecer, já que as pessoas são atraídas por você, pelo problema que você quer resolver ou por sua visão e provavelmente têm a mesma intensidade e mentalidade que você. No entanto, à medida que a empresa cresce e você precisa de gente mais especializada em finanças, operações, vendas e marketing, alguns problemas de sua personalidade podem se colocar entre você e seu pessoal.

- **Predisposição para uma postura distante e fria.** Algumas pessoas podem achar que você tem o coração de um robô. Seus funcionários devem estar maravilhados com seu brilhantismo e sua capacidade de solucionar problemas que ninguém consegue resolver. Essa é sua zona de conforto e lhe possibilitou abrir seu negócio e conquistar os primeiros clientes. Mas, para garantir o crescimento da empresa e se tornar um construtor melhor, você precisa sair da zona de conforto e mostrar um pouco mais de emoção ao interagir com os membros da equipe dedicados a ajudar o empreendimento a escalar.

ESTRATÉGIAS DE "REFORÇAR E DELEGAR" PARA SER UM EXPLORADOR MELHOR

Cada pessoa encara o desafio do aperfeiçoamento pessoal de uma forma. Algumas primeiro se concentram em reforçar os pontos fortes; outras preferem corrigir pontos fracos; e há ainda aquelas que optam por uma abordagem quase *à la carte*, voltando-se para uma combinação de pontos fortes e fracos, dependendo das circunstâncias. Não importa a estratégia escolhida, veja seis sugestões para aumentar sua eficácia como Explorador:

1. **Delegue mais e antes.** Você é um especialista em soluções, não em operações. Deve delegar grande parte da administração diária das operações da empresa. No entanto, por nossa experiência, é muito mais fácil dizer que fazer, porque uma das principais características dos Exploradores é sua grande necessidade de controle. Se você é um Explorador, essa ne-

Explorador

cessidade se reflete na abordagem prática que você tende a aplicar a quase tudo. Pode ser que só consiga confiar em uma pessoa depois de ela provar a você que tem o mesmo profundo conhecimento estrutural da área. Em geral, é muito difícil atender a esse requisito, e talvez seja mais interessante você relaxar e passar as rédeas de uma área funcional, como finanças, operações ou vendas, para alguém.

Alguns Exploradores conseguem fazer essa transição de uma abordagem prática à capacidade de delegar por meio de *mentoring* e orientação. Como vimos, um Explorador é um exímio recrutador de talentos, e o próximo passo é orientar esses talentos. Você pode satisfazer seu desejo de controle mostrando-lhes como pensa, resolve os problemas e converte suas ideias em ações. Verá que muitas das pessoas que você atraiu já são receptivas a sua abordagem. Dê a elas a orientação de que precisam para atingir o nível de conhecimento que você exige para poder abrir mão do controle. À medida que o empreendimento ganhar escala, o retorno de seu empenho será muito maior. Vocês resolverão problemas cada vez maiores e complexos, e sua equipe se revelará capaz de administrar as operações do dia a dia.

2. **Concentre-se nas soluções do futuro.** Quando você finalmente conseguir delegar, vai dispor de muito mais tempo. Aproveite para desenvolver ainda mais a solução criada pela empresa usando seu talento para resolver problemas. A tarefa pode ser reunir soluções isoladas em linhas de produtos ou serviços, converter as linhas em plataformas e transformar as plataformas em um plano de expansão geográfica de seu mercado. Esse tipo de arquitetura de solução em diferentes níveis deve ser um grande apelo a seu talento de estruturação e resolução sistêmica de problemas, ao mesmo tempo que você amplia o alcance e o impacto da empresa.

Este passo, assim como o 1, requer revelar às pessoas suas ideias mais profundas sobre as tendências do setor. Como Explorador, você precisa se abrir às ideias e opiniões alheias. Também é muito importante cercar-se de colegas que o aju-

CAPÍTULO TRÊS

dem a testar e desenvolver essas ideias. Você precisa resistir ao impulso de tentar fazer tudo sozinho.

À medida que a empresa ganha escala e os problemas aumentam em tamanho e complexidade a uma velocidade cada vez maior, você vai precisar reforçar suas ideias incorporando também as ideias dos colegas e aliados. Se você montou um bom conselho de administração, encontrará aliados nesse grupo, mas não deixe de procurar, por exemplo, em universidades, consultorias e outros líderes de ideias do setor.

3. Aplique seu pensamento sistêmico às pessoas. É verdade que é mais fácil resolver problemas inanimados, que apresentem padrões claros, como máquinas e software. Mas são os fatores animados que levam à escalada da empresa e concretizam sua visão. Como Mark Bonfigli exemplificou, você pode usar seu pensamento sistêmico para resolver o problema de atrair, avaliar e desenvolver continuamente os talentos de que precisa para escalar. Pense que a cultura de sua organização pode ser o problema mais importante que você tem de resolver para ajudar o empreendimento a crescer e atingir seu potencial máximo.

4. Deixe os outros se divertirem. Tanto em grandes como em pequenas questões, você vai conseguir criar mais espírito de participação e, mais importante, um vínculo emocional mais forte entre as pessoas e o trabalho se compartilhar decisões importantes que afetam o desempenho do dia a dia de sua equipe.

Ajay Goyal lidera uma empresa de pagamentos de rápido crescimento chamada Prepay Nation. Ele é um Explorador clássico que descobriu como as pessoas podem usar a infraestrutura de cobrança por celular para transferir dinheiro para parentes em qualquer lugar do mundo. Goyal descreve como reforça o desempenho de sua equipe: "Deixamos nossos funcionários livres para trabalhar em casa contanto que atinjam metas e objetivos claramente definidos".

Essa estratégia atraiu muitas mães que se revelaram integrantes da equipe diligentes e comprometidas, mesmo trabalhando em casa. Como Goyal nos contou: "Não temos uma

Explorador

abordagem muito controladora. Nós damos liberdade às pessoas, e elas retribuem o favor fazendo o possível para melhorar o funcionamento de nossa organização". No entanto, para garantir que todos estejam no mesmo barco e remando na mesma direção, ele pede que os funcionários compareçam ao escritório duas vezes por semana (ou quando necessário) para sessões de brainstorming e alinhamento. "Trocamos ideias, conversamos sobre os problemas e identificamos maneiras de administrar melhor o negócio, desde a redução de custos até o atendimento ao cliente. A ideia é mobilizar a criatividade do grupo."

5. **Delegue a "escudos" no nível da diretoria.** Pense na possibilidade de contar com um diretor de recurso humanos extremamente eficaz e uma equipe de subordinados diretos capazes de atuar como um escudo para proteger seu pessoal de toda a sua intensidade. Por exemplo, Brian O'Kelley cercou-se de subordinados diretos que fazem isso por ele, e Brian Coester conta com quem ele chama de "o adulto da sala" – essa pessoa o ajuda a traduzir seu estilo intenso em abordagens menos intimidadoras e mais produtivas, que todos conseguem acompanhar.

Para que essa estratégia de delegação funcione, você precisa escolher bem seus "braços direitos". Eles valorizam sua visão e capacidade racional de resolver os problemas e, com a paciência e o tato que você pode não ter (ou não estar disposto a usar), o ajudam a traduzir sua visão para as pessoas.

6. **Mostre que você também é humano.** Bryan Roberts, sócio da empresa de capital de risco Venrock, ajudou a criar muitos unicórnios (startups avaliadas em mais de US$ 1 bilhão) na área da saúde. Ele afirma: "Quando as pessoas começam a conquistar sucesso e influência no mundo, tendem a perder o lado humano e se convencer de que tudo o que fazem é certo". Essa observação nos parece particularmente relevante para os Exploradores, que tendem a se distanciar das pessoas. Por nossa experiência, a abordagem de Goyal de permitir que seus seguidores se aproximem emocionalmente dele pode levar a um ní-

CAPÍTULO TRÊS

vel completo de admiração e, em consequência, de inspiração. Encorajamos os Exploradores a estudar como os Expedicionários conseguem fazer maravilhas nesse sentido. Um pouco de conexão emocional pode fazer milagres para um Explorador.

Quando você identificar os elementos da personalidade construtora que estão impedindo seu progresso, conseguirá criar e adotar um novo conjunto de estratégias de crescimento. Sugerimos a leitura de todos os capítulos da parte 1, porque você encontrará em cada um deles lições ou técnicas que poderá aplicar para se tornar um construtor melhor. No capítulo 9, apresentamos o conceito do construtor mestre e o convidamos a aprimorar suas competências e técnicas para construir um empreendimento de sucesso.

Explorador

O Explorador em resumo

Perfil

Fator	Descrição
MOTIVAÇÃO	• Considera o empreendedorismo uma forma sistemática de vender e escalar soluções para os problemas mais complexos que instigam sua curiosidade.
PROCESSO DECISÓRIO	• Extremamente motivado e sistemático, acredita que todo problema pode ser segmentado em seus elementos constituintes e analisado detalhadamente para identificar a melhor decisão.
ABORDAGEM DE GESTÃO	• Gosta de colocar as mãos na massa e dar instruções e orientações, e espera que todos sejam tão sistemáticos e curiosos quanto ele.
ESTILO DE LIDERANÇA	• Tende a atrair pensadores sistêmicos como ele e cria uma relação de confiança com as pessoas que demonstram capacidade de resolução sistêmica de problemas e bons conhecimentos. • Delega a administração das principais funções para se dedicar às atividades nas quais pode contribuir mais para o futuro da empresa.

Talentos (pontos fortes)
- Tem pensamento sistêmico e analítico.
- Pode-lhe ser mais fácil escalar os sistemas.
- É focado em melhorar continuamente e resolver o próximo problema.

Deficiências (pontos fracos)
- Pode-lhe ser mais difícil escalar a equipe, especialmente em áreas que não o interessam.
- Seu estilo por vezes rude e impaciente pode afetar o moral da equipe.
- Pode acabar ocupado resolvendo problemas de menor importância estratégica.

Estratégias para o crescimento

Pontos fortes e fracos em cada dinâmica de crescimento

Solução: converter ideias em produtos

+ É curioso e pensador sistêmico.
+ Desenvolve soluções criativas para problemas importantes.
− Pode perder o interesse depois que consegue resolver o problema.

Equipe: estimular talentos individuais para aumentar o impacto colaborativo

+ Atrai talentos especializados.
− Pode ser autocrático e impessoal.
− Costuma ser exigente demais com seu pessoal.

Cliente: transformar clientes em parceiros

+ Resolve problemas complexos e comercialmente importantes.
− Pode perder a paciência com clientes pouco sofisticados.

Patrocinador: alinhar financiadores e outros aliados

+ É rigoroso e busca um ajuste sistêmico.
− Tem dificuldade de conseguir o alinhamento de questões não financeiras.

Escala: promover a escalada do empreendimento

+ Concentra-se em abordagens sistêmicas.
− Apresenta dificuldade de inspirar e envolver emocionalmente uma equipe mais diversificada.

Como ser um construtor melhor

- Delegue mais e antes.
- Concentre-se nas soluções do futuro.
- Aplique seu pensamento sistêmico às pessoas.
- Deixe os outros se divertirem.
- Delegue a "escudos" no nível da diretoria.
- Mostre que você também é um humano.

CAPÍTULO QUATRO

EXPEDICIONÁRIO
Intrépido, inspirado pela missão e compassivo

"Achei que todas as mães gostariam de ter o que eu queria: produtos seguros para os bebês, os filhos e o lar."
Jessica Alba, Expedicionária, The Honest Company

Atriz e ex-modelo, Jessica Alba sentiu na pele a importância de produtos saudáveis para o lar.[1] Ela tem asma desde pequena e passou grande parte da infância internada em hospitais, com diversas doenças. Quando estava grávida do primeiro filho, com medo de a criança ter alergia como ela, testou alguns produtos indicados para bebês e teve uma reação alérgica. Ao pesquisar outros produtos para crianças e para a casa, teve dificuldade de encontrar produtos domésticos não tóxicos. Essa experiência foi a semente de uma empresa criada quatro anos depois: The Honest Company, "uma marca confiável de estilo de vida que oferece produtos não tóxicos, acessíveis e práticos para o lar".

Como muitos Expedicionários, Alba se identifica com quem precisa de seus produtos e se beneficiam de seu modelo de negócio: mães ocupadas que fazem malabarismos para dar conta de uma vida agitada e estão em busca de produtos saudáveis para os filhos e para o lar. Seu momento "eureca!" ocorreu quando ela descobriu que não existia uma empresa especializada em produtos saudáveis e seguros. Essa percepção a levou a uma busca que seu marido descreveu como "compulsiva". Ela queria encontrar uma solução e se pôs a conversar com as pessoas, testar

Expedicionário

Perfil do Expedicionário

Fator	Descrição
MOTIVAÇÃO	• Resolver problemas importantes para a sociedade, para um mercado ou para ambos. • Graças a uma profunda empatia, consegue perceber as necessidades e os desejos das pessoas e é motivado a satisfazê-los criando uma empresa baseada na missão.
PROCESSO DECISÓRIO	• É extremamente intuitivo e impelido por um senso emocional de fazer o que é certo.
ABORDAGEM DE GESTÃO	• Orientado pela missão da empresa e por sua intuição, pode ter dificuldade de resolver problemas com seu pessoal, tendendo a evitar conflitos e não raro permitindo a presença de aliados de baixo desempenho em vez de afastá-los.
ESTILO DE LIDERANÇA	• Atrai os talentos necessários para se encarregar dos aspectos mais operacionais do negócio, inspira-os com a visão e a missão da empresa, mas nem sempre lhes proporciona um direcionamento sistemático.

produtos, fazer experimentos com várias ideias de negócios... e tudo isso apesar de muito ceticismo.

"No começo, as pessoas basicamente não esperavam nada de mim", contou-nos Alba. "No entanto, eu não tinha nada a perder, postura que trouxe de minha carreira como atriz e apliquei aos negócios, confiando em meus instintos. Confiar em meus

CAPÍTULO QUATRO

instintos foi uma qualidade que nunca achei que pudesse ser importante nos negócios." De todo modo, Alba hoje comanda um empreendimento voltado para ambientes saudáveis que, no fim de 2016, a Unilever, empresa global de produtos de consumo, queria adquirir por mais de US$ 1 bilhão.

Embora claramente ambiciosa e talentosa, Alba nunca se viu como empreendedora. "Não sou empresária. Sou péssima em contas." Ela é uma sonhadora, energizada por uma visão grandiosa, mas também uma pessoa prática e frugal, legado que recebeu de sua criação simples (apesar da vida glamourosa que passou a levar depois).

Os Expedicionários são motivados pelo intenso desejo de tornar o mundo um lugar melhor resolvendo problemas que prometem fazer diferença para os mercados e para a sociedade. Abrir uma empresa é uma boa maneira de atingir esses dois objetivos. É essa ousadia que possibilita aos Expedicionários realizar sua magia e lhes garante um lugar em nosso quarteto de construtores.

Derek Newell, CEO da Jiff, plataforma de benefícios para a saúde contratados por empresas para seus funcionários, contou-nos o que o motivou a ser um empreendedor. Ele nos disse: "Eu sempre quis melhorar o mundo de algum jeito. Vi, então, que o governo e as organizações sem fins lucrativos eram lentos demais e que a maneira mais rápida de afetar positivamente a vida das pessoas era criando um empreendimento com fins lucrativos".

Os Expedicionários tomam quase todas as suas decisões mais importantes com base na missão que deu origem a seu empreendimento. Essa abordagem pode ser estimulante para alguns, mas frustrante para pessoas em busca de uma orientação mais clara e sistemática. Se você é um Expedicionário, um dos desafios que enfrentará ao garantir o crescimento de seu negócio é comunicar sua missão no nível de detalhamento operacional necessário para orientar as pessoas.

Vamos ver como esses fatores se aplicam aos Expedicionários à medida que eles se dedicam à construção e à escalada de sua empresa.

Expedicionário

Como os Expedicionários lidam com as dinâmicas de crescimento
"Fique sempre de olho no prêmio!"

Se você é um Expedicionário, é o complemento polar do Explorador, seu primo na microgerência. Como explicamos no capítulo 1, cunhamos a expressão "complemento polar" para denotar um tipo diametralmente oposto na maioria dos fatores que definem um construtor e que levam a diferentes comportamentos entre um tipo e outro. Pontos fortes de um atuam como contrapontos para pontos fracos do outro. Os Expedicionários organizam uma missão ampla e confiam que sua equipe saberá o que fazer. Consideram que, para administrar bem um negócio e cultivar a criatividade na organização, é fundamental sair do caminho e deixar as pessoas livres para agir.

Muitos Expedicionários nunca se viram como empreendedores. Alguns acabam criando, administrando e ampliando uma empresa meio que por acaso, enquanto outros acreditam na sorte ou em uma espécie de intervenção divina. Não importa o que os levou a se tornar construtores, os Expedicionários decidem abrir uma empresa para que ela atue como a plataforma que vai lhes possibilitar atingir seu objetivo de tornar o mundo um lugar melhor.

Os Expedicionários são excelentes em atrair clientes iniciais empolgados, motivados pela missão e pelo carisma que eles trazem ao processo de vendas. Esses construtores valorizam e buscam ativamente oportunidades de colaborar com as pessoas para concretizar sua visão. Nesse sentido, contribuem com uma combinação incomum de sensibilidade e humildade. Os primeiros seguidores sentem que também estão se unindo a uma cruzada ou pelo menos entrando em uma empresa que tem uma meta e uma visão claras. Esse senso de missão dá sentido ao trabalho e não raro um propósito à vida das pessoas. E os melhores clientes iniciais dos Expedicionários fazem mais que simplesmente comprar um produto ou serviço: eles ajudam a promover uma forma nova e melhor de resolver um problema importante.

Se você é um Expedicionário, seu desafio é operacionalizar o empreendimento para ganhar escala. A trajetória empresarial de

CAPÍTULO QUATRO

alguns Expedicionários revela as limitações de um estilo de liderança mais improvisado (embora ainda intencional) quando a escalada requer sistemas e procedimentos operacionais padrão. A Ben & Jerry's exemplificou essa dificuldade quando a empresa cresceu de US$ 100 milhões para US$ 200 milhões em quatro anos, mas o negócio não conseguiu gerar lucro adicional. Com uma escalada como essa na indústria de sorvetes, é fundamental saber administrar uma complexa cadeia de fornecimento, mesmo quando os fundadores estão motivados por uma grandiosa missão social.

O EXPEDICIONÁRIO EM AÇÃO

"E se fosse fácil compartilhar o que você está fazendo com todos os seus amigos?"
Jack Dorsey, Twitter

"Acabei de configurar meu twttr." (sic) Esse foi o primeiro tuíte de Jack Dorsey. Ele acabava de dar um salto de três séculos para atualizar a famosa frase de Alexander Graham Bell ao usar pela primeira vez sua invenção, o telefone: "Sr. Watson, venha aqui!".

Inventor inveterado e programador, Dorsey passou a infância em St. Louis, onde, ainda em tenra idade, se propôs a mudar o mundo.[2] Aos 15 anos, criou um algoritmo de envio de táxis mais eficiente, que, de certa maneira, foi um prenúncio da capacidade do Twitter de conectar pessoas.

Em 2006, Dorsey esboçou uma ideia simples, apelidada de Status, para ajudar amigos a se manter conectados. O cofundador do Twitter, Biz Stone, diz: "Ele nos procurou com uma ideia: 'E se fosse fácil compartilhar o que você está fazendo com todos os seus amigos?'". Dorsey construiu o primeiro protótipo do Twitter em duas semanas e em seguida lançou o aplicativo.

"Ele é um sujeito excelente, um grande amigo, um chefe divertido, mas se acha o máximo", afirma um dos primeiros funcionários do Twitter, refletindo sobre Dorsey. Outras pessoas lembram que Dorsey costumava sair do trabalho mais cedo para ir à aula de ioga e fazer um curso de confecção de roupas. A maioria recorda o dia assustador em que alguém por fim percebeu que o código-fonte completo do Twitter e o banco de dados não tinham um backup.

Talvez o nome que Dorsey originalmente deu à empresa que se tornou a corporação multimilionária que hoje conhecemos como Twitter tivesse um quê de justiça poética. O nome original da empresa era Obvious. É óbvio.

Vamos examinar com mais profundidade como os Expedicionários lidam com as oportunidades e as armadilhas de cada dinâmica de crescimento.

Dinâmica da solução
Converter ideias em produtos

Os Expedicionários são pessoas de visão ampla, mesmo que, como vimos no caso de Dorsey, a visão tenha se originado de uma pequena descoberta. Não importam as origens da missão: a visão grandiosa, muitas vezes expressa em termos bastante simples, pode acabar impondo dificuldades quando chegar a hora de explicar a ideia de maneira que os membros menos visionários da equipe entendam ou tenham paciência para efetivamente criar e entregar o produto ao mercado.

Esses construtores tendem a contratar clones de si mesmos para atuar na equipe e costumam ser excelentes em descobrir investidores e clientes que pensam como eles e demonstram o mesmo desejo de concretizar a próxima grande ideia, a qual pode ser muito simples, como distribuir sorvetes de graça para mostrar que seu produto é melhor que todos os outros. Para eles, encontrar as pessoas certas é, em geral, uma jornada inspiradora e empolgante. É essa inspiração, e não uma apresentação ou um protótipo (como os Condutores ou o Exploradores poderiam fazer), que constitui o ingrediente mágico do sucesso dos Expedicionários na dinâmica da solução.

CAPÍTULO QUATRO

"Os aterros sanitários são o próximo cigarro."

Enquanto alguns empreendedores começam em uma garagem, Nate Morris iniciou sua cruzada em um lixão. Depois de concluir o mestrado em administração pública pela Princeton University, ele ficou sabendo de um dado perverso no negócio de transporte de lixo. As duas maiores empresas do mercado, a Waste Management e a Republic Industries, ganham boa parte de seu dinheiro cobrando dos clientes uma taxa por tonelada de lixo depositado em seus aterros sanitários. Com um incentivo financeiro como esse, Morris raciocinou que o setor jamais teria uma motivação para reciclar lixo.

Ele abraçou a bandeira da eliminação das injustiças da indústria do lixo e levou essa missão à companhia que fundou e lidera, a Rubicon Global. Criou o que se conhece como "negócio de ativos básicos". Sua empresa não tem caminhões nem aterros, mas fornece um sistema de intermediação, como o Uber faz no transporte de passageiros. A ambição de Morris era auxiliar grandes clientes, como a Wegmans Food Markets e o Walmart, a reciclar uma parcela maior de seu lixo. A Rubicon analisou o conteúdo das caçambas desses supermercadistas e ofereceu contratos a transportadoras especializadas em cada tipo de material (um caminhão para vidro, outro para papelão e assim por diante). Com isso, Morris encontrou um modo de aumentar a proporção de dejetos recicláveis. Hoje sua empresa consegue reduzir em 20% a 30% os custos anuais com a coleta de lixo de seus clientes.

Quando Morris estava recrutando pessoas para seu novo empreendimento, a Oakleaf, primeira empresa a tentar realizar esse negócio, foi adquirida pela líder do setor. A poderosa organização desfez a Oakleaf, transformando a visão de aumentar a reciclagem em um sonho esmagado pelo poder do capital e pelo apelo de trocar a missão por dinheiro.

No entanto, é justamente nesse palco que os Expedicionários adoram atuar. A visão, afinal, tinha sido validada: a primeira empresa a lançar a abordagem fora adquirida por "vilões" do setor, e os Expedicionários podiam chegar montados em seus corcéis brancos, reafirmar com bravura a visão e atrair os talentos experientes

Expedicionário

para seu campo de batalha. E foi exatamente o que Morris fez. Recrutou os cinco principais executivos da finada Oakleaf, atraindo-os com sua missão e com a chance de concretizar seu sonho original. Resumiu a missão da cruzada da Rubicon em uma única frase: "Os aterros sanitários são o próximo cigarro". Graças a Morris e a sua empresa, os norte-americanos terão comunidades livres de aterros sanitários como hoje temos escritórios livres da fumaça de cigarros.

Como Geoffrey Moore diria em *Crossing the Chasm*, os Expedicionários se destacam em recrutar a ajuda de early adopters dispostos a testar uma solução não comprovada para um problema importante. Esses clientes gostam de ser os primeiros a ajudar a concretizar um grande sonho. O valor transformador que os Expedicionários são capazes de criar na dinâmica da solução é justamente a capacidade de usar sua visão abrangente para atrair recém-chegados (novos membros da equipe, investidores iniciais e clientes para a versão alfa do produto).

Conquistar os "garotos perdidos" pelo *in-game advertising*

Katherine Hays, líder e empreendedora serial, foi a primeira pessoa a criar uma companhia de mídia de escala capaz de atingir o grupo dos "garotos perdidos", homens de 18 a 24 anos que no início dos anos 2000 deixaram de ver televisão e passaram a usar o tempo livre em jogos de computador. Ela transformou um pequeno negócio de ferramentas para desenvolvedores de videogames em um importante empreendimento de mídia encontrando uma forma de incluir anúncios em videogames em tempo real. A Massive, sua empresa de *in-game advertising*, possibilitou que grandes marcas como Sprite e Dunkin' Donuts exibissem anúncios direcionados ao usuário em games de corrida de carros. A ideia aumentava o realismo do jogo ao mesmo tempo que atingia um público valiosíssimo.

Hays conseguiu gerar valor do nada no complexo ecossistema de videogames ao alinhar os interesses de três grupos. A maioria das pessoas pode não ver a inserção de anúncios em videogames como uma cruzada tão digna quanto desviar o lixo de aterros sanitários para reciclagem. No entanto, a abordagem revela uma importante característica dos Expedicionários: a capacidade de

CAPÍTULO QUATRO

identificar lacunas de alinhamento e oportunidades na complexa rede de jogadores interconectados. Hays percebeu os desejos e as necessidades dos desenvolvedores de games, anunciantes e jogadores fanáticos e juntou tudo para bolar uma solução capaz de gerar enorme valor. Para os desenvolvedores de games, ela possibilitou um lucro adicional de cerca de 33% por game vendido. Para os anunciantes, entregou de bandeja um público valiosíssimo e difícil de atingir. Para os jogadores, melhorou a experiência imersiva, aumentando o realismo dos games com campanhas publicitárias atualizadas exibidas simultaneamente em outros canais de mídia. A Microsoft se encantou com a criação e adquiriu a empresa por US$ 280 milhões.

Se você é um Expedicionário corporativo, enfrentará dificuldades específicas dentro da organização a menos que sua visão apresente alinhamento claro com as prioridades estratégicas e o posicionamento competitivo da empresa. Se for o caso, você pode se tornar um porta-estandarte influente na cruzada da organização, mostrando aos colegas (pelo exemplo pessoal e por meio de seu estilo de liderança) como concretizar a missão da empresa. Esse tipo de cruzada é como qualquer novo produto: enfrenta adversidades, demanda muitas tentativas e erros e exige grande flexibilidade do Expedicionário para incorporar sugestões e recomendações ao planejamento.

Se, de outro lado, sua visão não se alinhar com a da organização, esteja preparado para realizar um tipo bem diferente de campanha. A situação requer uma reformulação inteligente e criativa de sua visão para conectá-la claramente a outro interesse da empresa, como melhorar a reputação da marca, entrar em listas das "melhores empresas para trabalhar" ou ganhar o Prêmio Baldrige de qualidade.

Se você é um Expedicionário que atua em uma empresa consolidada ou em uma startup, converter sua ideia em um produto implica alinhar seu zelo missionário com os interesses de grupos até então isolados. Foi o que a Ben & Jerry's fez ao vincular seu saboroso sorvete com o ativismo social. Foi o que Nate Morris fez ao alavancar a tecnologia para conectar transportadoras de reciclagem independentes com grandes clientes, como o Walmart. E foi o que Katherine Hays fez ao incluir anúncios em videogames em tempo real, aumentando o realismo dos jogos para os jogadores, disponibilizando um público valioso para os anunciantes e ajudando os desenvolvedores de games a gerar mais lucros.

Dinâmica da equipe
Estimular talentos individuais para aumentar o impacto colaborativo

Um ponto forte natural dos Expedicionários é sua capacidade de recrutar e inspirar pessoas. Se você é um Expedicionário, seu estilo de liderança o leva a ficar acima da confusão do dia a dia e se manter focado na missão. Para isso, tem de confiar na capacidade de sua equipe de concretizar essa visão. Precisa usar sua visão para atrair especialistas das principais funções da empresa (marketing, vendas, pesquisa e desenvolvimento, operações e finanças) que tenham a mesma paixão que você pela missão e estejam dispostos a fazer o que for preciso para ajudar na empreitada. Os melhores Expedicionários conseguem identificar os dois fatores necessários para contratar os melhores colaboradores: especialização na área relevante e paixão pela missão.

O problema é que o apelo da causa dos Expedicionários pode atrair pessoas encantadas pela missão, mas que não têm as competências necessárias para construir e escalar a empresa. A paixão dos Expedicionários pela missão às vezes ofusca sua capacidade, já não muito espetacular, de administrar o dia a dia do empreendimento. Alguns Expedicionários acham que evitarão o problema contratando amigos fiéis. Por nossa experiência, essa abordagem pode até piorar o desafio, criando tensão entre empatia e execução.

Foi o que Angelo Pizzagalli, cofundador da PC Construction, hoje uma das 200 maiores empresas de construção civil dos Estados Unidos, descobriu. Pizzagalli é o exemplo perfeito de um exímio construtor. Ele e seus irmãos, Remo e Jim, queriam criar um am-

CAPÍTULO QUATRO

biente de trabalho amigável e tranquilo que refletisse o relacionamento entre eles. A abordagem foi um dos pilares de uma cultura que passou a ser chamada de "estilo da PC", mas veio acompanhada de algumas desvantagens. Pizzagalli nos contou: "Tínhamos um tipo de filosofia: só contratávamos pessoas de quem gostávamos. […] E seguimos a regra do 'nunca contrate alguém com quem você não gostaria de tomar o café da manhã'. Pode até fazer sentido, mas o problema foi que ficamos menos exigentes, e, com isso, metade das pessoas tinha um desempenho espetacular e a outra metade se encontrava em algum ponto entre competente e medíocre. Para piorar, levamos uma eternidade até decidir demitir essas pessoas, porque gostávamos de todas elas. […] Fomos tolerantes demais". Um foco excessivo na simpatia pode impor dificuldades para os Expedicionários, especialmente se a empatia for maior que as expectativas de uma excelente execução.

"Acho que parte do sucesso é dar liberdade, mas não muita, no momento certo."

Katherine Hays, que desenvolveu a startup dedicada a incluir anúncios em videogames, também é fundadora de uma empresa de mídia digital que ajuda os consumidores a criar um conteúdo de marca que eles possam compartilhar e até viralizar. Na ViVoom, Hays parece ter conseguido atingir o equilíbrio certo entre atrair colaboradores capazes e lhes dar um ambiente de trabalho não ditatorial. Ela explica como gerencia seu pessoal: "Tento esclarecer bem a missão para que as pessoas tomem as próprias decisões em todos os níveis. Se todo mundo souber por que fazemos as coisas e o que estamos tentando realizar, os resultados serão melhores".

Hays conta quem costumam ser seus melhores colaboradores: "São as pessoas que ainda não atingiram o máximo de sua capacidade, aquelas que, se receberem uma chance, espaço de manobra e alguma orientação, conseguirão crescer muito na carreira e saltar umas quatro ou cinco posições. […] Acho que parte do sucesso é dar liberdade, mas não muita, no momento certo. Assim, as pessoas nunca se acomodam e sempre têm algo para aprender".

Expedicionário

Se você é um Expedicionário, tende a ser bom em atrair seguidores empolgados, mas eles precisam que sua paixão seja traduzida em prioridades detalhadas e práticas, e isso nem sempre é o ponto forte de sua personalidade construtora. Se você tem essa dificuldade, pode ser interessante seguir o exemplo de Hays. Ela toma o cuidado de vincular a missão às tarefas, contratando pessoas com as competências necessárias e dando-lhes espaço suficiente, mas não mais que isso, para crescer.

À medida que a empresa cresce, o Expedicionário tem de superar o obstáculo de manter seu pessoal motivado por um bom tempo. No início da história da Ben & Jerry's, como explicam os cofundadores Ben Cohen e Jerry Greenfield, não era incomum funcionários trabalharem no fim de semana levando as próprias ferramentas para garantir que tudo estivesse pronto para a inauguração de uma loja na segunda-feira. Cohen diz: "Todos os nossos funcionários tinham muita energia e muita afeição, e trabalhávamos juntos com a empolgação de quem está criando algo do zero". Greenfield acrescenta: "Eles lidavam com a empresa com base na filosofia 'Se não for divertido, para que fazer?'". Cohen e Greenfield também observam que "o desvio inexorável à popularização" pode facilmente comprometer a missão, a visão e os valores originais.

Uma última dificuldade que os Expedicionários precisam enfrentar é a tendência dos colegas de ver o construtor como uma personificação da missão (pior ainda, o construtor também pode acreditar nisso). Essa crença tem o poder de atrair talentos espetaculares. Porém, se você é um Expedicionário, pode acabar caindo do alto de seu pedestal caso seu comportamento ou suas decisões não se mostrem à altura dos ideais ou valores que se espera de alguém que se propõe a carregar sua bandeira. Sua fraqueza pode decepcionar os colegas e abrir as portas para o tipo de ceticismo que corrói a camaradagem inspirada de um empreendimento liderado por um Expedicionário.

Um excelente exemplo é a meteórica ascensão e queda de Elizabeth Holmes, a Expedicionária que largou os estudos na Stanford University para fundar a Theranos. Motivada pela visão confiante e ousada de revolucionar a área da saúde (promovendo a prevenção

CAPÍTULO QUATRO

precoce de doenças pelo acesso a informações práticas de saúde), a empresa começou com uma ideia original para fazer exames de sangue. Holmes atraiu para a equipe não só colaboradores dedicados e apaixonados (inclusive um de seus ex-professores de Stanford), como também um conselho de administração de primeira categoria, sem mencionar um grupo empolgado de capitalistas de risco ansiosos para participar da jornada.

Durante a ascensão da empresa para atingir uma avaliação de mais de US$ 9 bilhões no mercado financeiro em menos de 13 anos, tudo parecia perfeito para os discípulos de Holmes. No entanto, quando começaram a ser feitas algumas perguntas inquietantes sobre a veracidade das alegações científicas da empresa, seguidas de apurações conduzidas por vários órgãos reguladores, as deficiências de Holmes e de sua visão foram reveladas. Após várias investigações do Departamento de Justiça e da Comissão de Valores Mobiliários dos Estados Unidos (a Securities and Exchange Commission), além de incontáveis processos judiciais abertos por pacientes e investidores, muitos estimaram que o valor da Theranos já teria praticamente se reduzido a pó no fim do ano fiscal de 2016.

Se você é Expedicionário, lembre que a visão não substitui a supervisão. Como todos os quatro tipos de personalidade construtora, o Expedicionário parece um herói trágico de Shakespeare, no sentido de que as sementes de sua derrocada podem estar latentes em sua maior força. Essa é a situação enfrentada por alguns Expedicionários na dinâmica da equipe. A missão pode atrair muitas pessoas cheias de boas intenções, mas muitos desses construtores tropeçam no obstáculo de alinhar a competência operacional com a missão, tarefa muito mais difícil e necessária para atingir a escala.

Dinâmica do cliente
Transformar clientes em parceiros

Como um Expedicionário, você pode ter mais dificuldade diante do desafio do abismo de Moore (a lacuna entre os early adopters e os clientes posteriores) que outros tipos de construtor.

Expedicionário

Você é um grande evangelista de sua missão, e, em geral, seu entusiasmo e sua personalidade carismática convencem os clientes iniciais a embarcar em sua jornada. O apelo de sua missão e os valores que a acompanham podem criar uma marca forte e ajudar a impulsionar as vendas. O processo é semelhante ao recrutamento. Ao vender seu produto a um novo cliente, você não quer parar por aí. Quer firmar uma parceria com ele.

"Vamos dar um jeito de fazer isso acontecer."

Nate Morris conta como fechou a maior de suas primeiras vendas. Ele ia tentar vender seu produto para a Wegmans, rede de supermercados sediada em Rochester e uma das empresas mais respeitadas dos Estados Unidos. "Cheguei para a reunião usando calça cáqui e camisa informal, sem blazer. Na sala de espera havia quatro vendedores da Waste Management, todos de terno e gravata, muito formais. Confesso que fiquei bastante intimidado."

Morris entrou na grande sala de reuniões com as anotações que tinha rabiscado em uma folha de papel: os três benefícios que ele acreditava que poderia fornecer à Wegmans. No entanto, ainda mais importante que o conteúdo de seu argumento de vendas foi dizer quem ele era e qual era seu vínculo com aquele primeiro e gigantesco cliente potencial. Quando um executivo da Wegmans ligou para comunicar que o contrato era dele, disse-lhe: "Foi muito fácil tomar a decisão. O jeito como você falou fez com que nos sentíssemos como parte de sua família, e você pareceu se encaixar na cultura da Wegmans. Você não veio com uma abordagem pretensiosa. Foi muito humilde e disse claramente o que queria fazer. Já seus concorrentes só queriam vender".

Morris refletiu sobre aquela reunião em sua conversa conosco: "Acho que a diferença foi que tudo o que fazíamos se baseava na integridade e em mostrar nossa capacidade de gerar valor para o cliente".

O relacionamento com a Wegmans foi fundamental para a Rubicon, a empresa de Morris, por lhe abrir as portas para firmar contrato com o Walmart e outros grandes clientes de âmbito nacional. Para a Rubicon, a Wegmans se tornou um cliente de refe-

CAPÍTULO QUATRO

rência que é o sonho de todo empreendedor diante do desafio de atravessar o abismo. Como Morris explica: "Eles foram grandes evangelistas de nossa empresa. Gostam de saber que ajudaram no crescimento da Rubicon e de poder vê-la crescer. Sentem-se muito alinhados com nossa abordagem, nossos valores e nossa visão de mundo". A Wegmans é um exemplo perfeito de early adopter.

É esse tipo de vínculo que um Expedicionário é capaz de conceber com um cliente inicial, inclusive um cobiçado, como a Wegmans para Morris. Se você é um Expedicionário, pode contar com sua visão para atrair pessoas para seu barco em vez de usar a abordagem de venda do produto, não raro favorecida por colegas Condutores.

Jim Hornthal é o investidor de risco e construtor serial responsável pela abertura de mais de dez startups voltadas para uma ampla gama de produtos e mercados e usa bem essa capacidade. Combina diferentes tipos de personalidade construtora, aliando a robusta missão de um Expedicionário com a curiosidade e o conhecimento intuitivo de mercado de um Condutor, o que o predispõe a apostar em sua capacidade de intuir tendências tecnológicas e sociais. Ultimamente, ele tem se dedicado a cultivar o fascínio, típico de um Explorador, por resolver problemas em sistemas complexos usando o modelo da startup enxuta, que envolve aplicar testes rigorosos e iterativos de hipóteses entre os clientes para levar à inovação e ao empreendedorismo "baseado em evidências". Ele afirma: "O empreendedor que não se dispuser a 'demitir' a hipótese não tem outra opção a não ser demitir a si mesmo".

Dinâmica do patrocinador
Alinhar financiadores e outros aliados

Os Expedicionários podem ter dificuldade de encontrar os investidores certos, porque suas empreitadas não raro estão à frente do mercado. Criar um empreendimento nesse contexto requer um "capital paciente", disposto a esperar mais para obter retornos financeiros.

Esses construtores tendem a não ser motivados por poder ou controle, mas pela missão de questionar e revolucionar as tradi-

Expedicionário

ções e convenções, como um padrão do setor, um modelo de negócio, uma tecnologia ou até o mundo. Os Expedicionários não são imediatistas, pensando, com frequência, no longo prazo. Raramente buscam recompensas ou dinheiro rápido, dadas a magnitude e a dificuldade de sua missão.

Por exemplo, Katherine Hays vem contando com um sólido apoio dos investidores, mas não desenvolveu com eles o mesmo vínculo que tem com sua equipe e seus clientes. Para ela, o relacionamento entre empreendedores e investidores é mais transacional, com benefícios para os dois lados, porém não necessariamente com raízes profundas.

James Currier é um empreendedor serial que abriu empresas em setores tão variados quanto games e saúde digital e hoje é o sócio-diretor da NFX Guild, companhia de capital de risco que só investe em empreendedores convidados. Com toda essa experiência, ele nos contou: "Agora, quando abro uma empresa, não pego nem um centavo sequer. Conheço bem o jogo. Se você pega o dinheiro, precisa sair. É bom ter certeza se você quer isso mesmo, porque é como uma prisão perpétua. Você pega o dinheiro das pessoas? Então precisa sair. Enquanto você não sair, a coisa consome sua vida".

A boa notícia é que o Expedicionário tende a encontrar seus melhores financiadores por um processo de seleção mútuo no qual tanto ele como o financiador buscam o outro pelas mesmas razões. Se você é um Expedicionário, vai precisar de um investidor paciente que aceite plenamente a missão e os inevitáveis altos e baixos da cruzada. E os financiadores experientes, que veem a missão como um elemento fundamental de sua filosofia de investimento, são muito atraentes para os Expedicionários (e bons em atrair Expedicionários).

Como já vimos, Jenny Fleiss e Jenn Hyman fundaram a inovadora startup Rent the Runway. A empresa aluga por cerca de US$ 150 roupas de grife que sairiam por mais de US$ 1.000 para comprar. Fleiss encontrou o investidor ideal na pessoa de Scott Friend, da Bain Capital. Ela descreve o relacionamento nos seguintes termos: "Converso com ele três vezes por semana [...] e já faz seis anos que é assim. No começo, eu ligava para ele umas duas vezes por dia. Isso é muito legal e muito especial. Ele foi muito além das expectativas e tem sido fundamental para ajudar a definir o direcionamento da empresa".

Christina Seelye, empreendedora serial e fundadora da Maximum Games, não busca investidores apenas financeiros. "Sempre consigo investidores estratégicos, do tipo que ajuda nossa empresa dos dois jeitos, não só financeiramente." Ela procura financiamento de empresas cuja missão se beneficiará do sucesso dela.

Nate Morris atraiu investidores que pensam como ele para se unir a sua cruzada, entre os quais Leonardo DiCaprio, Henry Kravis e Peter Kellner, sócio-diretor da Richmond Global e cofundador da Endeavor, organização global sem fins lucrativos voltada para criar ecossistemas empresariais mundo afora. Foi também o que fez Elizabeth Holmes com os famosos investidores e membros do conselho de sua empresa, a Theranos, como Henry Kissinger. Em sua busca por financiadores alinhados, os Expedicionários podem voltar com seu Santo Graal ou de mãos vazias. No entanto, em todos os casos, um senso compartilhado de missão, timing e trajetória é fundamental para o sucesso desse tipo de construtor.

Dinâmica da escala
Promover a escalada do empreendimento

Nessa dinâmica, os Expedicionários devem reforçar seus vínculos com os funcionários, que, no início da cruzada, se baseavam em profundos relacionamentos pessoais. Se você é um Expedicionário, pode ter muita dificuldade de se afastar desses relacionamentos, porque isso requer ir contra as tendências de seu tipo de construtor. Para dar escala ao empreendimento, você deve adotar um método mais sistemático e despersonalizado para se conectar com grupos maiores de colaboradores, muitos dos quais você provavelmente nem conhece pelo nome. Essa transição começa quando a empresa atinge cerca de 100 a 150 funcionários ou quando abre uma filial em outra cidade.

Jenny Fleiss explica: "Como crescemos rápido, nossa cultura mudou. Foi inevitável incorporar mais processos. Não conheço todo mundo pelo nome. Mesmo assim, acho que

Jenn e eu ainda somos uma parte importante da cultura. Nossa personalidade criou os valores que colocamos em prática quando a empresa tinha 30 pessoas. Na época, identificamos dez fatores que em nossa opinião refletiam a cultura de nossa organização. Muitos desses fatores são as competências que trouxemos à empresa. Às vezes fico terrivelmente frustrada ao ver que levamos muito mais tempo para fazer as coisas acontecerem, mas mobilizar uma equipe maior requer mais processos e coordenação".

Christina Seelye concordaria. "Sou muito boa em começar as coisas e desenvolvê-las, mas não sou a pessoa certa quando a empresa cresce e fica cheia de processos. [...] Eu teria de saber dançar conforme a música." Ela explica: "Sou uma gestora do tipo 'delineio o quadro geral e vocês o colocam em ação", como muitos de seus colegas Expedicionários. Mas ela tem sorte, porque consegue combinar essa tendência a ser centrada na missão com seu conhecimento prático da importância de uma logística e um atendimento ao cliente personalizados, já que seu pai foi motorista de caminhão de uma empresa de armazéns.

Se você tiver sorte, encontrará colegas complementares cuja paixão pelas operações se equipara a sua paixão pela missão, ou vice-versa. Esse foi um dos segredos do sucesso de Fleiss e Hyman, que se conheceram na Harvard Business School. Fleiss entra com a criatividade no marketing e Hyman é a especialista operacional. O fato de elas terem o mesmo nome, Jenn, não passa de coincidência, embora seja emblemático, considerando a parceria simbiótica entre elas.

"Você precisa ir além da receita de bolo; precisa ter imaginação."

Angelo Pizzagalli encontrou alguns obstáculos para escalar sua empresa de construção, porque sua resistência a procurar financiamento e alavancagem externos acabou drenando o fluxo de caixa. Ele nos contou: "Não tínhamos outra escolha a não ser ganhar dinheiro!". O resultado foi que a escalada se transformou em uma labuta interminável que envolvia trabalhar de

CAPÍTULO QUATRO

um projeto ao outro, e as oportunidades de crescimento proporcionadas por investimentos futuros em pessoal, tecnologia ou equipamentos ficaram restritas aos lucros disponíveis do atual portfólio de projetos.

Pizzagalli viu que era difícil reavivar a faísca empreendedora em sua equipe à medida que a empresa crescia para ser um dos principais players do setor e se tornava mais sistemática e regimentada. "Costumávamos discutir muito com alguns gestores porque eles não estavam sendo empreendedores. Não foi fácil, pois não queríamos que eles se limitassem a seguir a receitinha de bolo. Quem faz isso nunca encontra surpresas na vida. Você precisa ir além da receita de bolo; precisa ter imaginação." Em outras palavras, à medida que a empresa ganha escala, os Expedicionários querem que ela continue demonstrando parte do ímpeto e da ousadia que eles trouxeram no início da cruzada.

Um desafio que todos os construtores enfrentam ao escalar a organização é sua tendência de contratar clones. Se você é um Expedicionário, pode ser especialmente propenso a essa prática de contratação, considerando a ênfase em uma visão inspiradora que o impele a avançar. Esse tipo de clonagem na contratação, trazendo pessoas que se assemelham ao estilo dos fundadores, pode até funcionar, mas tem seus limites. Como observou Jenny Fleiss: "Acho que contratei as melhores pessoas na época em que contratava clones de mim mesma. Consigo me identificar mais com essas pessoas, inteligentes, motivadas, que fazem acontecer, autônomas e competentes em tudo o que fazem. Elas não precisam passar por avaliações de desempenho o tempo todo. O diálogo e a comunicação são transparentes e constantes. Seu foco está em fazer. Elas não se deixam distrair por outras coisas".

Entretanto, a tarefa de escalar a empresa pode ser particularmente complicada para os Expedicionários, porque eles têm preferências que podem acabar frustrando suas tentativas. Como vimos, esses construtores costumam atrair colaboradores mais motivados pela missão que com as competências funcionais vitais para levar ao crescimento da empresa. Alguns preferem contratar clones de si mesmos ou pessoas com quem gostariam de tomar o

Expedicionário

café da manhã e ficam constrangidos em afastar os funcionários de baixo desempenho.

Se você é um Expedicionário, vai descobrir que estruturar sua missão em um conjunto de valores para orientar a contratação é uma das ferramentas mais importantes para a escalada da empresa. Ben Cohen se arrependeu de algumas decisões de contratação que ele e Jerry Greenfield tomaram quando a empresa estava crescendo: "Acabamos contratando pessoas que tinham as competências, mas não os valores necessários. Percebemos que até é possível ensinar as competências, mas não os valores. Se formos olhar além dos benefícios imediatos e focarmos o que vai garantir nosso sucesso no futuro, é natural dar mais peso aos valores".

Então, se você é um Expedicionário, pode estar se perguntando como equilibrar sua tendência de permanecer acima da agitação do dia a dia, recrutar seguidores motivados e alinhados com seus valores e ainda garantir a disciplina operacional necessária para escalar o empreendimento. Katherine Hays conseguiu atingir esse equilíbrio atraindo talentos com espaço para crescer, vinculando claramente a tarefa à missão e dando a seus colaboradores liberdade suficiente, mas não muito.

Talentos e deficiências do Expedicionário

Neste capítulo, vimos como os Expedicionários constroem empreendimentos para resolver grandes e importantes problemas e fazer diferença no mundo. Se você é um Expedicionário, conhece bem a importância de identificar e alinhar interesses de clientes e fornecedores que atuam em seu ecossistema para criar um empreendimento capaz de ter um amplo impacto. Tende a ter facilidade de atrair pessoas que pensam como você usando sua profunda empatia, sua capacidade de desenvolver relacionamentos autênticos e seu carisma. Sua dificuldade de fazer a empresa crescer é fruto de sua propensão a se concentrar mais em envolver clientes, fornecedores e funcionários em sua missão que nos detalhes operacionais necessários para atingir a escala. Além disso, sua empatia pode levá-lo a evitar conflitos.

Veja quais são seus principais talentos e deficiências:

CAPÍTULO QUATRO

- **Profunda percepção dos relacionamentos desalinhados em redes complexas.** O Expedicionário tem profunda capacidade de identificar as necessidades e os desejos velados das pessoas e convertê-los em uma missão atraente para um futuro melhor. Vimos esse ponto forte exemplificado na criação da empresa de produtos hipoalergênicos (Jessica Alba), no desejo de conectar o mundo usando mensagens de 140 caracteres (Jack Dorsey) e na ambição de dar um dia de princesa a jovens que gostariam de usar, em um evento especial, um vestido que elas não teriam como comprar (Jenny Fleiss). Se você é um Expedicionário, tende a fundamentar seu empreendimento em sua capacidade de identificar necessidades emocionais ou uma oportunidade até então inexplorada.
- **Carisma.** Esse tipo de construtor também tem um enorme carisma, que ajuda a dar vida à visão. Vimos esse carisma em ação na postura de Ben Cohen e Jerry Greenfield, que atraíram funcionários e consumidores a sua marca especial de sorvete com cobertura de ativismo social, e no magnetismo intenso, embora imperfeito, de Elizabeth Holmes, que atraiu muitas pessoas ao sonho da Theranos. Como a missão de muitos Expedicionários vem com um toque de emoção, a energia e a paixão desse tipo de construtor têm um enorme apelo para colaboradores e clientes. Se você é um Expedicionário, perceberá que seu carisma é um fator importantíssimo de sua liderança, reforçando a missão com os vínculos emocionais que você cria com as pessoas.
- **Compaixão e capacidade de desenvolver relacionamentos profundos de confiança.** A maioria dos Expedicionários desenvolve com rapidez relacionamentos profundos com funcionários, clientes e fornecedores. Essa confiança resulta de sua grande capacidade de ouvir e ajuda a impulsionar sua visão no começo do empreendimento. Vimos esse ponto forte na abordagem que Nate Morris utilizou para conquistar seu primeiro cliente de âmbito nacional, a Wegmans. Katherine Hays também usou esse talento natural para identificar, na indústria de videogames, oportunidades para desenvolvedores, anunciantes e consumidores e gerar um enorme valor para todos. Se você

Expedicionário

é um Expedicionário, consegue desenvolver relacionamentos profundos de confiança que lhe possibilitam alinhar os interesses de seus clientes com os seus e com os de outros grupos do ecossistema. Embora esse talento seja importantíssimo para gerar o valor inicial do empreendimento, você deve incorporá-lo a sua cultura para escalar a empresa quando chegar a hora.

- **Tendência a acreditar que toda nova receita é uma boa receita.** A paixão pela missão e o interesse pessoal pelos clientes podem levar os Expedicionários a acordos que não aumentam a rentabilidade, que é a força vital de qualquer empresa. Se você é desse tipo de construtor, é fácil presumir que um cliente alinhado com sua missão sempre vai gerar boas receitas, mas, se você não consegue obter um bom lucro com cada cliente, põe em risco a viabilidade econômica da empresa que está construindo.

  Todos os construtores que estão começando a desenvolver a empresa precisam avaliar, com um olhar crítico, a rentabilidade de cada cliente. Os Expedicionários são especialmente suscetíveis a cair na armadilha de aceitar clientes que geram pouca renda devido à profunda empatia com a qual fundamentam seus relacionamentos. Assim como você, um Expedicionário, tem dificuldade de demitir funcionários de baixo desempenho, também acha difícil "demitir" um cliente que apostou em você e em sua missão no início da jornada. Com base nos serviços de consultoria que prestamos e nos estudos de caso que usamos em nossos cursos, vemos a dificuldade desse tipo de construtor em resolver o impasse entre demonstrar sua lealdade e gerar renda suficiente para garantir o crescimento e a escala da empresa.

- **Dificuldade de traduzir o "porquê" em "como".** O Expedicionário é exímio em explicar a urgência de sua missão, mas pode se interessar menos por traduzir o "porquê" em "como" (as etapas operacionais necessárias para concretizar a missão) e não ter um talento natural para isso. Quando os colaboradores precisam de orientações para fazer alguma coisa, o Expedicionário tende a dá-las focado na missão e não nos detalhes práticos da tarefa. Com essa atitude, pode

CAPÍTULO QUATRO

confundir motivação com capacidade, ou vice-versa, como já observou o Center for Creative Leadership, organização educativa global sem fins lucrativos sediada em Greensboro, na Carolina do Norte. Muitos Expedicionários que entrevistamos afirmaram se frustrar com seus subordinados diretos. Depois de confirmarem que a pessoa está alinhada com a missão da empresa, esses construtores costumam deixá-la livre para fazer o trabalho. No entanto, alguns subordinados diretos precisam de mais que um alinhamento com a missão, como explica Greg Titus, fundador do CourseAdvisor e investidor serial: "Se você é o tipo de pessoa que gosta de muita estrutura e de um programa de treinamento formal, deve procurar outra empresa para trabalhar. Não que você não seja esperto. É só que precisa de um tipo diferente de ambiente para ter sucesso".

ESTRATÉGIAS DE "REFORÇAR E DELEGAR"
PARA SER UM EXPEDICIONÁRIO MELHOR

Você tem uma escolha a fazer: ater-se aos consideráveis talentos que já tem ou aprofundar seus conhecimentos como construtor. Se escolher a segunda opção, sugerimos cinco ações específicas que você pode aplicar imediatamente para reforçar seus talentos, compensar suas deficiências ou uma combinação dos dois. Não importa o que decidir fazer, você pode aprender com outros Expedicionários. E, no capítulo 9, mostraremos como você pode expandir seu repertório para incluir atributos de Condutor, Explorador e Capitão.

1. Abra um canal de comunicação com seu pessoal atual e potencial e mantenha esse canal aberto. A combinação de sua visão robusta com sua personalidade carismática atrai pessoas. Mas, à medida que o empreendimento ganha complexidade, muitos problemas o distanciarão dos funcionários e dos talentos que você deve continuar atraindo para concretizar sua missão. Você tem de resistir a essa tendência. Não deixe de interagir com os membros de sua equipe, pessoalmente e com frequência. Eles precisam ter sempre em conta sua

Expedicionário

visão e seu caráter e aplicá-los a todas as tarefas enquanto operacionalizam e desenvolvem sua missão. Em suma, eles precisam sentir o vínculo com a bandeira da cruzada que vocês se propuseram a levar juntos.

Greg Titus adota esse princípio conduzindo reuniões semanais com a empresa toda. Ele usa essas conversas para reconhecer as vitórias individuais e coletivas e falar abertamente sobre as dificuldades enfrentadas pela empresa. Também apresenta novos membros da equipe e os coloca no centro de sua cultura de transparência, convidando-os a contar uma história embaraçosa de seu passado (como ele gosta de fazer). As pessoas não demoram a sair da defensiva na empresa de Greg, e ele ajuda a equipe a criar profundos vínculos de confiança desde o começo.

2. **Ouça o que as pessoas têm a dizer.** Um de seus maiores talentos é ouvir os clientes para identificar necessidades, desejos e aspirações. Devem ter sido justamente essa atenção e consideração com os outros que deram início à cruzada. Você precisa não só continuar a ouvir as pessoas, como ensiná-las a dominar essa arte.

É verdade que todos os construtores têm de ouvir os clientes, mas o vínculo de empatia que o Expedicionário consegue criar com os clientes pode ser uma grande vantagem competitiva, possibilitando-lhe traduzir o que aprendeu nos elementos culturais e operacionais de seu empreendimento. Por exemplo, tanto em sua empresa de publicidade em videogames como em sua empresa de marketing de vídeos virais, Katherine Hays orienta seus protegidos na arte da escuta criativa.

3. **Use sua marca e sua cultura para comunicar sua missão e superar as limitações.** Como já vimos, carisma e caráter são dois atributos que dão vida à visão e à missão do Expedicionário. À medida que a organização cresce, esses atributos passam a ser alavancas gerenciais importantíssimas para estender a missão além de seu alcance físico. No entanto, o carisma do Expedicionário pode levar alguns clientes e funcionários a

CAPÍTULO QUATRO

começar a vê-lo como o messias da missão, perspectiva que deixa a empresa vulnerável a suas deficiências e erros inevitáveis.

Umair Khan é um empreendedor serial e fundador da Folio3 (consultoria de tecnologia da informação) e da SecretBuilders (desenvolvedora de games educativos dedicada a transformar livros famosos em jogos). Ele nos revelou sua abordagem para usar a cultura como forma de estender a missão e minimizar os efeitos de seus erros. "É claro que contratamos pessoas atraídas pela missão, que acreditam em minha missão, em nossa missão, mas que não acreditam cegamente no plano. Procuro separar meus dois lados, o líder empresarial do mensageiro e visionário, porque, se o visionário erra, todo mundo erra."

4. **Contrate ou alie-se a um especialista em operações que possa atuar como seu alter ego.** Vimos, no decorrer de todo este capítulo, que um Expedicionário provavelmente tem dificuldade de transpor sua visão nas operações do dia a dia da empresa. Uma boa estratégia para lidar com esse problema é delegar essa importante responsabilidade a alguém que compartilhe sua visão, mas que tenha um talento especial para a execução.

Por exemplo, Doris Yeh, que fundou com a irmã a Mirapath, fornecedora de centros de dados, descreve sua abordagem, típica de um Expedicionário: "Eu vendo e ela executa. Somos o *yin* e o *yang*. Eu estou sempre pensando em novas ideias e ela me mantém com os pés no chão". Antes de você começar a achar que é fácil trabalhar com um parente, Yeh esclarece: "Na verdade, o fato de sermos irmãs não facilita o trabalho, mas sabemos que a intenção e o objetivo sempre serão melhorar a Mirapath. São muitos debates, discussões e brigas, mas acho que somos uma equipe melhor por causa desse diálogo todo".

Aaron Levie, CEO e cofundador da Box, empresa de capital aberto de armazenamento em nuvem, descreve uma abordagem parecida: "Quando a empresa tinha uns 45 ou 50 colaboradores, contratamos um diretor de operações, e eu basicamente deleguei a maior parte das atividades operacionais do negócio para poder me concentrar nos produtos e na estratégia para direcionar o empreendimento".

Expedicionário

5. Não permita que a lealdade prejudique o crescimento.
À medida que a empresa cresce, os melhores Expedicionários começam a desenvolver um relacionamento mais imparcial com seus clientes. É claro que essa mudança não afeta seu relacionamento profundamente pessoal com os primeiros clientes, mas os bons Expedicionários conhecem as implicações de mantê-los.

O CEO de uma organização financiada pela Rosemark Capital (a empresa de Chris Kuenne) resumiu bem essa tensão: "Munido de informações de que as soluções customizadas que tínhamos criado para nossos primeiros clientes estavam reduzindo a eficiência de nossa plataforma e prejudicando a empresa diante de nossos maiores clientes, não tive escolha a não ser informá-los de que nossa empresa não poderia mais atendê-los". Nessa conversa franca e aberta, ele explicou que a relação comercial entre as duas empresas não estava mais dando certo. Aquele Expedicionário fez jus à confiança que desenvolveu com aqueles clientes e os ajudou a fazer a transição para um concorrente, a fim de garantir que o serviço não fosse interrompido. Isso prova que é possível ser fiel aos princípios do Expedicionário e ao mesmo tempo manter-se focado em reduzir a complexidade dos clientes para aumentar a escalabilidade.

O EXPEDICIONÁRIO EM AÇÃO

"Acredito que o empreendedorismo é um grande nivelador."
Marsha Firestone, Expedicionária,
Women Presidents' Organization

Fundada em 1997 por Marsha Firestone, a Women Presidents' Organization é o maior clube de presidentas, CEOs e diretoras-gerais de empresas multimilionárias de capital aberto. A missão da organização é "promover a segurança econômica das mulheres, de seus funcionários e de suas famílias". Firestone já conhecia havia um bom tem-

CAPÍTULO QUATRO

po a experiência de mulheres com discriminação salarial. Em 1965, quando ela se candidatou a estudar na Tulane Law School, o reitor que a entrevistou perguntou por que ela queria ocupar o lugar de um aluno homem que teria de sustentar a família. Depois de se formar, quando dava aulas na American Management Association, descobriu que ganhava consideravelmente menos que todos os colegas. Ela lembra: "Lutei por um aumento. Consegui US$ 8 mil dólares por ano, o que ainda era só um terço do que os outros ganhavam".

Foram experiências como essas que levaram essa Expedicionária a fazer um doutorado na Columbia University, onde estudou com a célebre antropóloga Margaret Mead. A dissertação de Firestone foi sobre o papel da comunicação não verbal, e ela soube aplicar esse conhecimento anos depois ao fundar a Women Presidents' Organization, com base na percepção de que líderes do sexo feminino poderiam aprender mais umas com as outras em pequenos grupos focados em problemas de gestão específicos.

Firestone explica que, quando a organização começou a trabalhar com empresárias, essas mulheres só queriam sobreviver. Na época, "elas não tinham um sonho grandioso. Hoje, as mulheres que abrem empresas podem sonhar quanto quiserem".

Com filiais em mais de 120 cidades espalhadas pelo mundo e milhares de associadas, Firestone está garantindo o crescimento de sua organização dedicada a uma causa capaz de mudar o mundo: como encorajar, apoiar e celebrar as mulheres que abrem e lideram importantes empreendimentos.

As recomendações que fazemos são para que você seja um construtor mais especializado, reforçando seus pontos fortes naturais e minimizando ou delegando seus pontos fracos. No capítulo 9, convidaremos você a ir ainda mais longe e o desafiaremos a seguir por um caminho mais ambicioso. Vamos lhe sugerir maneiras de escolher alguns pontos fortes específicos de outro tipo de personalidade construtora e incorporá-los para que você se torne um construtor mestre.

Expedicionário

O Expedicionário em resumo

Perfil

Fator	Descrição
MOTIVAÇÃO	• Resolver problemas importantes para a sociedade, para um mercado ou para ambos. • Graças a uma profunda empatia, consegue perceber as necessidades e os desejos das pessoas e é motivado a satisfazê-los criando uma empresa baseada na missão.
PROCESSO DECISÓRIO	• É extremamente intuitivo e impelido por um senso emocional de fazer o que é certo.
ABORDAGEM DE GESTÃO	• Orientado pela missão da empresa e por sua intuição, pode ter dificuldade de resolver problemas com seu pessoal, tendendo a evitar conflitos e não raro, permitindo a presença de aliados de baixo desempenho em vez de afastá-los.
ESTILO DE LIDERANÇA	• Atrai os talentos necessários para se encarregar dos aspectos mais operacionais do negócio, inspira-os com a visão e a missão da empresa, mas nem sempre lhes proporciona um direcionamento sistemático.

Talentos (pontos fortes)
- Inspira as pessoas com uma visão ousada comunicada com carisma.
- Dispõe-se a delegar tarefas.
- Não se incomoda com um ambiente de trabalho mais flexível e criativo.
- Usa um toque pessoal ao lidar com as pessoas.

Deficiências (pontos fracos)
- Tem dificuldade de traduzir a visão em tarefas práticas do dia a dia.
- Tende a contratar pessoas empolgadas com a visão, mas não necessariamente competentes (sempre presumindo o ajuste com a cultura).
- Sua tendência de evitar conflitos pode permitir que os problemas se agravem.

Estratégias para o crescimento

Pontos fortes e fracos em cada dinâmica de crescimento

Solução: converter ideias em produtos
+ Envolve-se ativamente com os problemas e as oportunidades mais importantes.
− Tem grande capacidade de identificar interesses mal-alinhados.

Equipe: estimular talentos individuais para aumentar o impacto colaborativo
+ Atrai e inspira as pessoas usando seu carisma.
+ Forja profundos relacionamentos de confiança.
− Evita conflitos.

Cliente: transformar clientes em parceiros
+ Forja profundos relacionamentos de confiança.
− Presume que toda receita é uma boa receita.

Patrocinador: alinhar financiadores e outros aliados
+ Atrai financiadores que pensam como ele.
− Requer um "capital paciente" para concretizar sua visão de longo prazo.

Escala: promover a escalada do empreendimento
+ Tem uma missão audaciosa, com escalabilidade considerável.
− Tem dificuldade de traduzir o "porquê" em "como".

Como ser um construtor melhor
- Abra um canal de comunicação com seu pessoal atual e potencial e mantenha esse canal aberto.
- Ouça o que as pessoas têm a dizer.
- Use sua marca e sua cultura para comunicar sua missão e superar as limitações.
- Contrate ou alie-se a um especialista em operações que possa atuar como seu alter ego.
- Não permita que a lealdade pessoal prejudique o crescimento.

CAPÍTULO CINCO

CAPITÃO
Pragmático, empoderador da equipe e direto

"Eram todos cirurgiões, mas eu queria montar uma equipe."
Margery Kraus, Capitã, APCO Worldwide

Margery Kraus tinha 38 anos e três filhos pequenos quando um sócio do Arnold & Porter, famoso escritório de advocacia de Washington, a viu apresentando um programa com a participação dos espectadores na rede de TV C-SPAN. Ele e outros sócios a convidaram para liderar uma nova consultoria para atender às crescentes necessidades de seus clientes.

Ao mesmo tempo que viu uma oportunidade na nova função, Kraus também se deu conta das dificuldades: uma equipe com uma missão maldefinida (em algum ponto entre lobby e relações públicas), composta de um punhado de "não advogados" em um escritório de advocacia que valorizava a formação em direito mais que qualquer outra coisa. Kraus descreve suas primeiras impressões: "Não que eu tivesse uma visão espetacular. Vi uma oportunidade e deparei com pessoas que não estavam conseguindo avançar. Achei que saberia o que fazer. Sou assim. Vejo as coisas e penso que basta ligar os pontos e mandar bala para fazer a coisa acontecer".[1]

Como Kraus, os Capitães não raro constroem empreendimentos que começaram como criações de outra pessoa ou combinam a necessidade do cliente, pessoas talentosas e o timing para consti-

 **PERFIL DO CAPITÃO**

FATOR	DESCRIÇÃO
MOTIVAÇÃO	• Construir empreendimentos de valor duradouro mobilizando o potencial produtivo das pessoas e equipes.
PROCESSO DECISÓRIO	• Imparcial e focado no crescimento, toma o cuidado de agir de acordo com a missão, a visão e suas promessas.
ABORDAGEM DE GESTÃO	• É direto, franco e sistemático no que diz e em suas expectativas em relação a pessoas e equipes.
ESTILO DE LIDERANÇA	• Empodera as pessoas depois de definir metas e expectativas claras, ao mesmo tempo que aplica sistematicamente sólidos princípios de honestidade e transparência. • Busca o consenso.

tuir uma empresa. Ela explica: "A equipe era formada de lobistas, profissionais de relações públicas e organizadores de campanhas sociais, mas não tinha nenhum 'clínico geral'. Eram todos cirurgiões. O que eu queria era montar uma equipe que começasse ouvindo nossos clientes para ajudá-los a diagnosticar o problema. Para mim, era só uma questão de bom senso".

Ela atribui grande parte de seu sucesso a sua experiência como professora, papel que muitos Capitães desempenham ao construir seus empreendimentos. "Se você tiver dificuldade ao fazer negócios fora dos Estados Unidos, normalmente é porque você não sabe como o sistema funciona. Por isso ajudou muito eu ter dado aulas sobre cidadania."

CAPÍTULO CINCO

A APCO Worldwide, que Kraus desmembrou do escritório de advocacia muitos anos atrás, hoje atua em 60 países e possui clientes como chefes de Estado e CEOs de grandes multinacionais. A APCO cresceu até se transformar na segunda maior empresa de relações públicas de capital fechado dos Estados Unidos.

A história de como Kraus fundou a APCO é típica de um Capitão. O acaso criou o contexto; Kraus aplicou a escuta ativa para entender o problema e recrutou e consolidou a equipe certa para conceber uma cultura colaborativa.

A cultura é importantíssima para os Capitães, enquanto seus colegas construtores só se dedicam à cultura depois de se encarregar de outros fatores. Os Capitães complementam seu estilo de liderança nos bastidores com uma abordagem de gestão voltada para a cultura. Assim, conseguem criar uma equipe mais coesa, promovendo um compromisso interdependente e colaborativo em relação ao trabalho. Kraus traduz essa ideia à perfeição quando diz: "Contratei muitas pessoas excelentes, com uma visão que se estendia além de suas atividades do dia a dia".

COMO OS CAPITÃES LIDAM COM AS DINÂMICAS DE CRESCIMENTO
"Colaboração é melhor que tirania."

Se você é um Capitão, quer fazer algo importante acontecer. Você curte o processo de construção quase tanto quanto o empreendimento criado nesse processo. "Nunca me preocupei com o tamanho da empresa", afirma Kraus. "Só queria que fôssemos bons e diferentes."

A maior inspiração dos Capitães é construir uma empresa valiosa aplicando seus três principais talentos: visão estratégica, valores e empoderamento das pessoas. Eles não são motivados necessariamente por um problema específico (como os Exploradores), por uma oportunidade de mercado ou uma ideia de produto (como os Condutores) ou por uma solução ambiciosa para satisfazer as necessidades mais profundas do mercado (como os Expedicionários). Ao contrário, são atraídos pela tarefa de desenvolver o empreendimento usando seu talento para mobilizar a capacidade de criação de valor das pessoas.

Capitão

Os Capitães são gestores pragmáticos, mas em geral não têm o estilo centrado em si mesmo ou controlador de seus colegas Condutores e Exploradores. Se você é um Capitão, é mais como o regente de uma orquestra e não se importa em abrir espaço sob os holofotes para os solistas ou as seções instrumentais, de acordo com as circunstâncias, enquanto orienta a equipe com a batuta de sua liderança e se responsabiliza pelos resultados em um nível mais elevado.

Os Capitães preferem um estilo decisório do tipo "confiar e verificar". Não que eles não tenham uma opinião forte, mas é que preferem chegar ao consenso concentrando-se na missão e na visão. Nas reuniões, os Capitães tendem a ouvir primeiro e falar por último, para não perder a chance de empoderar as pessoas.

Vamos ver como a motivação, o estilo de liderança, a abordagem de gestão e o processo decisório dos Capitães se revelam enquanto eles lidam com as cinco dinâmicas de crescimento da empresa.

Dinâmica da solução
Converter ideias em produtos

Os Capitães podem ter um comportamento variado na dinâmica da solução. Alguns, como Margery Kraus, deparam com uma ideia gerada por outra pessoa e a incorporam. Outros, como Paul Gilbert, fundador da MedAvante, inovadora global em ensaios clínicos para medicamentos de saúde mental, desenvolvem suas ideias por um processo ponderado, muitas vezes colaborativo, envolvendo brainstorming e tentativa e erro.

"É preciso deixar o volante acompanhar a estrada que você está explorando."

Em 2001, Gilbert reuniu oito amigos e colegas com experiência nas áreas de marketing, tecnologia e saúde. Eles passaram mais de um ano encontrando-se todos os fins de semana para fazer o brainstorming de uma lista de potenciais problemas de saúde para resolver na empresa que eles criariam. Por

CAPÍTULO CINCO

meio desse processo, acabaram desenvolvendo uma forma de aumentar a precisão de ensaios clínicos para novos psicotrópicos, como o Prozac.

É muito caro criar medicamentos como esses. Os ensaios clínicos dessas novas drogas muitas vezes não conseguem isolar seus efeitos terapêuticos dos de um placebo. Gilbert, o "regente" do empreendimento, montou uma equipe de especialistas, cultivou um ambiente colaborativo e desenvolveu e comercializou um método para resolver esse problema aparentemente sem solução.

A história da criação da MedAvante por Gilbert e seu cofundador revela três tendências dos Capitães: montar uma equipe talentosa; usar uma abordagem metódica e baseada em fatos; e concentrar-se em problemas econômicos concretos que representam uma oportunidade imediata. Essas características são bem diferentes das do Condutor, que acredita ser capaz de intuir as tendências do mercado e cria produtos, serviços e soluções muitas vezes antes de o mercado se dar conta da demanda.

Além disso, ao contrário dos outros três tipos de construtor, os Capitães se sentem muito à vontade procurando clientes potenciais no estágio inicial, chegando a apresentar protótipos rudimentares de suas ideias. Como Gilbert diz: "O empreendedorismo é um processo de descoberta. Você percebe que as perguntas iniciais podem ser diferentes das perguntas certas. Você deve ter um ponto de partida – um problema claro e mensurável e uma proposição de valor capaz de resolver esse problema. Só que, em geral, você acaba em outro lugar. É preciso deixar o volante acompanhar a estrada que você está explorando. Você não pode travar seu volante com um plano predeterminado. Ninguém começa com uma rota predefinida."

Em certo sentido, os Capitães enfrentam todas as cinco dinâmicas de crescimento com uma abordagem pragmática e focada no presente e não com uma ideia predeterminada de qual deveria ser o resultado, como os Condutores e os Exploradores costumam fazer. No caso da MedAvante, essa busca da melhor maneira de demonstrar a ideia se transformou em uma odisseia de vários anos para descobrir, desenvolver e provar a solução certa para o problema identificado originalmente.

Capitão

Assim como Margery Kraus esbarrou com a APCO por acaso, os Capitães podem não começar com um produto ou uma solução específicos em mente, mas são atraídos pela busca de um bom produto ou solução. John Crowley, que desenvolveu uma abordagem inovadora aos ensaios clínicos de uma doença debilitante, também seguiu o caminho da ideia ao produto, mas por motivos muito mais pessoais e prementes, como explicaremos a seguir.

"Não tive opção. Eu tinha de fazer alguma coisa, e rápido!"

Imagine que seu filho tem uma doença rara e aparentemente incurável. O que você faria? Quais riscos enfrentaria para encontrar um tratamento ou cura? É bem provável que você reviraria o mundo em busca de alguma forma de ajudá-lo e estaria disposto a gastar o que fosse necessário, não é mesmo?

Agora, imagine que você não é médico, não é cientista e não tem conhecimento teórico nem prático sobre a doença. Você é formado em administração e marketing e trabalha em uma companhia farmacêutica. Você abriria mão de seu emprego bem-remunerado e de uma carreira de sucesso para fundar uma empresa dedicada a encontrar a cura para a doença de seu filho?

Foi o que Crowley fez depois que dois de seus filhos foram diagnosticados com a doença de Pompe, enfermidade neuromuscular fatal que impõe uma vida curta e dolorosa às crianças. Crowley e sua esposa não podiam esperar que alguém encontrasse a cura ou um tratamento. Precisavam fazer alguma coisa, imediatamente. Antes do nascimento dos filhos, Crowley achava que algum dia, em um futuro distante, poderia abrir uma empresa. "Não gosto de correr riscos", diz ele, "mas, diante da doença de meus filhos, não tive opção. Eu tinha de fazer alguma coisa, e rápido!"

Crowley ficou sabendo de uma empresa de pesquisas em biotecnologia em Oklahoma City, chamada Novazyme Pharmaceuticals, que estava investigando a criação, pela bioengenharia, de um substituto para a enzima que falta às pessoas acometidas pela doença de Pompe. Ele pediu demissão da Bristol-Myers Squibb e foi trabalhar na Novazyme para levantar fundos, acelerar os ensaios clínicos para demonstrar a eficácia da aborda-

CAPÍTULO CINCO

gem e obter as aprovações necessárias para o uso em pacientes. A abordagem se revelou um tratamento eficaz para a doença de Pompe e, apesar de ainda não levar à cura, salvou a vida dos filhos de Crowley.

Se você é um Capitão, pode entrar na dinâmica da solução com menos clareza que os outros construtores sobre o problema, a solução ou o conceito de negócio. No entanto, a combinação de sua abordagem pragmática com sua capacidade de reunir uma equipe em torno de um problema ou oportunidade mobiliza rapidamente o poder das pessoas de criar soluções, e essa energia lhe permite abrir e desenvolver uma empresa para fazer diferença no mundo.

Ao mesmo tempo, sua tendência a permitir que o contexto e o consenso moldem a solução pode impedir a ocorrência de avanços revolucionários. Em geral, sua abordagem resulta em soluções mais incrementais aos problemas mais imediatos, raramente levando a uma inovação disruptiva do calibre de um Steve Jobs ou de um Henry Ford. Outros construtores provavelmente têm maior chance de sucesso com esse tipo de salto revolucionário.

Dinâmica da equipe
Estimular talentos individuais para aumentar o impacto colaborativo

Se você é um Capitão, tem talento natural para reunir e catalisar uma equipe. Você está decidido a criar uma cultura corporativa em torno de valores e de responsabilidade mútua. Não vê problema algum em liderar nos bastidores e confia que os colegas e a cultura sejam capazes de concretizar a visão da empresa, cujo futuro está nas mãos de todos. Ao contrário dos Exploradores e dos Condutores, sua maior fonte de satisfação está no coletivo e não no individual. No entanto, como Capitão, você lidera sua equipe no estilo "confiar e verificar", que complementa seu foco em uma visão e em valores compartilhados.

Por mais difícil que seja para qualquer construtor reunir uma equipe inicial de pessoas talentosas e dedicadas, os desafios de atrair e reter (e, se for o caso, afastar) os talentos certos para garantir o crescimento são constantes. As equipes precisam ser recrutadas e atualizadas de tempos em tempos.

Capitão

Embora os Capitães prefiram um estilo colaborativo e consensual de liderança e gestão, sabem em que direção o navio precisa seguir e o que devem fazer para chegar lá. São motivados a criar empresas de valor duradouro, mobilizando o potencial produtivo de pessoas e equipes, mesmo quando as circunstâncias os forçam a pegar no leme para enfrentar uma tempestade ou uma crise.

A atual empresa de John Crowley, a Amicus, nos dá um excelente exemplo disso. Em meados de 2013, a filha de Crowley fez uma cirurgia na coluna, e ele dormia no chão do quarto do hospital para ficar com ela. Sua empresa passava por uma crise financeira e técnica, e era preciso definir um rumo.

Crowley lembra: "Um dia, logo cedo, peguei uma caneta e uma folha de papel e pensei: 'Certo, temos muitas opções. Vamos fazer o seguinte: separar-nos de nosso grande parceiro farmacêutico e maior acionista, demitir nosso diretor-científico, fechar a fábrica em San Diego, vender 25% da empresa e arrecadar dinheiro de um fundo hedge com uma enorme diluição do patrimônio'. O conselho de administração aprovou todas as recomendações, e executamos as cinco medidas em 48 horas".

Esse tipo de momento é típico de um Capitão. Mesmo sob extraordinária pressão, Crowley não perdeu o foco pragmático. Ele pensou com clareza em maneiras de desenvolver seu plano e, em virtude da confiança e do alinhamento que se empenhou para forjar com seu conselho de administração, avançou com rapidez e ousadia.

Nos meses seguintes, Crowley basicamente refundou a empresa com uma equipe básica. "Acho que todas as pessoas que ficaram acreditavam na missão", diz ele. "Não foi só pela recompensa financeira. Estávamos executando proativamente um plano bastante ousado. Não estávamos atirando para todos os lados e esperando as coisas acontecerem."

Se você é um Capitão corporativo, seus talentos de liderança, gestão e tomada de decisão o tornam um excelente candidato a comandar um empreendimento interno, mesmo que a

CAPÍTULO CINCO

ideia inicial não seja sua. Pode ser um projeto baseado em um protótipo inicial que você desenvolveu em seu laboratório ou uma nova divisão que conta com o apoio da alta administração da empresa na qual você trabalha. De toda maneira, por nossa experiência, é importante informar aos altos executivos que você gostaria desse tipo de oportunidade para que, quando surgir uma chance, possa entrar na lista de candidatos para assumir o comando.

Foi exatamente o que vimos acontecer em uma grande companhia de energia para a qual prestamos consultoria. Nossa equipe havia identificado uma nova e promissora ideia que exigia um estilo de liderança muito mais empreendedor do que aquele a que a empresa estava acostumada, com métricas diferentes e talentos compatíveis com os enormes obstáculos competitivos que a equipe enfrentaria. Em vez de escolher alguém de fora, o CEO recrutou uma executiva promissora que não tinha experiência em startups, mas que havia conquistado grande respeito na empresa. Essa credibilidade permitiu que ela atraísse os talentos necessários para montar rapidamente uma excelente equipe, cujos esforços aceleraram o tempo de lançamento no mercado e alavancaram a capacidade da empresa de transformar a ideia em um empreendimento multimilionário em pouco tempo.

Se você é um Capitão corporativo, sabe que o sucesso depende do calibre da equipe que consegue recrutar para o novo empreendimento. Fique atento à possibilidade de seus superiores ou colegas estarem sabotando sua iniciativa, impedindo os talentos de entrar em sua equipe. O novo empreendimento talvez chame muito a atenção dos colegas, que podem até invejá-lo. No entanto, lembre que não se trata de um campeonato interno; você está competindo com jogadores profissionais de fora, com experiência em atuar em todas as posições. Não deixe de garantir que sua equipe tenha a combinação certa de recrutas internos e externos que você pode orientar para vencer.

Não importa se você é um Capitão em um empreendimento próprio ou um Capitão corporativo, está bem ciente do poder

Capitão

dos princípios e da coesão proporcionados pela cultura, sobretudo em momentos de crise. Você utiliza essas duas ferramentas para atrair, inspirar e desenvolver talentos individuais, aumentar seu impacto colaborativo e promover o crescimento da iniciativa.

Se você não aguenta mais ver tediosas apresentações de PowerPoint, especialmente depois de ter assistido a algumas palestras acompanhadas de recursos visuais envolventes ao estilo das TED Talks, conheça Peter Arvai. Ele é um construtor híbrido, que combinou atributos do Capitão e do Expedicionário para cofundar a Prezi, empresa que desenvolveu o software de mesmo nome que tem ajudado mais de 75 milhões de usuários (inclusive muitos palestrantes do TED) a apresentar suas ideias com mais eficácia. Filho de pais húngaros e nascido na Suécia, Arvai conta que, na infância, "a palavra 'empreendedor' não existia em meu vocabulário".

Mesmo assim, no decorrer de vários projetos e empreendimentos, ele sempre se inspirou na missão de "associar o storytelling à tecnologia para ajudar as pessoas a tomar decisões melhores". Arvai combina o fascínio do Expedicionário com o foco do Capitão para construir uma autêntica e inigualável cultura de colaboração em uma equipe com funcionários espalhados em vários escritórios de 28 países. "Para mim, o propósito é importantíssimo." Ele usa esse senso de propósito para alinhar sua abordagem de gestão e estilo de liderança "do caminho do meio", desenvolvendo seus colaboradores com paciência enquanto os desafia e os impele a atingir novas alturas.

O Capitão em ação

"Para vencer no século 21, é preciso empoderar as pessoas."
Jack Ma, Alibaba

Jack Ma, o principal fundador do Alibaba, exemplifica bem o estilo colaborativo do Capitão: reuniu 17 amigos em seu apartamento

CAPÍTULO CINCO

e os convenceu a investir na ideia de criar o maior site de comércio eletrônico do planeta.[2] Passados 15 anos de trabalho incansável, na véspera da oferta pública inicial de ações (IPO) do grupo, Ma disse aos colaboradores: "Mesmo depois de abrirmos o capital, vamos continuar seguindo nosso princípio: 'Clientes em primeiro lugar, funcionários em segundo e acionistas em terceiro'".

Ele sabe como é estar do outro lado do sucesso. "Fui reprovado duas vezes no vestibular antes de entrar na pior universidade da cidade." Depois de se formar em inglês, Ma foi rejeitado para 12 vagas às quais se candidatou, inclusive uma na KFC, até ser contratado para dar aulas ganhando apenas US$ 12 por mês.

Considerado um fracasso por muitos, Ma nasceu com um talento muito mais importante que a capacidade de tirar boas notas. "Fui eleito presidente do conselho estudantil de minha universidade e depois me tornei presidente da federação estudantil da cidade", conta. Mesmo depois de dois empreendimentos malsucedidos e sem um tostão no bolso, ele conseguiu convencer os amigos a investir em sua ideia.

Os Capitães se destacam por empoderar as pessoas ao redor. Eles acreditam mais no "nós" que no "eu" e utilizam sua natureza extrovertida para conquistar amigos e seguidores. Acolhem a colaboração e a experimentação e estão sempre em busca de opiniões e sugestões.

Esses construtores são ponderados ao usar sua autoridade e personalidade e, com seu estilo colaborativo, inspiram as pessoas em benefício da empresa. "Para vencer no século 21, é preciso empoderar as pessoas", diz Ma. "Elas vão amá-lo e respeitá-lo porque você dá sentido à vida delas."

Dinâmica do cliente
Transformar clientes em parceiros

Se você é um Capitão, pode não ser tão focado ou obcecado por convencer os clientes sobre sua ideia, solução ou missão quanto seus colegas Condutores, Exploradores e Expedicionários. Esses outros três tipos de construtor buscam uma espécie de validação aos olhos dos clientes. Naturalmente, como todos os empreendedores, os Capitães se importam com os clientes, mas com um foco maior em desenvolver o melhor modelo de negócio possível e saber como criar e extrair valor de mercado. Vejamos como um Capitão usou essa abordagem para direcionar o empreendimento.

"Muito obrigado, mas não vamos dar nenhum lance em sua proposta."

Suri Suriyakumar, CEO da ARC Document Solutions, passou 15 anos adquirindo e desenvolvendo uma série de microempresas de produção de plantas arquitetônicas no setor de construção de prédios comerciais. No passado, o valor do setor se concentrava na produção de plantas arquitetônicas impressas em cópias heliográficas, porém essa realidade mudou na era digital. Suriyakumar é um Capitão típico. Usou sua abordagem pragmática para identificar problemas que as plantas físicas não conseguem resolver, mas que poderiam ser solucionados por suas equipes e seus relacionamentos.

Os Capitães costumam se destacar em ater-se à visão da empresa para escolher as melhores oportunidades. A ARC foi convidada a enviar uma proposta para uma companhia de construção civil australiana de US$ 8 bilhões. Ao ler as especificações do edital de licitação, Suriyakumar e sua equipe decidiram não participar da concorrência. Acharam que a construtora queria a solução errada. A decisão surpreendeu o cliente potencial, que foi em frente com outro fornecedor. Vários meses depois, o CEO ligou para Suriyakumar e perguntou por que ele não tinha apresentado uma proposta. Suriyakumar respondeu que achava que a empresa estava usando uma abordagem completamente equivocada para resolver o problema, buscando preços mais baixos por um volume maior de plantas convencionais.

Estupefato, o CEO, que nunca tinha sido rejeitado por um fornecedor, convidou Suriyakumar para ir à Austrália explicar

CAPÍTULO CINCO

pessoalmente seu ponto de vista. Depois de ouvir com atenção a descrição do modelo de negócio da construtora, Suriyakumar aplicou seu raciocínio pragmático. Explicou que produzir um volume maior de plantas arquitetônicas analógicas, que seriam usadas apenas uma vez e guardadas em um depósito durante décadas, acumulando pó, não era uma boa solução de longo prazo para uma multinacional da construção civil. Achava que eles deveriam transferir todas as suas plantas para o formato digital e armazená-las na nuvem, para as informações serem acessadas durante toda a vida útil do prédio e utilizadas por futuras empresas de construção contratadas para reformar ou demolir o edifício. Suriyakumar e sua equipe acabaram fechando um contrato e firmando uma parceria muito mais profunda do que seria possível se tivessem se limitado a competir na licitação original.

Como Capitão, você tem consciência do poder de "ouvir primeiro e falar depois". Esse talento é extremamente útil tanto no trato com os clientes como no engajamento dos funcionários. Você consegue extrair do diálogo novas soluções e estratégias, enquanto demonstra dar ouvidos ao interlocutor, que se sente respeitado. Você sabe que a escuta atenta gera comprometimento, transformando meros compradores em parceiros. Seu estilo de se engajar com as pessoas pode superar a excelência do produto do Condutor, a magia da solução do Explorador ou até a nobre causa do Expedicionário.

Dinâmica do patrocinador
Alinhar financiadores e outros aliados

Em muitos sentidos, o Capitão é a menina dos olhos dos patrocinadores financeiros, em especial daqueles que preferem focar equipes e não ideias ou mercados. Esse tipo de personalidade construtora costuma contribuir com sua sabedoria e experiência e é capaz de recrutar e inspirar equipes para criar empresas de grande valor, sonho da maioria dos investidores. O Capitão toma o cuidado de manter sua credibilidade diante dos investidores e faz questão de sempre mostrar resultados.

Capitão

George McLaughlin é um empreendedor serial de enorme sucesso, investidor-anjo e criador e presidente do conselho da American Specialty Foods. Como muitos Capitães, concentra-se no que é, em vez de perder tempo especulando sobre o que poderia ser. A respeito as projeções financeiras, McLaughlin diz: "Quando comecei a trabalhar, pensei: 'Nunca vou querer ver uma projeção de lucros e perdas'. As projeções sempre parecem precisas, e as pessoas costumam acreditar nelas, mas a coisa nunca acontece como o previsto".

No quadro a seguir, descrevemos como um Capitão, com seu pragmatismo, talento para o alinhamento e a grande confiança que costuma conquistar, é capaz de converter até um fornecedor em fonte de capital.

O Capitão em ação

"As equipes precisam de capitães e vice-versa, se você quiser que as coisas aconteçam."
Mark Coopersmith, divisão de e-commerce da Sony

Quando pensamos na marca Sony, em geral visualizamos grandes televisores e consoles de videogame PlayStation. Pouca gente pensa em plataformas de comércio eletrônico. Esta é a história de uma marca global de eletrônicos de consumo que inventou e levou ao mercado uma plataforma comercial criada sob a liderança de um Capitão corporativo chamado Mark Coopersmith.

Eram meados da década de 1990. A Amazon tinha acabado de ser lançada como livraria eletrônica. A maioria dos players mais importantes do setor ainda não tinha certeza de quanto investir nessa nova área, considerando o potencial conflito de canais. No entanto, a Sony sabia que precisava vender seus produtos na internet e, para liderar a iniciativa, necessitava de alguém com a reputação de fazer acontecer.

A empresa incumbiu a tarefa a Coopersmith, vice-presidente-executivo de uma de suas unidades de negócio. Ele já fazia a in-

CAPÍTULO CINCO

terface com grande parte dos negócios de eletroeletrônicos e de conteúdo da Sony. Embora essas unidades já tivessem começado a promover os produtos na internet, nenhuma delas estava vendendo diretamente aos consumidores.

Coopersmith montou uma equipe mista, de pessoas tanto de dentro como de fora da empresa: engenheiros, especialistas em produtos, profissionais de marketing e promotores. Sem ver problema algum em delegar, ele se tornou o regente e não o impulsionador da iniciativa. Na prática, foi o Capitão de uma equipe de olheiros encarregados de sondar as fronteiras da web, com o objetivo de identificar e avaliar as novas soluções de comércio eletrônico lançadas no mercado.

Coopersmith queria saber se a Sony deveria adquirir ou construir a plataforma, e sua conclusão foi que a melhor solução seria construir. Tendo isso em vista, ele comandou sua equipe de programadores e profissionais de marketing e fez a ponte entre ela e a administração sênior de diversas unidades da Sony para garantir o apoio necessário. Em um estilo que lembra a abordagem da startup enxuta, em pouco tempo o pessoal de Coopersmith criou uma loja online para a Sony e colocou o site no ar, inclusive aceitando cartões de crédito com segurança.

A equipe estava em San Francisco, longe da cultura mais formal da sede da Sony, em Nova York. Como Chris Pinkham aprendeu quando criou o código para a Amazon Web Services, a distância física (e cultural) da matriz pode ser um fator importantíssimo para o sucesso de um empreendedor corporativo.

Empresas líderes de outros setores, como Hewlett-Packard, Pizza Hut e BMW, estavam tentando descobrir como vender mais e atender seus clientes na internet e logo procuraram a Sony, propondo licenciar a tecnologia. Essa nova demanda colocou a Sony diante de uma decisão estratégica: manter a tecnologia para uso próprio ou desmembrar a unidade para formar um novo negócio? A empresa optou pela última estratégia.

Assim, Coopersmith passou de Capitão corporativo a Capitão de uma startup. Levantou fundos de um grupo de investidores e depois de um tempo vendeu a empresa, com um belo retorno. Após uma série de transações subsequentes, hoje a plataforma criada por sua equipe faz parte do Google.

Capitão

"Transforme os fornecedores em investidores para poder adquirir seus concorrentes."

A indústria de impressão de plantas arquitetônicas era composta de milhares de pequenas empresas geograficamente distribuídas, e a maioria era administrada pelos proprietários originais, que se aproximavam da idade de se aposentar. Com o modelo de negócio e a tecnologia básica em declínio, grande parte desses pequenos empresários estava diante da possibilidade de vender a empresa e sair do setor, apesar de contar com uma robusta rede de clientes regionais.

Suriyakumar vislumbrou uma oportunidade de criar valor adquirindo esses negócios e alavancando seu crescimento, sua eficiência operacional e o alcance geográfico vantajoso para atender construtoras de âmbito nacional. Também viu uma chance de melhorar a gestão e o nível de profissionalismo dessas operações. Partiu do pressuposto de que uma eficiência maior poderia ser traduzida rapidamente em lucros e que o alcance geográfico aceleraria a receita. Para isso, além de convencer os pequenos empresários a vender suas empresas, precisaria dispor de capital.

Suriyakumar percebeu que poderia resolver as duas questões com apenas um lance: reduzir seus custos com suprimentos e assim obter o capital para lançar sua estratégia de aquisições. Como seria de esperar de um negócio ainda dependente do papel, a maior despesa da empresa era, claro, o papel. Suriyakumar procurou seu fornecedor de papel na Costa Oeste dos Estados Unidos com a seguinte proposta: "Posso lhe dar todos os contratos de papel de três empresas de impressão de plantas arquitetônicas. Se eu concentrar esse volume todo em suas mãos e tirá-lo de seu concorrente, você se tornará um dos maiores fornecedores do mercado. Só preciso que você me ajude a bancar as três aquisições". Ele, então, alavancou ainda mais seu poder de compra com esse fornecedor transformado em investidor negociando um desconto de 10% em troca de um contrato de três anos de compra de papel.

134   *Feitas para crescer*

CAPÍTULO CINCO

Esse é um exemplo incrível de criação de valor ao melhor estilo de um Capitão. Identifique uma oportunidade de criar valor, alavanque seus relacionamentos e suas habilidades de negociação, pronto! Eis que você cria um enorme valor do nada.

Se você é um Capitão, busca oportunidades de alinhamento e acordos com os quais todo mundo sai ganhando, ao contrário dos Condutores, que tendem a ver o jogo mais em termos de soma zero, em que cada vitória costuma implicar o fracasso de alguém. Sua abordagem também é diferente da dos Exploradores, mais intrigados com o sistema e seu funcionamento e menos propensos a pensar em termos de ganhos mútuos. Como você, seus colegas Expedicionários buscam um alinhamento no ecossistema, mas tendem a fazer isso usando mais a missão que os interesses econômicos como argumento.

Dinâmica da escala
Promover a escalada do empreendimento

Se você é um Capitão, tem talento especial para se adiantar aos desafios dessa dinâmica de crescimento e lidar com eles. É pragmático e tende a não permanecer apaixonado por seu produto, solução ou missão se as circunstâncias exigirem uma postura diferente. Isso, porém, não quer dizer que você saia por aí improvisando. Ao contrário, seu processo decisório é ponderado e disciplinado.

Você se dispõe a atualizar sistemas, procedimentos e tecnologias e a afastar colaboradores de baixo desempenho, tudo em prol do crescimento. Constrói uma cultura forte para atuar como um dos principais mecanismos de concretização da missão e servir de fonte de inspiração emocional para seu pessoal. Você inculca sua personalidade por toda a organização, atraindo as pessoas, direcionando-as em uma missão e visão bem-definidas e mantendo um relacionamento transparente e direto, com base na responsabilidade clara de ambas as partes. Em outras palavras, a cultura é muito mais que um mero fator secundário para você. É uma plataforma para garantir a escalada da empresa.

Capitão

"Recruto funcionários de acordo com seus valores, procurando saber como eles vivem."

Nesse sentido, Cindy Monroe, fundadora e CEO da Thirty--One Gifts, é uma Capitã típica. A ideia de sua empresa nasceu em uma conversa com uma amiga da igreja, na cidadezinha de Chattanooga, no estado do Tennessee. As duas raciocinaram que, se conseguissem ajudar os amigos a gerar entre US$ 200 e US$ 300 por mês, eles teriam menos dificuldade de sustentar a família. Monroe criou o modelo de uma bolsa, e sua amiga chamou outras mulheres da igreja para uma festa, para ver quantas teriam interesse em comprar uma peça. O nome da empresa foi inspirado no capítulo 31 do livro dos Provérbios da Bíblia, que fala da ideia de as pessoas ajudarem umas às outras. Hoje a Thirty-One Gifts está a caminho de gerar US$ 1 bilhão em vendas, com mais de 100 mil mulheres organizando festas similares todos os anos.

As competências de gestão de Monroe foram testadas com frequência à medida que ela conduzia o empreendimento a essa escalada impressionante. Ela enfrentou uma das maiores dificuldades quatro anos depois da fundação da companhia, quando percebeu que precisava de uma base de funcionários com mais experiência no varejo. Com essa percepção, transferiu a empresa de Chattanooga para Columbus, no estado de Ohio. Monroe era tão dedicada aos primeiros funcionários que a empresa levou mais de 20 famílias para Ohio.

Com uma missão clara e a expectativa de montar uma equipe integrada, ela logo percebeu que alguns desses primeiros funcionários não tinham as competências necessárias para continuar no negócio. Ela explica: "Contratamos amigos que nos ajudaram a crescer no começo, porém, à medida que a empresa ganhava escala, precisávamos de habilidades diferentes e tivemos de encorajar alguns deles a buscar outras oportunidades". Ou seja, a equipe em primeiro lugar, mas não à custa do desempenho.

Monroe afirma: "Recruto funcionários de acordo com seus valores, procurando saber como eles vivem". O empreendimento

CAPÍTULO CINCO

depende cada vez mais de um bom alinhamento entre o pessoal da sede e a missão da empresa. A abordagem parece estar dando certo para Monroe e para as legiões de organizadores de festas da Thirty-One Gifts.

O Capitão em ação

"Não dá para pedir às pessoas que invistam mais do que você mesmo está investindo."
Chris Bischof, Eastside College Preparatory School

Os construtores também podem abrir e desenvolver empreendimentos sem fins lucrativos. Para eles, a sobrevivência da organização pode ser um indicador de sucesso tão importante quanto escalada do empreendimento. De acordo com essa medida, Chris Bischof, o Capitão que fundou há três décadas o curso pré-vestibular Eastside College Preparatory School no distrito de East Palo Alto, Califórnia, demonstra a importância dessa abordagem para promover o engajamento da equipe. Humilde, ele atribui seu sucesso à paixão de sua equipe pela missão da escola, mas seu estilo de colocar a equipe em primeiro lugar e liderar pelo exemplo diz muito sobre a importância de seu empenho contínuo em engajar as pessoas que atuam na linha de frente do negócio. "Acho que os melhores líderes são os que lideram pelo exemplo. Não dá para pedir às pessoas que invistam mais do que você mesmo está investindo. Para mim, um dos aspectos mais gratificantes da liderança da organização é o comprometimento de nossos funcionários. Juntos, estamos aprendendo com a experiência e bolando soluções criativas para enfrentar as dificuldades que encontramos no caminho de nossos objetivos. Acho que conseguir a participação de todos os envolvidos leva a um ambiente de trabalho muito mais gratificante e a soluções bem melhores que qualquer um de nós seria capaz de criar sozinho."

São as palavras de um verdadeiro Capitão.

Capitão

"O 'nós' é mais forte que o 'eu'."

Margery Kraus, a Capitã que desenvolveu a APCO Worldwide, conta como usa a cultura para promover a escalada. "Se você acredita na cultura, precisa sair de sua sala e lutar para preservá-la. Precisa contratar as pessoas certas. Precisa dar um jeito de que as pessoas saibam quais são os valores da empresa e cultivar esses valores. Você pode entrar em um escritório da APCO em praticamente qualquer lugar do mundo e ser recebido pela mesma cultura. As pessoas deixaram bons empregos para vir trabalhar conosco porque viram algo muito diferente. Por isso, todo mundo precisa acreditar nos mesmos valores. O 'nós' é mais forte que o 'eu'."

Se você é um Capitão como Kraus, os valores culturais o ajudam a atingir a escala. Uma cultura colaborativa lhe possibilita contratar e empoderar as pessoas e expandir a empresa com uma rapidez normalmente impossível com qualquer outro método. Esse é um dos segredos de seu sucesso.

TALENTOS E DEFICIÊNCIAS DO CAPITÃO

Como Capitão, você muitas vezes começa a construir um novo negócio identificando e explorando oportunidades comerciais com base no bom senso (mesmo que a ideia original não seja sua), mas toma o cuidado de não expandir a equipe rápido demais. Nesse sentido, você é diferente dos Condutores e dos Exploradores, que vinculam o ego ao sucesso comercial e a soluções sistemáticas, respectivamente. Você tende a se manter acima da balbúrdia do dia a dia, em uma posição favorável, que lhe permite intensificar seu foco nas pessoas e nas equipes. No entanto, em mercados de rápida evolução e bastante competitivos, essa tendência tem o potencial de deixar seu empreendimento vulnerável.

Veja um breve resumo de seus talentos e deficiências:

- **Capacidade de formar e empoderar a equipe.** Como Capitão, você está sempre de antena ligada para conhecer as motivações de sua equipe. Aplica suas consideráveis habilidades de escuta e seu conhecimento de

CAPÍTULO CINCO

como as pessoas assumem responsabilidades e se encarregam de prestar contas pelos resultados e sabe alocar as pessoas às atribuições certas para se beneficiar ao máximo de seu talento. Vimos um excelente exemplo da aplicação desse ponto forte na maneira como Margery Kraus mobilizou sua equipe da APCO para atender os clientes, colaborando de um jeito que as outras empresas não sabiam fazer. Essa integração de diferentes habilidades e competências cultivada por Kraus lhe permitiu conduzir a APCO a assumir a liderança no mercado.

- **Habilidade de gerenciar garantindo o alinhamento da visão.** Uma das melhores ferramentas do Capitão para atingir o alinhamento entre as equipes internas e os clientes e fornecedores externos é sua clareza e coerência ao gerenciar orientado pela visão. Vimos como o alinhamento da visão foi importante para Paul Gilbert construir e escalar a MedAvante e para Suriyakumar alavancar o financiamento dos fornecedores para adquirir empresas de impressão de plantas arquitetônicas.
- **Disposição para tomar decisões difíceis em relação ao pessoal.** Além da capacidade de empoderar sua equipe, o Capitão não hesita em afastar os colaboradores de baixo desempenho. Vimos que John Crowley fez isso em um momento crucial do desenvolvimento da Amicus, quando percebeu que não tinha as pessoas certas na equipe. Cindy Monroe também fez isso na Thirty-One Gifts, mesmo depois de ter transferido os amigos mais próximos para a nova sede (e descobrir que alguns deles não tinham as competências necessárias para continuar no negócio).
- **Propensão a confiar demais no consenso.** Os Capitães costumam empoderar demais a equipe, o que pode ser um problema, especialmente em mercados em rápida evolução, que requerem ações ágeis e resolutas. Crowley é um exemplo perfeito de como escapar dessa armadilha, mas muitos Capitães tendem a esperar demais, enquanto procuram o consenso que os deixaria confortáveis para agir. Os Capitães corporativos são bastante vulneráveis a esse problema.

Capitão

- **Tendência a permanecer longe demais da ação.** O Capitão pode andar na corda bamba entre delegar demais e perder de vista os clientes, os concorrentes e o mercado em geral. Seu estilo de liderar nos bastidores às vezes o distancia demais da linha de frente, onde sua empresa e seus concorrentes tentam satisfazer as verdadeiras necessidades dos clientes e estão desenvolvendo soluções para elas.
- **Inclinação para aceitar as melhorias incrementais como um substituto da inovação.** O Capitão pode até ter talento para identificar a próxima oportunidade comercial para manter ou expandir seu relacionamento com os clientes atuais, mas é importante não deixar a equipe se limitar a satisfazer uma necessidade apenas minimamente, mais ainda em mercados em rápida evolução. Os mercados inconstantes podem exigir uma busca mais ousada e agressiva de novas ideias.

Então, o que você pode fazer agora para começar a aumentar sua eficácia como Capitão? Veja seis medidas a tomar, dependendo do que prefere fazer: reforçar seus talentos, compensar suas deficiências ou uma combinação dos dois.

ESTRATÉGIAS DE "REFORÇAR E DELEGAR" PARA SER UM CAPITÃO MELHOR

1. **Fique sempre de olho para identificar o próximo campeão de sua equipe.** Um dos pilares de sua capacidade de levar a empresa a crescer é seu pessoal incrivelmente talentoso, inspirado em você e em sua visão. Chris Dries é Capitão e CEO da United Silicon Carbide, desenvolvedora e fabricante de chips de silício que possibilitam produtos de baixo consumo de energia. A história de como contratou o vice-presidente de engenharia – que, segundo ele, "é o melhor cara com quem já trabalhei em toda a minha carreira" – exemplifica esse tipo de talento para identificar o potencial das pessoas. "Aquela contratação marcou um momento crucial de nosso negócio", conta. "É difícil explicar, mas aquele sujeito conseguiu transformar a empresa já nos estágios iniciais."

CAPÍTULO CINCO

Para começar, Dries convidou esse executivo, que liderava o departamento de engenharia de uma companhia de capital aberto, para conversar com sua nova equipe, decisão que demonstrou imediatamente a cultura aberta e franca que ele criara em sua organização. Depois de um intenso fim de semana com Dries e seu pessoal, aquele talentoso líder se convenceu do valor de todos. Então, não só entrou na empresa, como também investiu nela, contribuindo com uma bolada na rodada de financiamento seguinte. A ambição e a determinação de Dries em buscar os melhores talentos e sua capacidade de empoderá-los representam uma aptidão valiosíssima do Capitão.

2. **Compartilhe o leme para mostrar e ensinar como você lidera.** Com sua comunicação direta, franca e coerente, você pode muito bem ser o líder mais eficaz de todos os tipos de construtor. Define metas e expectativas claras e delega a responsabilidade pela execução. Esse estilo de liderança lhe é natural, e quem não nasceu com esse talento pode aprender muito com você. Escolha algumas pessoas (talvez de níveis diferentes da organização) para orientar.

Além de exemplificar sua abordagem, você vai precisar explicá-la e conversar com seus orientandos sobre os aspectos mais complexos e delicados. Convide-os a acompanhá-lo durante uma semana em seu dia a dia no trabalho ou permita que eles pratiquem o repertório do Capitão sob seu olhar atento (por exemplo, deixe-os conduzir uma reunião). Embora seus talentos de liderança sejam diferenciados, alguns podem ser ensinados com treinamentos mais estruturados, focados na liderança colaborativa.

Sabemos que você está comandando uma empresa, não um curso de administração. No entanto, seu estilo de liderança é um recurso importantíssimo que pode ser alavancado para criar e transformar valor, justamente em virtude da possibilidade de mobilizar o talento criativo e a inventividade latentes que outros tipos de construtor costumam ter dificuldade de desenvolver.

Capitão

3. **Evite que sua paciência para ouvir e sua tendência a criar consenso confundam a equipe.** Seu estilo de priorizar o grupo pode mobilizar muita criatividade e comprometimento, criando um ambiente propício à inovação, mais aberto a erros e fracassos. Contudo, alguns seguidores podem achar que a paciência para ouvir e a tendência a buscar o consenso é um sinal de que você não está preparado para tomar decisões difíceis e desagradáveis quando necessário.

Por terem visto apenas suas luvas de pelica, eles talvez se surpreendam, e até se desiludam, quando as circunstâncias exigirem de você punhos de ferro. Quando for usar essa abordagem, não deixe de explicar suas ações aos membros de sua equipe, porque, caso contrário, eles podem ficar confusos ou mesmo temerosos, recaindo no tipo de obediência silenciosa que você não vai querer para a empresa.

4. **Lembre que é ótimo atingir o consenso, mas nem sempre.** Sua liderança não raro sai fortalecida com sua capacidade de atingir o consenso, mas às vezes você precisa tomar a decisão sozinho. É nessas ocasiões, porém, que você pode alavancar a confiança que conquistou com sua equipe para convencer o "pessoal do contra" depois de tomar uma decisão. Como vimos, John Crowley precisou fazer exatamente isso para reorientar (e reinventar) sua empresa, usando o plano que elaborou naqueles momentos solitários no quarto de hospital com a filha.

O estilo de liderança voltado para o consenso costuma ser bastante eficaz. Entretanto, quando a situação requer uma decisão rápida sobre questões complexas, essa abordagem pode ser problemática. Pense no preço que empresas como a BlackBerry e a Nokia pagaram pela indecisão quando foram pegas totalmente de surpresa pela Apple.[3] Até em mercados de evolução mais lenta, como a inexorável invasão digital no mercado da fotografia analógica, uma cultura de consenso reforçada pela complacência e autoconfiança pode ser fatal, como aconteceu com a Kodak e a Polaroid. Crises e consenso em geral não combinam muito bem.

CAPÍTULO CINCO

Nesse sentido, June Ressler, fundadora da Cenergy International Services, agência de recrutamento e consultoria de recursos humanos sediada em Houston, Texas, voltada para a indústria de energia e plataformas marinhas de perfuração de petróleo, é um excelente exemplo para outros Capitães. Ela nos contou que não gosta de ler os relatórios de vendas. "É engraçado, mas minha cabeça não funciona assim. O único jeito que eu tenho de fazer isso é conversar por telefone com o pessoal de vendas toda segunda-feira, das 8h30 às 9h30, enquanto estou dirigindo para ir ao trabalho. Quando entro no carro na segunda de manhã, penso: 'Não vou falar nem uma única palavra dessa vez', mas, quando estou prestes a apertar o botão 'Mudo', perco o controle e digo: 'A propósito, vocês fizeram aquilo?'. Simplesmente não consigo me segurar." Às vezes, nem mesmo um Capitão orientado pelo consenso consegue resistir a uma postura mais parecida com a de um Condutor. Nesse caso, ninguém precisaria se surpreender. Afinal, Ressler foi advogada e gosta de pilotar carros de Fórmula 4 nas horas vagas.

5. **Encoraje a equipe a ir além das melhorias incrementais.** O foco pragmático do Capitão nos próximos passos pode ajudar a garantir um progresso constante em várias frentes. No entanto, o avanço gradual às vezes favorece uma espécie de complacência involuntária e um falso senso de confiança se o negócio essencial, o modelo de negócio ou a tecnologia estiverem em estagnação ou declínio.

Nem todos os membros da equipe têm capacidade, conhecimento ou coragem para interpretar e sintetizar os novos sinais que o mercado talvez esteja enviando. A falta de tempo pode reduzir a capacidade da equipe de acompanhar o mercado, avaliar as opções e tomar decisões. Mas, como líder, cabe a você sondar o mercado com os próprios olhos e ficar de olho nesses "distúrbios da Força" (como diria Obi-Wan Kenobi, da série *Star Wars*) que podem levar à ruína. Para isso, você precisa sair do escritório, conversar em pessoa com os clientes e dar uma olhada nos concorrentes e nas startups que atuam na mesma região ou no mesmo mercado que sua empresa, independentemente dos relatórios que seus olheiros estão enviando.

Paul Gilbert, da MedAvante, percebeu que precisava evitar a armadilha da complacência e reuniu sua equipe em torno de uma decisão intrépida e arriscada, típica de um Capitão. Sua empresa estava toda focada em medir a eficácia de novos medicamentos de saúde mental, área terapêutica que vinha mostrando sinais preocupantes de desaceleração, apesar de ainda lucrativa. Gilbert decidiu aplicar recursos para desenvolver um protocolo de testes clínicos destinados a medir a eficácia de novas drogas para o mal de Alzheimer. A recompensa, nas palavras de Gilbert, foi a seguinte: "Ganhamos 11 dos 13 contratos que pleiteamos e, enquanto a psiquiatria estava em rápido declínio, conseguimos nos direcionar para o Alzheimer, área grande e em crescimento. [...] Se não tivéssemos ido atrás da Merck [o primeiro cliente fabricante de medicamentos para o mal de Alzheimer], a empresa não existiria mais, porque a psiquiatria declinou muito rápido".

6. **Reforce seu estilo "confiar e verificar" dando o exemplo ao pessoal.** Se você é um Capitão, deve ter uma noção quase instintiva da importância de promover a confiança em sua cultura organizacional. Já sabe por intuição o que o Great Place To Work Institute (a empresa que elabora as listas dos "melhores lugares para trabalhar" da *Fortune* e de outras publicações ao redor do mundo) descobriu: a confiança é essencial, tanto verticalmente, entre chefes e subordinados, quanto horizontalmente, entre os colegas.[4] Contudo, essa confiança, embora difícil de desenvolver, é muito fácil de perder se você não renová-la sempre trabalhando lado a lado com sua equipe.

Analisamos muitos Capitães, trabalhamos com eles e investimos neles para chegar a essas recomendações. Sabemos, porém, que cada caso é único no que diz respeito às oportunidades de crescimento. Podemos começar presumindo que você tem muitos talentos. Esses talentos tendem a melhorar o alinhamento e o desempenho da equipe na resolução dos problemas do dia a dia, mas, como vimos com cada personalidade construtora, alguns deles também vêm acompanhados de desvantagens. Se você é um Capitão, sua personalidade pode levar a um crescimento incremental, pouco ousado. Nós o encorajamos a dar uma olhada nas sugestões adicionais que apresentamos no capítulo 9 para ajudá-lo a se tornar um construtor mestre.

# O Capitão em resumo

Perfil

Fator	Descrição
MOTIVAÇÃO	• Construir empreendimentos de valor duradouro mobilizando o potencial produtivo das pessoas e equipes.
PROCESSO DECISÓRIO	• Imparcial e focado no crescimento, toma o cuidado de agir de acordo com a missão, a visão e suas promessas.
ABORDAGEM DE GESTÃO	• É direto, franco e sistemático no que diz e em suas expectativas em relação a pessoas e equipes.
ESTILO DE LIDERANÇA	• Empodera as pessoas depois de definir metas e expectativas claras, ao mesmo tempo que aplica sistematicamente sólidos princípios de honestidade e transparência. • Busca o consenso.

Talentos (pontos fortes)
- Empodera as pessoas exigindo responsabilidade clara.
- Encoraja a franqueza entre os membros da equipe.
- Compartilha os créditos pelos resultados positivos.
- É aberto a uma criatividade "efervescente", sem refreá-la com um direcionamento de cima para baixo.

Deficiências (pontos fracos)
- A tendência a delegar pode fazer com que o Capitão deixe de ver acontecimentos importantes na linha de frente.
- A busca pelo consenso pode desacelerar as tomadas de decisão.
- O foco na melhoria constante pode levá-lo a ignorar grandes e importantes tendências externas.

Estratégias para o crescimento

Pontos fortes e fracos em cada dinâmica de crescimento

Solução: converter ideias em produtos
+ Tem abordagem pragmática.
− Tende a substituir a inovação por melhorias incrementais.

Equipe: estimular talentos individuais para aumentar o impacto colaborativo
+ Monta equipes empoderadas, menos dependentes de talentos individuais.
+ Toma decisões difíceis com tranquilidade.
− Pode depender demais do consenso.

Cliente: transformar clientes em parceiros
+ Gera valor de maneira sistemática.
+ É claro e direto.
− Tende a satisfazer em vez de inovar.

Patrocinador: alinhar financiadores e outros aliados
+ É conhecido por entregar resultados.
+ Recruta, gerencia e orienta equipes fortes.
− Pode não se dar bem com investidores agressivos.

Escala: promover a escalada do empreendimento
+ Concentra-se na execução.
− Pode deixar de ver mudanças no mercado em setores em rápida evolução.

Como ser um construtor melhor
- Fique sempre de olho para identificar o próximo campeão de sua equipe.
- Compartilhe o leme para mostrar e ensinar como você lidera.
- Evite que sua paciência para ouvir e sua tendência a criar consenso confundam a equipe.
- Lembre que é ótimo atingir o consenso, mas nem sempre.
- Encoraje a equipe a ir além das melhorias incrementais.
- Reforce seu estilo "confiar e verificar" dando exemplo ao pessoal.

PARTE 2

MONTE A MELHOR EQUIPE PARA CRESCER

Encontre as pessoas certas para alavancar sua personalidade construtora

Nosso livro decodifica o que acreditamos ser o fator mais importante para construir empreendimentos duradouros de escala significativa: a personalidade construtora. No entanto, todo construtor de sucesso precisa de uma equipe – na verdade, muitas equipes – com função, recursos e requisitos próprios. Na construção de um prédio, uma equipe pode ser encarregada de fazer a fundação enquanto outras se concentram nas paredes, na fiação elétrica, no encanamento e até mesmo na obtenção de financiamento. Construir uma estrutura empresarial de grande escala é basicamente a mesma coisa. Nenhum empreendedor consegue criar sozinho uma empresa bem-sucedida, duradoura e valiosa. Afinal, a palavra "solopreendedor" não existe.

Nosso foco recai no prefixo "entre", de *entreperneurship* (empreendedorismo, em inglês). Ele requer vínculos colaborativos entre pessoas e recursos. Nesta parte, damos conselhos práticos para ajudar cada personalidade construtora a escolher e trabalhar melhor com os três grupos que apresentam o maior efeito multiplicador para a empresa: seu coconstrutor (se você optar por ter um ou mais sócios), os funcionários principais e os investidores ou patrocinadores executivos mais importantes.

O alinhamento entre o construtor e a equipe é importantíssimo, pois aumenta a chance de complementar e reforçar sua personalidade construtora tendo em vista o sucesso do empreendimento. Os construtores que confundem lealdade com competência e os membros da equipe que mais bajulam do que prestam uma autêntica colaboração acabam destruindo o valor.

Nos próximos três capítulos, você encontrará um guia prático para melhorar essas colaborações. Começamos, no capítulo 6, com uma decisão mais pessoal: trabalhar ou não com um coconstrutor e, se for o caso, como escolher a pessoa para construir o empreendimento com você. No capítulo 7, aumentamos o foco para incluir os outros membros da equipe de construção. Por fim, no capítulo 8, sugerimos maneiras de compatibilizar seus interesses e seu estilo de construção com os interesses e o estilo dos principais patrocinadores financeiros externos ou patrocinadores executivos internos para uma startup ou um empreendimento corporativo, respectivamente. A parte 2 é composta dos seguintes capítulos:

CAPÍTULO 6 **CRIE PARCERIAS COM COCONSTRUTORES**
Escolha os colaboradores mais alinhados com seu estilo

CAPÍTULO 7 **RECRUTE SEU CÍRCULO DE ALIADOS**
Escolha as pessoas que trabalham melhor com você

CAPÍTULO 8 **ATRAIA OS MELHORES PATROCINADORES FINANCEIROS**
Alimente a visão com o capital certo

CAPÍTULO SEIS

CRIE PARCERIAS COM COCONSTRUTORES
Escolha os colaboradores mais alinhados com seu estilo

"Foi o melhor encontro às cegas da história!"

Foi nesses termos que a coconstrutora da SoulCycle, Julie Rice, descreveu sua primeira conversa, em um almoço, com Elizabeth Cutler.[1] Elas estavam em busca de uma alternativa inovadora para as academias de ginástica que possibilitasse às associadas fazer amizades e se divertir enquanto pedalavam bicicletas ergométricas para perder calorias. Rice explica a origem do conceito e da parceria delas: "[Elizabeth e eu] conversamos sobre criar um conceito de exercícios completamente novo, uma 'experiência' de ginástica concebida para ser fisicamente desafiadora, emocionalmente edificante, espiritualmente inspiradora. E, mais que tudo, queríamos que fosse divertida. Falamos sobre design elegante, branding sofisticado e distanciamento de tudo o que costuma frustrar as pessoas em academias de ginástica. Esboçamos um plano de negócios em um guardanapo e combinamos de nos encontrar de novo em uma semana. Quando saí do restaurante, minha cabeça estava girando. Chamei um táxi e, antes mesmo de fechar a porta, o celular tocou. Era Elizabeth: 'Vou procurar um lugar para alugar, e você vai atrás de toalhas'. Cinco meses depois, a primeira academia estava aberta".

Crie parcerias com coconstrutores

O marido de uma delas ajudou com sua experiência como diretor de marketing, e o da outra criou o nome da marca. Nove anos depois, em 2011, as duas coconstrutoras venderam a SoulCycle para a Equinox por uma bela quantia, e, em 2016, a empresa já tinha quase 90 academias e mais de 400 mil membros.

Rice, uma Capitã, atribui o sucesso do empreendimento às diferenças e à sinergia entre elas. "Somos totalmente diferentes, mas temos uma química empreendedora incrível. Eu sou conservadora e não gosto de correr riscos. Elizabeth é implacável [ou, em nossa tipologia, uma Condutora]. Se você reconhece seus pontos fortes e fracos e aceita seu papel na organização, ninguém precisa pisar em ovos com medo de ferir o ego das pessoas, e fica muito mais fácil avançar."

Nunca é fácil abrir um negócio, muito menos transformá-lo em um empreendimento grande e duradouro, e a empreitada às vezes é solitária. Não é surpresa alguma que muitos construtores (talvez você também) prefiram aliar-se a cofundadores para embarcar na aventura. Essa decisão coloca a questão da personalidade construtora no centro da discussão. Basta dar uma olhada na seguinte lista de coconstrutores:

Apple: Steve Jobs e Steve Wozniak

Microsoft: Bill Gates e Paul Allen

Ben & Jerry's: Ben Cohen e Jerry Greenfield

Intel: Gordon Moore e Bob Noyce

P&G: William Procter e James Gamble

Airbnb: Nathan Blecharczyk, Brian Chesky e Joe Gebbia

CAPÍTULO SEIS

Google: Sergey Brin e Larry Page

Rent the Runway: Jenn Hyman e Jenny Fleiss

Warby Parker: Neil Blumenthal, Dave Gilboa, Andrew Hunt e Jeffrey Raider

Pinterest: Ben Silbermann, Evan Sharp e Paul Sciarra

Eventbrite: Julia Hartz e Kevin Hartz

HP: Bill Hewlett e Dave Packard

Esse tipo de parceria cruza todos os limites industriais, geográficos, de gênero e culturais. Neste capítulo, investigaremos as oportunidades e as armadilhas da relação delicada, porém intensa, entre os coconstrutores. As alianças demonstram a importância de entender (e respeitar) como a personalidade construtora afeta o processo de construção de um empreendimento. Mais especificamente, mostraremos como lidar com três grandes questões: escolher o(s) coconstrutor(es) certo(s), colaborar com ele(s) e identificar potenciais conflitos.

QUASE UM CASAMENTO

As pessoas normalmente não se casam sem antes conhecer bem o futuro parceiro de vida. É importante que ambos sejam compatíveis em algumas questões, confiem um no outro, tenham os mesmos objetivos para o casamento e sejam capazes de resolver desentendimentos, entre outros requisitos. No caso dos construtores, em especial nos primeiros anos da construção de um empreendimento, é provável que você passe mais tempo com seu coconstrutor do que com sua mulher ou seu marido. E, ao contrário do ideal da felicidade conjugal, os casamentos empresariais podem durar mais que os casamentos pessoais. O divórcio nunca é desejado. Por isso, é importante conhecer seu coconstrutor potencial (talentos, deficiências, estilo, peculiaridades e caráter) tanto para sua sanidade como para o sucesso do negócio.

Crie parcerias com coconstrutores

Você e seu parceiro potencial já trabalharam juntos em situações extremamente estressantes? Vocês foram amigos de escola, como Bill Gates e Paul Allen, Ben Cohen e Jerry Greenfield ou Howard Lerman e seus companheiros de barco? Conheceram-se na faculdade ou na pós-graduação, como Sergey Brin e Larry Page ou Jenn Hyman e Jenny Fleiss? Foram acampar por duas semanas no meio do mato, como Bill Hewlett e Dave Packard? Trabalharam em estreita colaboração, como os coconstrutores da Pixar e da Intel? Ou simplesmente combinaram um almoço para conversar e sentiram que formariam uma boa dupla, como as cofundadoras da SoulCycle? Foi o que Paul English sentiu quando conheceu Steve Hafner, seu coconstrutor da Kayak.com. "Steve e eu somos parecidos em muitos aspectos, porém bastante diferentes no que diz respeito aos conhecimentos técnicos. Mas nós dois identificamos certa ousadia ou comprometimento um no outro e meio que pensamos: 'Uau, imagine o que aconteceria se uma empresa tivesse dois cofundadores tão agressivos!'."[2]

Por fim, como incontáveis outros coconstrutores, entre eles Jin Sook e Don Chang (Forever 21), Gary Erickson e Kit Crawford (Clif Bar) ou Kevin e Julia Hartz (Eventbrite), vocês já podem ser marido e mulher.

Não importa como nem quando vocês se encontraram, o importante é conhecer, respeitar e confiar na pessoa escolhida para construir o empreendimento com você. Esse relacionamento formará as bases do negócio que construirão juntos. E, com sorte, o relacionamento sobreviverá intacto e, quem sabe, até se fortalecerá, independentemente do que acontecer com a empresa. Entretanto, para formar uma conexão como essa, é preciso se empenhar muito e prestar bastante atenção às questões de personalidade que discutimos neste livro.

O relacionamento entre coconstrutores é como o casamento também em outros aspectos. O objetivo é mais que a mera compatibilidade, e o desafio é embasar o relacionamento no respeito mútuo para atingir o mesmo objetivo. Vocês podem ter alguns recursos e valores em comum, mas o ideal é que as competências sejam mais complementares que conflitantes, e as prerrogativas de vocês na tomada de decisão devem ser claras. Os pontos fortes

CAPÍTULO SEIS

de um têm de compensar os pontos fracos do outro e vice-versa, e o todo deve ser maior que a soma das partes.

Quem faz o quê?

A decisão de se aliar a outro construtor evoca o conselho que se dá em muitas cerimônias de casamento: "Este compromisso não pode ser assumido levianamente". Vários fatores entram em jogo quando você pensa em construir um empreendimento com um aliado. Na verdade, são tantas as dimensões a considerar que o tema daria um livro inteiro.

Não temos a pretensão de nos deter em explicações detalhadas do tema, e sim analisar a questão pelas lentes dos tipos de construtor. A principal questão é a seguinte: os coconstrutores precisam ter os mesmos direitos e deveres? Para responder a essa pergunta, pense em como você planeja lidar com os quatro principais aspectos da governança e da remuneração: divisão da propriedade, tomada de decisão, cargo e responsabilidade.

É interessante refletir sobre essas quatro dimensões à luz das personalidades construtoras envolvidas. Lembre que não existe apenas uma solução certa para encontrar o melhor alinhamento entre os construtores – a solução em uma área não leva automaticamente à solução em outra.

Os construtores e seus aliados potenciais devem decidir se têm as mesmas expectativas nessas quatro dimensões, bem como em outros aspectos que discutiremos mais adiante. Deixar de esclarecer essas questões não raro resulta em ressentimento, em instabilidade e, por fim, em uma divisão que acaba destruindo tanto o valor como o relacionamento.

Divisão da propriedade

Todo construtor precisa decidir como dividir a empresa. Quem fica com qual parte, quando e por quê? Qual parcela vocês devem reservar para os futuros colaboradores? Que tipo de estrutura de propriedade se encaixa melhor em sua visão de como os stakeholders devem ser recompensados? É importante responder a perguntas como essas sem demora e com a maior franqueza possível.

Crie parcerias com coconstrutores

É interessante encontrar uma resposta numérica para essas questões, mas a precisão e a aparente objetividade desse tipo de resposta encobrem as grandes forças subjetivas e sentimentos envolvidos. O que é justo? Por que a pessoa A ficaria com x por cento da empresa, e a pessoa B, com y por cento? O que realmente leva as pessoas ao melhor desempenho: a remuneração em ações da empresa ou em dinheiro, seu cargo na companhia, o reconhecimento, o orgulho de fazer parte de uma excelente equipe ou algum outro fator? São questões complexas e bastante pessoais sobre as quais você, o construtor, precisa ponderar, independentemente das proporções numéricas que decidir aplicar. E, também nesse caso, não existe apenas uma resposta correta.

Há mais duas questões a considerar. Para começar, se você for a verdadeira alma da empreitada, não presuma que terá de abrir mão de 50% de participação no negócio para atrair um bom cofundador para ajudá-lo a lançar o empreendimento. Você pode convidar uma pessoa para compartilhar as dores de cabeça e as decisões de um construtor oferecendo tanta transparência e acesso a informações quanto se sentir à vontade. É comum atrair coconstrutores extremamente talentosos a uma nova empresa propondo uma participação muito menor que 50%.

Em segundo lugar, não ofereça, se possível, algo permanente (como uma sociedade), mas algo de valor temporário (como as contribuições iniciais de um cofundador técnico ou comercial que pode acabar perdendo o interesse pela empreitada ou não ser tão bom quanto deveria). Esclarecer a participação de cada um pode evitar muitas chateações, não importa como a propriedade seja dividida. Afinal, é o valor duradouro da contribuição de cada um para o sucesso do empreendimento que realmente importa.

FOCO NA GESTÃO, NÃO NA DIVISÃO NUMÉRICA

Como os coconstrutores devem dividir as funções de gestão, a autoridade nas tomadas de decisão e as responsabilidades? Quem decidirá as questões estrategicamente importantes? De quem será a última palavra quando vocês discordarem? Quem será responsável por quais atividades da empresa no dia a dia? As respostas a

CAPÍTULO SEIS

essas perguntas podem não refletir (nem precisam) a divisão numérica da propriedade.

Algumas equipes de coconstrutores dividem por igual direitos e deveres, como Ben Cohen e Jerry Greenfield, Bill Hewlett e Dave Packard ou William Procter e James Gamble.[3] Em outros casos, o fundador eleva seu primeiro grupo de correligionários a cofundadores da iniciativa. Um bom exemplo é o Alibaba, onde Jack Ma, o típico Capitão, promoveu a cofundadores todos os 16 amigos que se aliaram a ele em seu pequeno apartamento em Hangzhou, na China, mas o patrimônio da empresa não foi dividido em 17 fatias iguais.

Alianças nas quais os coconstrutores têm o mesmo poder de decisão, com ou sem o cargo de CEO compartilhado, podem ser problemáticas e frágeis, apesar das boas intenções do começo. Quando um empreendimento está nos estágios iniciais, com um amplo futuro em aberto, a empolgação com as possibilidades e o entusiasmo pelas tarefas à frente são parecidos, mas, à medida que a realidade se revela e os parceiros se dão conta de tudo o que o sucesso exige (os sacrifícios e as decisões difíceis no que diz respeito à estratégia e às pessoas, sem falar das imprevisíveis reviravoltas do mercado e das possíveis descobertas de deficiências um do outro), esses vínculos iniciais podem perder a força.

Os relacionamentos nos quais tudo é dividido por igual costumam se tornar os mais frágeis com o tempo, conforme o empreendimento se transforma e se adapta às circunstâncias do mercado e às realidades operacionais. Basta ver como a complexa relação entre Gates e Allen ou entre Jobs e Wozniak evoluiu e, até certo ponto, degringolou com o tempo. Entretanto uma parceria igualitária como essa pode ser eficaz se os dois lados forem sensatos e flexíveis e concordarem sobre os principais fatores de sua colaboração. Adiante, analisaremos detalhadamente as questões que mais importam (quem toma as decisões e quem fica com a última palavra; responsabilidade; alinhamento da missão, dos valores e das bases culturais; divisão da propriedade) nos acordos mais comuns (os desiguais) entre coconstrutores, embora sejam especialmente pronunciadas nas alianças igualitárias.

Crie parcerias com coconstrutores

A escolha de um construtor aliado
Clone, complemento ou oposto?

Um construtor pode escolher um clone, um complemento ou um oposto como coconstrutor. Vejamos três exemplos. No Google, Brin e Page parecem ser uma dupla de clones, já que os dois têm a visão de um Expedicionário e a tendência de resolver os problemas como um Explorador. A aliança de Gates e Allen foi basicamente complementar, pelo menos por um tempo, com Gates no papel do Condutor que faz acontecer e Allen no do Explorador (o mesmo pode ser dito da dupla Jobs e Wozniak). No entanto, os opostos também podem se atrair. Foi o que aconteceu na SoulCycle e na Kayak.com.

Cada tipo de combinação vem acompanhada de diferentes problemas e possibilidades. Uma dupla composta de tipos similares tende a reforçar os talentos e as deficiências. Uma dupla complementar pode se dar bem se os dois souberem decidir quem faz o quê. E uma dupla de opostos às vezes fica paralisada em um cabo de guerra sem fim. Em seguida analisaremos os padrões de colaboração e os conflitos que podem resultar de diferentes relacionamentos entre construtores.

O QUE MAIS IMPORTA É A TOMADA DE DECISÃO

Como já dissemos, nosso foco é a tomada de decisão ou, em outras palavras, qual dos coconstrutores tem a autoridade de decidir. Uma parceria de coconstrutores na qual as personalidades entram em choque é uma verdadeira receita para o fracasso. As diferenças com frequência se refletem por toda a organização, levando à discórdia e à divisão. Os diferentes colaboradores acabam se posicionando ao lado de um ou outro coconstrutor, criando conflitos internos contraproducentes.

As parcerias de coconstrutores podem variar muito, mas a Figura 6.1 mostra um esquema de interação das várias combinações de tipos de construtor entre si nas cinco dinâmicas de crescimento. Cada coluna representa a personalidade do principal tomador de decisão, e cada linha, a personalidade coconstrutora secundária. Essa interação constitui a principal causa de conflitos

CAPÍTULO SEIS

FIGURA 6.1

TOMADA DE DECISÃO: PARCERIAS DE COCONSTRUTORES

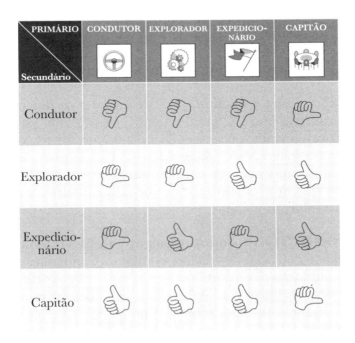

entre os coconstrutores porque a combinação dos pontos fortes e do estilo de cada personalidade, aliada à autoridade de tomada de decisão, tem o poder de trazer à tona o melhor (ou o pior) do construtor aliado.

Representamos as alianças sinérgicas com um sinal positivo, as problemáticas com um sinal negativo e as que tendem a precisar de atenção especial com um sinal neutro. Os resultados podem variar, mas a figura aponta áreas que têm de ser discutidas a sério e francamente com o coconstrutor potencial. Você não se surpreenderá ao ver que classificamos com um sinal positivo as alianças com o complemento polar (expressão que definimos no capítulo 1), já que o contraste de pontos fortes e fracos pode levar a uma excelente parceria.

Veja agora um breve resumo das principais dinâmicas de cada dupla e alguns conselhos específicos para cada uma. A personalidade em letras maiúsculas representa o principal tomador de decisão.

Condutores como principais tomadores de decisão

Se você é um Condutor, provavelmente tem dificuldade de compartilhar o leme. Contudo, desde que a última palavra seja sua, provavelmente você se beneficiará ao unir forças com outros tipos de construtor, cujos pontos de vista e estilo poderão atenuar algumas de suas maiores deficiências. Sua maior dificuldade é permitir que um coconstrutor exerça a função dele para beneficiar vocês dois ao máximo.

- **CONDUTOR-Condutor (negativa).** Essa combinação tem grande potencial de conflito, porque os Condutores não estão acostumados a compartilhar o leme. Eles são, por definição, motivados e seguem convicções claras, mas têm muita dificuldade de dividir as decisões, sobretudo no que diz respeito ao conhecimento intuitivo do mercado. Se você é um Condutor, prefere direcionar a empresa com base em seu conhecimento intuitivo de como o produto ou serviço atende às necessidades dos clientes ao mesmo tempo que busca influenciar o desenvolvimento do mercado. Considerando sua personalidade, seria difícil para você ser o tomador de decisão secundário. Seu foco em si mesmo pode beirar o narcisismo. Em consequência, se os dois cofundadores tiverem essa tendência, o resultado pode ser mais explosivo do que sinérgico. As deficiências dos Condutores também dificultam identificar sinais sutis de discordância ou pontos de vista diferentes sobre um único cliente, o mercado em geral, um funcionário ou um investidor. Aliar-se a um Condutor provavelmente não compensará essa deficiência, podendo até agravá-la. Por tudo isso, classificamos essa parecia como negativa.

- **CONDUTOR-Explorador (neutra).** Com essa dupla, o sucesso ou o fracasso dependem da distribuição dos direitos

CAPÍTULO SEIS

de tomar as decisões. Se você, o Condutor, puder delegar os aspectos operacionais, não voltados para o mercado, a seu braço direito (Explorador), ele terá mais chances de fortalecer a aliança e, em consequência, o empreendimento. O pensamento sistêmico do Explorador pode ser muito eficaz na operacionalização dos aspectos do negócio que são menos interessantes para muitos Condutores, mas fundamentais para a escala. Por sua vez, o Explorador, orientado ao controle, deve se sentir à vontade em seu papel secundário, dominando esferas específicas de influência, mas sem ter necessariamente a última palavra nas decisões. Pensando nessas ressalvas, classificamos essa combinação como neutra, porém com potencial de ser positiva.

- **CONDUTOR-Expedicionário (neutra).** Essa dupla também tem potencial, sobretudo se o Condutor tiver tido a ideia inicial para o produto e se o Expedicionário acreditar que a proposição de valor fundamenta uma missão que ele pode usar para inspirar clientes e funcionários. Nessa combinação, cada tipo de construtor tem o potencial de reforçar e complementar as preferências do outro. Se você é um Condutor, tende a ficar tão focado no conceito, no mercado e nos problemas do cliente que pode deixar de se conectar com a equipe e inspirá-la com a missão. A divisão de trabalho da dupla CONDUTOR-Expedicionário tem um benefício potencial concreto. Você, o Condutor, pode se concentrar nos aspectos comerciais da proposição de valor e do mercado, enquanto seu coconstrutor, o Expedicionário, usa a missão e o propósito para inspirar clientes e funcionários. Nessas circunstâncias, os Expedicionários podem se beneficiar de uma criatividade e produtividade que os Condutores sozinhos tendem a deixar passar. Para que essa combinação entre mercenário e missionário dê certo, os construtores precisam tomar várias decisões para equilibrar o poder e o estilo dos dois. É por isso que classificamos essa dupla como neutra.

- **CONDUTOR-Capitão (positiva).** Essa parceria tem grandes chances de dar certo, porque o Condutor precisa

Crie parcerias com coconstrutores

de um braço direito capaz de mobilizar a produtividade da equipe. Se você é um Condutor, pode ficar tão focado no mercado, nas necessidades dos clientes e em suas ideias que a equipe talvez se sinta pouco valorizada e sem inspiração. O Capitão tem a delicadeza de entender suas intenções e lhe dar apoio ao mesmo tempo que faz, sem alarde, o que for preciso para alinhar a equipe. Como os pontos fortes podem se complementar nessa combinação, nós a classificamos como positiva.

Exploradores como principais tomadores de decisão

Se o coconstrutor entrar na aliança com sua capacidade de resolver problemas, poderá ser um bom aliado dos Exploradores. A única exceção é o Condutor, que também costuma ser controlador.

- **EXPLORADOR-Condutor (negativa).** É grande o potencial de conflito dessa combinação, porque o Explorador tem uma abordagem muito prática. Na verdade, algumas pessoas o consideram um maníaco por controle. O Condutor também quer que as coisas sejam feitas do jeito dele. Essa necessidade de controle dos dois, mesmo depois de esclarecer quem tem o direito à última palavra nas decisões, provavelmente resultará em conflito. Como Explorador, você pode precisar de ajuda em áreas que não constituem seu ponto forte natural, como o desenvolvimento da cultura e a gestão de talentos. Uma vez que essas áreas também não são pontos fortes naturais dos Condutores, classificamos essa aliança como negativa.

- **EXPLORADOR-Explorador (neutra).** Essa dupla de gêmeos tem um potencial tanto positivo como negativo. No lado positivo, os Exploradores tendem a trabalhar bem com outros pensadores sistêmicos. A abordagem estruturada deles proporciona um vocabulário em comum e um ponto de partida, bem como uma forma de resolver os problemas. O centro do conflito é o controle, uma de suas maiores necessidades. Se você for o Explorador primário, precisará abrir mão de parte do controle para manter seu braço direito comprometido e produtivo. Satisfeitas essas condições, a aliança tem potencial de ser positiva, mas nós a classificamos como neutra porque o tomador de decisão primário deve ir contra as tendências de seu tipo de personalidade para garantir o sucesso do relacionamento.

- **EXPLORADOR-Expedicionário (positiva).** Os construtores que compõem essa dupla têm um grande potencial de trabalhar bem juntos. Se você for um Explorador na função principal, aliar-se a um Expedicionário poderá liberá-lo para aplicar seu pensamento sistêmico aos problemas e às oportunidades, e você terá mais chances de aumentar o valor do empreendimento. Como essas questões tendem a ser operacionais e estruturais, o Expedicionário fica livre para imbuir sua visão funcional com uma missão elevada. Esse aliado mais flexível e empático pode inspirar maior fidelidade e comprometimento de clientes e funcionários. Classificamos essa dupla como positiva.

- **EXPLORADOR-Capitão (positiva).** Esse relacionamento tem bom potencial em grande parte pelas mesmas razões que a dupla anterior. Uma vez que o Explorador se convence da competência de uma pessoa, fica mais propenso a abrir mão do poder, mesmo que precise monitorar a situação para garantir que a decisão se justifica. O Capitão, como o Explorador, é um operador, mas com um estilo diferente. Entre os talentos do Capitão está a capacidade de operacionalizar por meio das pessoas, empoderando-as e alocando-as às funções e responsabilidades perfeitas para elas. De outro lado, o Explorador sente-se motivado a decifrar problemas espinhosos e operacionalizar uma solução. Essa dupla tem bom potencial e por isso a classificamos como positiva.

Crie parcerias com coconstrutores

Expedicionários como principais tomadores de decisão

Os Expedicionários, como os Condutores, tendem a se beneficiar mais de uma aliança com outro tipo de construtor, mas por motivos diferentes. Com o aliado certo, um Expedicionário pode vincular sua visão grandiosa aos aspectos operacionais práticos envolvidos na concretização dessa visão. A questão é saber se a visão do Expedicionário é flexível a ponto de conciliar as diferentes abordagens de liderança e gestão da personalidade construtora com a qual ele decidiu se aliar.

- **EXPEDICIONÁRIO-Condutor (negativa).** O estilo desses dois tipos de construtor pode ser bastante complementar (como vimos anteriormente na parceria CONDUTOR-Expedicionário). No entanto, essa aliança tem poucas chances de ser produtiva. O Expedicionário tende a começar em uma posição de empatia, usando seu propósito centrado na missão para motivar correligionários e clientes. A empatia abre uma vulnerabilidade que pode levar seu lado sensível a falar mais alto que o lado racional, levando-o a evitar as decisões difíceis que o crescimento requer. Teoricamente, o Condutor deveria ser um bom complemento. Contudo, a sensibilidade e a compaixão do Expedicionário podem confundir o Condutor, que tende a não ser muito ligado nessas dimensões. O Condutor aplica toda a sua energia para intuir o mercado e ter ideias de produtos para satisfazer às necessidades dos clientes. Por causa de tais diferenças, essa aliança em geral é negativa.

- **EXPEDICIONÁRIO-Explorador (positiva).** Com suas competências complementares, essa combinação tem um grande potencial. Para mobilizar os pontos fortes da dupla, os construtores precisam resolver suas diferenças quanto antes. O Expedicionário tende a se voltar para fora e se concentrar na missão da organização, o que leva a uma grande necessidade de se aliar a um braço direito capaz de dar conta dos aspectos operacionais da empresa. O ponto de atrito potencial são

CAPÍTULO SEIS

as posturas diferentes do Expedicionário e do Explorador em relação às pessoas. O Expedicionário tem profunda empatia e tende a confiar demais, enquanto o Explorador é mais racional que emocional no que diz respeito à confiança, concentrando-se na competência. Essas preferências diferentes se complementam, mas pode acontecer de cada um escolher seguidores à própria imagem, criando uma cultura dividida. De outro lado, se ambos reconhecerem esse conflito potencial e se dedicarem a administrar o possível problema, a dupla tem um grande potencial, e é por isso que a classificamos como positiva.

- **EXPEDICIONÁRIO-Expedicionário (neutra).** Essa dupla corre o risco de não ter ninguém dedicado aos detalhes operacionais do negócio. Os Expedicionários pensam no quadro geral e podem se beneficiar de aliados mais exigentes e orientados aos detalhes. Se vocês puderem contratar esse aliado mais focado nos aspectos operacionais, poderão realizar façanhas incríveis. Caso contrário, essa dupla de visionários tem poucas chances de levar o empreendimento para a frente, razão pela qual a classificamos como neutra.

- **EXPEDICIONÁRIO-Capitão (positiva).** Os construtores dessa parceria trabalham bem juntos. O Expedicionário precisa de alguém dedicado ao lado operacional do negócio, e o Capitão pode realizar bem essa função. É uma dupla muito focada nas pessoas. O Expedicionário usa a empatia e a capacidade de empolgar os funcionários com a missão, e o Capitão acredita que a pessoa certa na função certa pode atingir todo o seu potencial de produtividade e propósito. Essa abordagem, aliada a fronteiras claras para cada função, merece a classificação positiva.

 Capitães como principais tomadores de decisão

Se você é um Capitão, pode ser o coconstrutor mais compatível de nosso quarteto, o que não é de surpreender, considerando que você adora colaborar e chegar ao consenso. No entanto, seu estilo de liderança baseado no coletivo (nós) e não no individual (eu) não deve ser confundido com a incapacidade de traçar um plano claro. Como Capitão, você muitas vezes se concentra mais em alinhar os colegas com esse plano do que em participar de decisões em grupo. É por isso que nem todos os tipos de construtor são bons aliados para você.

- **CAPITÃO-Condutor (neutra).** Essa dupla tem potencial de dar certo se o Condutor for jovem e disposto a refrear suas tendências naturais para aprender o jogo com você. Como Capitão, você sabe naturalmente como canalizar as motivações da equipe para obter o melhor desempenho de cada um. Você é capaz de instituir um espírito de participação que muitos Condutores ambicionam criar para conquistar o mercado. Por ser um Capitão, sua tendência é delegar os detalhes operacionais, e não vê problema algum em delegar os detalhes da comercialização a um aliado Condutor e lhe dar carta branca para atuar como quiser. De outro lado, se o Condutor tiver mais ou menos a mesma idade e experiência que você, a aliança pode ser bastante problemática. Você, o Capitão, tende a esperar que seu braço direito coloque as pessoas em primeiro lugar e empodere a equipe, mas o Condutor não tem uma propensão natural a fazer nenhuma das duas coisas. É por isso que classificamos essa parceria como neutra.

- **CAPITÃO-Explorador (positiva).** Como a dupla EXPLORADOR-Capitão, essa parceria tem bom potencial, já que suas preferências são complementares. O Capitão tem talento natural para mobilizar os conhecimentos e as experiências das pessoas e consegue ficar acima dos problemas do dia a dia. Essas características complementam os pontos fortes do Explorador, que gosta de usar seu pensamento sistêmico e os fatos para controlar os aspectos operacionais do negócio. O problema potencial dessa dupla está na abordagem diferente de cada um em relação aos funcionários. O Capitão quer empoderá-los e o Explorador mantém fronteiras rigorosas em torno da função deles para garantir a adesão de todos ao sistema.

CAPÍTULO SEIS

Ao se aliar a um Explorador, o Capitão pode contar com um robusto braço direito operacional e, de preferência, ensinar seu coconstrutor a mobilizar ainda mais o potencial das pessoas flexibilizando as fronteiras e empoderando os funcionários. Classificamos essa dupla como positiva.

- **CAPITÃO-Expedicionário (positiva).** Essa combinação tem grande potencial pela mesma razão que a dupla anterior: a complementaridade. O Capitão não se importa de abrir mão do poder em troca dos pontos fortes de seu braço direito. Com essa aliança, você se beneficiará da bandeira que o Expedicionário traz consigo sem ser vítima das deficiências operacionais dele, as quais, aliás, poderão ser sanadas mobilizando o poder das pessoas. Consideramos essa dupla positiva.

- **CAPITÃO-Capitão (neutra).** Levando em conta que uma semelhança excessiva reforça os pontos fracos, essa aliança pode acabar em conflito. Ao contrário de outras duplas de iguais, uma parceira de Capitães é potencialmente problemática, já que esse tipo de personalidade construtora tende a resolver os problemas imediatos e não ter a visão mais ampla e voltada para o futuro dos outros tipos. Uma dupla de Capitães pode deixar passar uma mudança no mercado, o que tem mais chances de acontecer em setores em rápida evolução, como o tecnológico. O potencial para uma surpresa fatal nos leva a classificar essa parceria como neutra.

Em resumo, sempre que duas pessoas decididas, ambiciosas e confiantes se aliam, é possível esperar resultados incríveis. As parcerias de coconstrutores podem ser extremamente eficazes, desde que fique claro quem tem o direito à última palavra nas decisões e quais são as áreas de responsabilidade de cada um, tanto entre eles como em relação à organização como um todo. Estabelecer uma aliança tomando conhecimento dos pontos fortes e fracos da personalidade de cada um como base deve aumentar a produtividade do diálogo e das negociações.

Crie parcerias com coconstrutores

1 + 1 É UMA SOMA, MAS 1 + 2 É UMA MULTIPLICAÇÃO

São várias as combinações e permutações possíveis de relacionamentos entre coconstrutores, desde alianças de duas pessoas até equipes maiores, como as que fundaram a Warby Parker e o Pinterest. Às vezes, cofundadores inicialmente empolgados perdem o interesse ao deparar com as dificuldades da construção de uma empresa e ficam na equipe por pouco tempo, deixando para um ou dois membros originais a missão de continuar o empreendimento.

Nossas experiências e pesquisas sugerem que as dificuldades mais se multiplicam que simplesmente se adicionam a cada pessoa a mais envolvida no projeto. De outro lado, incluir mais gente pode ajudar a evitar impasses irreconciliáveis. Portanto, não descarte a possibilidade de se aliar a duas ou mais pessoas. Não se esqueça de nosso conselho de deixar bem claro desde o início qual vai ser a participação de cada coconstrutor para evitar desentendimentos mais adiante.

A FUNDAÇÃO DO AIRBNB POR UM TRIO DE COCONSTRUTORES

Dois designers e um engenheiro entraram em um bar... Bem, na verdade, eles se encontraram em outro lugar, mas, em conversas para repensar a experiência de ficar hospedado em sofás na casa de amigos, surgiu a ideia de democratizar o setor da hotelaria. Para criar o Airbnb, o Condutor Joe Gebbia e o Expedicionário Brian Chesky se encarregaram do design e da experiência dos hóspedes e anfitriões, e o Explorador Nathan Blecharczyk cuidou da engenharia. E assim abriram um novo mundo de casas e apartamentos particulares para visitantes de todo o planeta.

"Foi uma aliança bem diferente, e atribuo grande parte de nosso sucesso a essa combinação", diz Blecharczyk. "Cada um vê as coisas de um jeito, porque temos formações diferentes, mas descobrimos que isso pode ser uma grande vantagem. Costumamos demorar um pouco mais para conciliar nossos pontos de vista, porém percebemos que, conversando e negociando, podemos nos sair com uma solução superior, que leva em conta todas as perspectivas."[4]

CAPÍTULO SEIS

Se você estiver pensando em se aliar com mais de uma pessoa, sugerimos se concentrar primeiro na aliança básica: duas pessoas e a personalidade de cada uma. Se conseguir resolver a química dessa dupla, pode estar pronto para enfrentar a matemática superior de trios, quartetos e mais.

O QUE FAZER EM SEGUIDA

Se você é um construtor que pensa em firmar uma parceria com outro construtor, sugerimos que analise ponderadamente o tipo de acordo que está procurando (quem deve fazer o quê). Em seguida, explore as motivações de cada um e os estilos de tomada de decisão, liderança e gestão.

Se vocês ainda não sabem qual é a personalidade construtora de cada um, podem começar visitando nosso site — www.builtforgrowth.com — para fazer o teste. Depois disso, discutam como os tipos se complementam, se alinham ou entram em conflito para saber se chegam a um consenso para lidar com as situações. Essas questões são bons pontos de partida para uma conversa mais produtiva (uma espécie de acordo pré-nupcial entre os construtores, por assim dizer), possibilitando-lhes beneficiar-se ao máximo das ambições de ambos para construir juntos o empreendimento.

Deixe as negociações para depois da conversa

As pessoas costumam achar que as questões entre sócios devem ser negociadas, não raro, com o envolvimento de advogados. Essa abordagem quase presume (e às vezes até cria) um tipo de queda de braço. Com isso, os (talvez) futuros sócios perdem a chance de ter uma conversa mais franca sobre questões importantes, que poderia esclarecer o que é realmente relevante para cada um.

Por exemplo, você pode achar que ambos têm o mesmo interesse por fatores como cargo e remuneração quando, na verdade, não têm. Talvez um de vocês esteja muito mais interessado em cuidar das vendas ou do marketing lidando direto com os clientes, enquanto o outro prefere atuar nos bastidores ou ainda se encarregar do design e da engenharia.

Crie parcerias com coconstrutores

Sugerimos uma abordagem um pouco diferente para conversar sobre essas questões e chegar a um acordo informal antes de chamar os advogados. É uma abordagem antiquada: uma conversa direta e pessoal, com os dois ouvindo o que o outro tem a dizer e refletindo sobre o que ouvem.

Nessa conversa inicial, vocês podem sentir-se agradavelmente surpresos ao perceber que os pontos de acordo são muito maiores do que os de desacordo, os quais vão exigir uma negociação franca e direta. Fizemos uma lista inicial na forma de perguntas de tópicos sobre os quais vocês devem conversar e refletir:[5]

- Qual é sua visão para o sucesso da empresa e qual seria o prazo para chegar lá?
- O que é importante para você no que diz respeito a essa visão e esse prazo?
- O que é mais importante para você em nosso trabalho para concretizar essa visão: dinheiro, reconhecimento, orgulho, liberdade de fazer de nosso jeito ou algum outro fator?
- Quais situações você acha que trazem à tona nossos pontos fortes e expõem nossas fraquezas? Por quê?
- O que você acha que cada um de nós quer do empreendimento?
- O você acha que deveremos fazer quando discordarmos?
- Qual é seu maior temor ou preocupação quanto ao futuro de nosso negócio?

Essas perguntas não são uma lista que deve ser conferida como se fosse um acordo de compra e venda entre parceiros ou uma série de requisitos para um acordo pré-nupcial. Essa lista é diferente porque a ideia é encorajá-los a explorar algumas questões profundas sobre o tipo de pessoa que vocês são. A personalidade de cada um inevitavelmente virá à tona à medida que vocês avançarem na construção do negócio, e é muito melhor já começar conhecendo bem um ao outro.

Vocês com certeza terão outras questões a resolver, e muitas delas provavelmente exigirão o envolvimento de advogados. Não esqueça que os advogados costumam ser excelentes em documentar um acordo já decidido pelos clientes e nem sempre precisam se envolver

CAPÍTULO SEIS

na negociação. As conversas francas e diretas com seu coconstrutor potencial no mínimo reduzirão as questões que vão precisar de resolução antes de vocês avançarem no processo de construção.

E provavelmente é uma boa ideia colocar esse acordo no papel com a ajuda de um advogado experiente. Muitos acordos informais viram pó porque na hora da briga cada um se lembra de uma coisa, sem mencionar o ressentimento que surge em parcerias que não deram certo.

Deixaremos o último conselho deste capítulo para Guy Kawasaki, que exprimiu muito bem a essência do que um excelente relacionamento entre construtores aliados precisa ter: "Algumas pessoas gostam de cuidar dos detalhes (microscópios). Outras gostam de ignorar os detalhes e se voltar para o quadro geral (telescópios). Uma startup precisa dos dois tipos de fundador para ter sucesso (giroscópios)".[6]

Crie parcerias com coconstrutores

CAPÍTULO SETE

RECRUTE SEU CÍRCULO DE ALIADOS
Escolha as pessoas que trabalham melhor com você

Os construtores que tentam fazer tudo sozinhos não conseguem ir muito longe. É mais fácil mobilizar seus prodigiosos talentos combinados com os talentos das pessoas. A perspectiva, os conhecimentos e o comprometimento delas podem multiplicar os atributos especiais de sua personalidade.

Se você é um construtor, vai precisar de uma equipe, não importa se vai chamar seus membros de funcionários, colaboradores, associados ou colegas. Você vai depender do talento e da dedicação de outras pessoas desde antes do lançamento até os estágios posteriores de um empreendimento de sucesso. E, como sugerimos em nossa descrição da dinâmica de crescimento da equipe (ou seja, reforçar os talentos individuais para aumentar o impacto colaborativo – capítulo 2), você enfrentará essas dificuldades de alinhamento de talentos de maneiras imprevisíveis e recorrentes. Este capítulo se concentra em abordar como você pode desenvolver, implementar e institucionalizar uma estratégia de recrutamento de talentos com base na química entre você e as pessoas das quais precisará para promover o crescimento da empresa.

Por nossa experiência, os melhores construtores escolhem sua equipe principal com a mesma ponderação que usam para pensar nos produtos, clientes e investidores (e alguns em até mais que isso). Exigem que seus subordinados diretos adotem os mesmos padrões para contratar seus assistentes, que, por sua vez, fazem o mesmo em toda a organização, replicando o mesmo DNA de talentos por toda a empresa. Uma forma de decidir se o candidato a membro da equipe se alinha a seu estilo e a sua organização é fazer três perguntas-chave:

1. **Quais as motivações e as prioridades profissionais do candidato?** Ele vê o trabalho apenas como um meio para pagar as contas e bancar seu estilo de vida e busca a realização pessoal em atividades externas? Ou considera o trabalho uma expressão de quem ele é, definindo uma parte importante do sentido de sua vida?

2. **Que tipo de ambiente de trabalho e cultura traz à tona o melhor do candidato?** Ele gosta mais de trabalhar com orientações claras e específicas ou em um ambiente mais aberto e livre? Prefere trabalhar em estreita colaboração com colegas em equipe ou é mais produtivo trabalhando sozinho? Trabalha melhor em um ambiente no qual recebe apoio e pode aprender e desenvolver relacionamentos ou prefere um ambiente especializado, exigente e transacional?

3. **Em que ponto da trajetória profissional a pessoa está?** O candidato está no início da carreira, em busca de uma oportunidade de aprender, ou mais à frente, querendo aplicar os conhecimentos e as experiências que acumulou? Se estiver no início da carreira, a abordagem e o estilo do candidato são flexíveis, fazendo dele um bom aprendiz? Se for o caso, você precisa decidir se sua cultura tem interesse e os recursos necessários para treinar aprendizes. De outro lado, se o candidato estiver em estágios mais avançados da carreira, a questão do alinhamento com o estilo do construtor é fundamental, em especial para cargos mais elevados. Um bom alinhamento entre um membro da equipe sênior e

CAPÍTULO SETE

o construtor pode ser extremamente produtivo para os dois, e a incompatibilidade pode sair muito caro.

Com essas perguntas de seleção em mente, bem como o estilo e as preferências de cada construtor, vejamos como cada personalidade pode escolher os membros da equipe com os quais terá maior chance de trabalhar bem.

O manual do Condutor
Mande sua equipe apertar o cinto!

Os Condutores são motivados e intensos. Como Condutor, sua intensidade se fundamenta na confiança de que seus produtos e serviços atendem exatamente à necessidade do mercado, mesmo que o mercado ainda não saiba disso. Para você, a aceitação do mercado é como uma forma de validação pessoal. Essa tendência de esperar a perfeição talvez não se ajuste muito bem a alguns membros da equipe, enquanto outros podem encontrar uma grande fonte de inspiração em seu estilo.

Os Condutores têm altas expectativas em relação a seus seguidores. Como um técnico exigente que força o time a redobrar a intensidade do treinamento ou que critica agressivamente um jogador por errar um lance na quadra, você é um chefe difícil. Esse estilo rude pode render vitórias que acabam compensando todo o sofrimento e constrangimento ao longo do caminho. No entanto, os membros da equipe não podem esperar muito carinho com você na liderança.

Ser colega ou subordinado de um Condutor costuma exigir um atributo que em geral não consta do currículo da maioria dos candidatos: grande resistência a críticas. Como Condutor, você tende a ser especialmente rigoroso com as pessoas, e seu foco intenso pode torná-lo menos sensível aos sentimentos e ao orgulho ferido delas. Talvez você já tenha sido surpreendido com a perda de um valioso colega que decidiu se afastar por causa disso.

O empreendimento de um Condutor pode não ser o melhor lugar para uma pessoa que acha que o trabalho não passa de um emprego qualquer e busca a satisfação na vida fora do escritório. Como Condutor, você espera que todos sejam tão motivados e perfeccionistas quanto você. É rigoroso e tem exigentes expectativas de desempenho. Esse tipo de ambiente tende a ser mais adequado para pessoas que se consideram especialistas e gostam de trabalhar sozinhas. Os melhores membros de sua equipe podem estar nas extremidades de sua trajetória profissional, ou seja, pessoas mais experientes acostumadas com esse tipo de cultura ou aprendizes dispostos a trabalhar em uma organização exigente em troca de aprendizado.

Você não costuma se dedicar a garantir uma cultura aberta, colaborativa e flexível na organização. Em sua busca impaciente por resultados e responsabilidades, tende a ignorar estruturas hierárquicas tradicionais, hábito que pode pegar seus coconstrutores de surpresa. Você pode até permitir uma hierarquia tácita de acordo com o nível de experiência, resultados e motivação, promovendo, formal e informalmente, as pessoas que demonstram esses três atributos.

Seus correligionários mais valiosos são as pessoas que conquistaram sua confiança satisfazendo rigorosas expectativas em diferentes iniciativas. Talvez essas pessoas sejam as mesmas que ajudaram a empresa a entender melhor o mercado, a diferenciar o produto ou ambos.

Mesmo não admitindo, é provável que você encare a maioria dos aliados como recursos dispensáveis e não como verdadeiros colaboradores em uma empreitada comum. Você pode ter de se controlar para não perguntar em voz alta "O que você já fez por mim?" toda vez que tem de lidar com os funcionários mais abaixo na hierarquia. É importante encontrar um jeito de definir e mensurar o sucesso de maneiras que a equipe possa entender. Para você, o que é mais importante: as vendas, os lucros, o crescimento, a participação de mercado, a avaliação de sua empresa no mercado financeiro em relação aos concorrentes, o reconhecimento no setor, riqueza pessoal ou outra métrica?

Todos os construtores desejam o sucesso, mas, para os Condutores, o sucesso é fundamental para a sobrevivência. Você pode ser rude e impaciente diante de um desempenho abaixo do espe-

CAPÍTULO SETE

rado. Porém, se os membros da equipe conseguirem tolerar, ou até curtir, sua intensidade por vezes exaltada, podem ganhar um lugar no barco... e, talvez, até viajar a seu lado.

 O laboratório do Explorador
Monte a equipe certa para encontrar a próxima solução

Se você é um Explorador, prefere funcionários que compartilhem sua curiosidade prática e vontade de encontrar soluções inteligentes e comercialmente viáveis para grandes problemas dos clientes. Você pode se entediar com os aspectos mundanos das operações de sua empresa, por mais necessários que sejam para o sucesso do negócio. Pensando nisso, qual tipo de equipe se adapta melhor a sua personalidade?

Como acontece com o Condutor, sua empresa não combina com pessoas que consideram o trabalho um emprego qualquer. Os Exploradores têm grandes expectativas, e seu pensamento sistêmico permeia quase todas as suas interações. Essa expectativa cultural cria um ambiente mais adequado a colaboradores que encontram no trabalho sua maior fonte de satisfação. Uma vez que seu principal objetivo, como Explorador, é encontrar soluções brilhantes para os problemas do cliente, você pode criar culturas empolgantes para a colaboração individual e em equipe, mas essas culturas costumam não dar muito apoio aos funcionários.

A experiência e o conhecimento reinam supremos. Seu empreendimento não é o lugar ideal para um aprendiz, a menos que este se disponha a ser um estudante dedicado, aprenda rápido e não se deixe abater pelas críticas provocadas por seus inevitáveis erros de iniciante. Um especialista funcional mais experiente, de outro lado, é o tipo de colaborador ideal para sua equipe, podendo se encarregar de áreas que você não considera interessantes, mas que são fundamentais para escalar a empresa.

Você precisa de uma equipe que não se incomode com uma intensa concorrência intelectual. Como você não tem paciência para tolices, seu pessoal tem de provar que sabe o que faz. As soluções são importantes. Afinal, elas são a moeda mais valiosa da organização.

Você não quer uma equipe composta de clones seus. Para fazer sua empresa crescer, vai precisar de pessoas com criatividade analítica e tenacidade em outras áreas funcionais, mesmo que por vezes você as negligencie. Provavelmente, essas pessoas com conhecimentos em áreas que não o interessam (como recursos humanos, gestão da cadeia de fornecimento ou finanças) terão muito mais liberdade para trabalhar em sua organização, e isso pode se traduzir em uma ferramenta maravilhosa de recrutamento para atrair talentos excepcionais a sua equipe nessas áreas.

Se você achar que realmente precisa dominar uma dessas áreas, tudo bem, mas tome cuidado: seus questionamentos podem ser vistos como críticas e desgastar o espírito de grupo e a responsabilidade, fundamentais para a eficácia das equipes.

Ainda que você seja um Explorador bastante talentoso, vai precisar de pessoas com outros conhecimentos e habilidades para atingir o potencial máximo das soluções de produtos, tecnologias e serviços desenvolvidos por você e sua equipe. O crescimento de seu negócio pode depender mais de pessoas que repliquem a solução que você já desenvolveu do que de colegas que o ajudem a resolver o próximo problema. Procure gente preparada para manter as coisas funcionando – pagar as contas, lidar com o pessoal, entregar o produto ou serviço a tempo e manter os clientes satisfeitos. Com isso, você ficará livre para fazer aquilo de que mais gosta: resolver problemas.

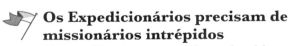

Os Expedicionários precisam de missionários intrépidos

Compartilhando e carregando sua bandeira

Como Expedicionário, você é um líder de visão abrangente. Concentra-se na missão de sua organização e quer funcionários alinhados com ela. Atrás apenas dos Capitães, orgulha-se do grupo fiel de seguidores que atraiu para a causa. Entretanto, por ser um Expedicionário, precisa de mais do que apenas correligionários leais. Você também precisa de especialistas para operacionalizar e escalar sua missão, pessoas experientes, sobretudo em áreas

CAPÍTULO SETE

como finanças, operações ou recursos humanos, que podem não ser seu ponto forte natural.

Você tem de cercar-se de pessoas que apresentem a tenacidade e a dedicação dignas da cruzada que está liderando. Para isso, é necessário buscar pessoas dispostas a investir no trabalho mais do que apenas tempo. Os membros ideais da equipe de um Expedicionário acreditam que o trabalho faz parte de sua identidade e abraçam de corpo e alma a visão da empresa. Esses funcionários precisam gostar do ambiente de trabalho livre e flexível que você costuma preferir, reforçado por sua crença na necessidade de dar condições para que as pessoas cresçam, trabalhem juntas e aprendam por meio dos relacionamentos pessoais.

O candidato ideal para entrar em sua equipe deve ser motivado pelo encanto por sua cruzada, mas também precisa se sentir à vontade em um ambiente incerto e ter uma atitude do tipo "faça você mesmo".

Os Expedicionários podem ser vulneráveis a uma armadilha de contratação que notamos em líderes desse tipo de construtor: sua tendência a achar que a lealdade pessoal e o compromisso com a missão levam necessariamente à competência. Se você é um Expedicionário e estiver contratando uma pessoa para atuar em uma área funcional especializada, peça a opinião e a ajuda de um membro do conselho ou outro especialista para verificar se o candidato de fato tem a competência técnica necessária para o cargo.

Os membros de sua equipe podem ficar frustrados com sua dificuldade de traduzir o zelo genuíno deles nos detalhes do trabalho do dia a dia. Uma solução básica para essa frustração é detalhar para eles a missão da empresa e explicar como as atividades cotidianas da equipe podem ajudar a atingir esse objetivo, ou seja, mostrar aos membros da equipe como eles podem efetivamente abraçar a bandeira da empresa. Em outras situações, a solução pode exigir um planejamento operacional mais detalhado de que toda equipe precisa.

Abra um canal de comunicação com os novos recrutas e lembre os veteranos da importância do trabalho deles para a causa da empresa. Eles precisam saber que estão carregando a bandeira

Recrute seu círculo de aliados

com você. Se você é um Expedicionário, seus funcionários podem achar intenso ou até um pouco extravagante trabalhar em sua empresa, mas provavelmente também foram motivados por sua visão quando se candidataram a ingressar em sua cruzada.

ESCLARECER AS ORDENS DO CAPITÃO
Punhos de ferro em luvas de pelica

As pessoas escolhidas por um Capitão para entrar na equipe têm muita sorte. O Capitão tende a promover uma dinâmica de equipe positiva na construção de sua empresa. No entanto, por ser comprometido com resultados fenomenais, exige, de todos os membros da equipe, um desempenho correspondente a suas expectativas. Se você é um Capitão, desafia, motiva e ajuda os membros da equipe. Consegue trabalhar bem com pessoas em vários estágios de evolução na trajetória profissional: aprendizes ávidos por aprender, pessoas em busca de um líder exemplar ou indivíduos mais experientes em busca do cargo ideal para poder aplicar seu conhecimento.

Considerando o foco do Capitão na equipe, as empresas lideradas por esse tipo de construtor são os melhores lugares para desenvolver talentos em todas as áreas e estágios da trajetória profissional. Você, o Capitão, até pode tolerar culturas e estilos mais abertos e flexíveis, mas não deixe as pessoas confundirem essa característica com falta de responsabilidade ou discernimento claro de cada função. Aliás, você usa essas duas ferramentas importantíssimas com maestria para afastar logo os funcionários de desempenho insatisfatório.

Você espera que as pessoas colaborem para atender bem o cliente e atingir os objetivos da empresa. Em troca, cria condições para que elas aprendam e melhorem continuamente.

O moral da equipe e a cultura lhe são muito importantes. Você e sua equipe precisam saber conciliar sua tendência a valorizar as pessoas com suas elevadas expectativas de excelentes resultados. A expressão "punhos de ferro em luvas de pelica" traduz bem esses dois lados de seu modo de liderar.

CAPÍTULO SETE

Na qualidade de Capitão, você não busca o consenso nem quer criar vínculos de camaradagem ao redor de uma fogueira com seu pessoal. Só deseja uma boa maneira de harmonizar e alavancar as competências coletivas para enfrentar os desafios que o futuro reserva para o empreendimento. O equilíbrio entre dar condições para a equipe se desenvolver e as altas expectativas leva as pessoas a se responsabilizar por seus resultados.

Você provavelmente é o melhor ouvinte dos quatro tipos de construtor e tende a pedir e ouvir as opiniões e ideias de seu pessoal. A esperança é que eles se beneficiem desse canal de comunicação aberto.

Chamamos seu tipo de construtor de "Capitão" porque você gosta de colocar as mãos na massa ao lado da equipe. Você é um pouco como o capitão de uma equipe esportiva, decidindo as jogadas, fazendo substituições, avaliando o jogo, elevando o moral e também jogando lado a lado com os outros atletas. Em geral, trabalhar em um ambiente como esse é empolgante para as pessoas em virtude das oportunidades e da visibilidade que podem surgir de atuar lado a lado com um construtor tão empenhado.

No entanto, você precisa deixar claro que o convite para trabalhar lado a lado com você pode ser facilmente revogado se o desempenho das pessoas cair. Sua mensagem é clara: "Não é nada pessoal; basta vocês continuarem dando conta do trabalho!".

GESTÃO DE TALENTOS PARA TODOS OS TIPOS DE CONSTRUTOR

É claro que outros fatores devem ser considerados ao preencher os cargos determinantes para construir e desenvolver a empresa. Observe as recomendações a seguir para uma estratégia geral de gestão de talentos.

- Como já dissemos, se você é um Condutor ou um Explorador, pode ser um bom mentor para jovens talentos que pensam como você e topam encarar altas expectativas e críticas diretas para aprender. À medida que você escala o negócio, uma questão importante é decidir se deve continuar contratando pessoas com esse perfil e estimular sua equipe de gestão a fazer o mesmo, incutindo esse tipo de mentoria como um

Recrute seu círculo de aliados

valor central de sua empresa. Estudamos muitos exemplos de empresas, e as que priorizaram a mentoria tiveram mais facilidade para escalar o negócio.

- Os Expedicionários costumam criar ambientes propícios e colaborativos de aprendizado que podem ser ideais para desenvolver jovens talentos. As competências e o compromisso com a mentoria devem estar presentes em todas as áreas da empresa para realizar o sonho de criar um ambiente de aprendizado.
- Como vimos, se você é um Capitão, consegue criar um ambiente que propicia o sucesso tanto para jovens talentos como para gestores mais experientes. Você gosta de alocar as pessoas a posições desafiadoras, mas não a ponto de estafá-las. Em consequência, sua equipe de gestão acaba replicando essa abordagem e desenvolvendo os talentos internamente. Você pode estar recrutando e ajudando esses jovens potenciais, porém deixe claro aos candidatos que terão de mostrar serviço.

A Figura 7.1 apresenta as combinações entre personalidades construtoras e candidatos a emprego com mais chances de sucesso no que se refere a motivação, ambiente de trabalho, preferência cultural e estágio na trajetória profissional.

Nem sempre os empreendimentos morrem na praia por causa de produtos ruins, péssimos modelos de negócio, fundos insuficientes ou clientes desinteressados: falham por não conseguir acertar a dinâmica da equipe e a cultura da organização. Ou seja, você pode realizar um excelente trabalho vendendo sua solução e fazendo a empresa decolar e depois vê-la ir por água abaixo por falta de uma equipe eficaz e de alto desempenho composta de pessoas talentosas para escalar o negócio. Munido das dicas apresentadas neste capítulo, você pode aumentar as chances de acertar na importante adaptação de sua personalidade construtora à personalidade das pessoas que você vai contratar (que também escolhem trabalhar com você) para a equipe que vai ajudar a desenvolver seu empreendimento.

CAPÍTULO SETE

FIGURA 7.1

Alinhamento entre personalidade construtora e candidatos a emprego

PERSONALIDADE CONSTRUTORA / Características do candidato	CONDUTOR	EXPLORADOR	EXPEDICIONÁRIO	CAPITÃO
Expectativa para o trabalho É só um emprego				✓
O trabalho faz parte de sua identidade	✓	✓	✓	✓
Ambiente de trabalho e cultura Rigoroso	✓	✓		
Aberto e flexível			✓	✓
Estilo do trabalho em equipe Solitário	✓	✓	✓	
Voltado para ajudar, baseado em relacionamentos			✓	✓
Exigente, baseado em transações	✓	✓		
Estágio na trajetória profissional* Aprendiz	✓ (Se for alinhado com a cultura e o estilo)	✓ (Se for alinhado com a cultura e o estilo)	✓	✓
Experiente	✓	✓	✓	✓

* Escolhemos nos concentrar nos estágios iniciais e posteriores da trajetória profissional dos candidatos. O alinhamento é especialmente importante no início da carreira, quando os candidatos ainda estão desenvolvendo seu repertório de competências e estilo, aumentando as chances de o construtor direcionar esse repertório. Já os candidatos em estágios posteriores da trajetória profissional podem escolher onde aplicar suas competências e conhecimentos e ser mais exigentes ao buscar o alinhamento certo com o construtor.

Recrute seu círculo de aliados

CAPÍTULO OITO

ATRAIA OS MELHORES PATROCINADORES FINANCEIROS
Alimente a visão com o capital certo

Até que ponto a personalidade construtora é importante para os patrocinadores financeiros de startups? Veja a opinião de Paul Maeder, diretor-administrativo da Highland Capital Partners e ex-presidente do conselho da National Venture Capital Association: "Eu sei o que procurar dependendo do tipo de personalidade do construtor. [...] Isso é praticamente tudo. Não invisto em empresas. Invisto na carreira das pessoas".[1]

Neste capítulo, veremos como você pode atrair, selecionar e colaborar com os melhores investidores (se estiver construindo uma startup) ou o melhor patrocinador executivo (se estiver construindo um novo empreendimento em uma organização) para seu tipo de personalidade construtora. A maior dificuldade nessas duas situações é encontrar um patrocinador com estilo e interesses estratégicos que se adaptem aos seus.

A diferença entre os patrocinadores financeiros (ou seja, investidores) de novos empreendimentos está no que eles consideram fundamental para o sucesso da empreitada: o produto, o tamanho do mercado, o ajuste entre o produto e o mercado, o timing etc. Entretanto, praticamente todos eles concordam que as características pessoais do construtor e a química entre o

Atraia os melhores patrocinadores financeiros

construtor e sua equipe estão entre os fatores mais importantes para decidir investir ou não no empreendimento, e a maioria dos investidores externos com quem conversamos disse que concentra grande parte da análise no construtor.

Considerando essas respostas, achamos curioso poucos acadêmicos, especialistas em administração empresarial e outros observadores da área dedicarem tempo à análise sistemática da questão da personalidade construtora. Sem uma metodologia rigorosa e comprovada para classificar e identificar os diferentes tipos de construtores de sucesso, a única fonte de orientação até então eram relatos e casos. No entanto, nossa técnica de agrupamento baseado em personalidade (veja o Apêndice A) proporciona um esquema para analisar como as motivações, preferências e comportamentos de cada personalidade definem como diferentes tipos de construtor administram seus empreendimentos e os fazem crescer.

Se você conhecer bem sua personalidade construtora, poderá avaliar ponderadamente seu alinhamento com os investidores potenciais e vice-versa. Por nossa experiência, os interesses e as preferências de alguns investidores se alinham mais ou menos com cada personalidade. Usando nossa ferramenta Builder Personality Discovery™ (BPD, ou Descoberta da Personalidade Construtora), você e seus patrocinadores potenciais podem decidir se vale ou não a pena firmar uma aliança. Investidores experientes sabem que devem criar um vínculo de confiança com os construtores e as equipes em que investem. Isso faz muito sentido, tanto em termos de bom senso como de resultados financeiros. Afinal, a adequação do produto ao mercado pode ser inviabilizada quando construtores e patrocinadores não se adaptam.

Nas páginas a seguir, analisaremos cada perfil de personalidade construtora aos olhos de investidores independentes, como empresas de capital de risco ou empresas de private equity, bem como patrocinadores corporativos no caso de empreendimentos internos. Antes, porém, vamos começar falando sobre as diferenças entre startups independentes e empreendimentos corporativos no que diz respeito ao financiamento.

CAPÍTULO OITO

PATROCINADORES DE CONSTRUTORES
INDEPENDENTES E CORPORATIVOS
É bom que tenham mentalidades parecidas, mas não idênticas

Os investidores de construtores independentes e os patrocinadores executivos visam o crescimento do negócio. No entanto, as abordagens dos dois tipos de patrocinador financeiro costumam ser diferentes. Empresas de capital de risco, investidores-anjo e investidores de private equity costumam investir em empreendimentos independentes em estágios iniciais buscando beneficiar-se de oportunidades ignoradas ou negligenciadas pelas empresas. Já os patrocinadores corporativos patrocinam construtores internos para lançar novos empreendimentos dentro de uma organização ou, em alguns casos, adquirir empresas criadas por construtores empresariais.

Tanto a construção de empreendimentos corporativos quanto a de empreendimentos independentes satisfazem a definição de empreendedorismo proposta por Howard Stevenson, professor da Harvard Business School: "Procurar oportunidades além dos recursos controlados". Contudo, os empreendedores corporativos, ao contrário dos independentes, precisam garantir o alinhamento estratégico com os interesses da empresa. Devem ter acesso a verba, equipe e outros recursos alocados a outras atividades ou mercados e repensar o processo decisório, os sistemas de gestão e a cultura da equipe para garantir a agilidade e a informalidade necessárias para lançar um novo empreendimento.

Se você é um construtor que atua em uma organização, a vantagem é que já tem o que os construtores externos precisam lutar para garantir: financiamento potencial, tecnologia, instalações, talentos e até clientes. Entretanto, muitas vezes esses recursos são mais como produtos expostos na vitrine de uma loja: bons de imaginar, mas difíceis de obter. O construtor corporativo tem de aprender a mobilizar tais recursos fazendo alianças com as pessoas encarregadas de controlá-los.

Se você é um construtor interno, seus patrocinadores potenciais aplicam parâmetros diferentes se comparados aos investidores de capital de risco. Os patrocinadores externos procuram um

Atraia os melhores patrocinadores financeiros

caminho claro para uma saída lucrativa e rápida, já que sua principal métrica é a taxa interna de retorno (TIR), muito sensível ao tempo que o capital fica investido. Enquanto o investidor de risco tem uma carteira de investimentos e supõe que mais de 10% deles resultem em perda total de capital, os patrocinadores corporativos usam restrições mais rigorosas.

Os investidores de empreendimentos internos fazem a avaliação pelas lentes do custo de capital e do retorno sobre o investimento da empresa. Seu foco em criação e captação de valor está relacionado com o potencial do empreendimento de gerar lucros, crescimento ou ambos, em vez de uma saída lucrativa. Assim, os empreendimentos dentro de grandes organizações têm de apresentar um potencial de escala muito maior que os empreendimentos externos para serem considerados investimentos.

Os patrocinadores internos estão mais voltados para o longo prazo, apesar da pressão que sofrem (assim como você) para mostrar retorno rápido ao mercado ou a acionistas impacientes. Quando um patrocinador corporativo adquire um empreendimento independente, ele (e você, se é você quem está vendendo esse empreendimento) precisa analisar se a aquisição apresenta um alinhamento estratégico e cultural com o ambiente, as competências e a rede de clientes da empresa. Porém muitas aquisições, se não a maioria, não apresentam esse alinhamento.

Considerando tais informações, vejamos como sua personalidade construtora se alinha com os investidores potenciais.

ABASTECENDO O CONDUTOR
Encontre o combustível certo na forma de capital

O melhor patrocinador para um Condutor é aquele focado na adequação entre o produto e o mercado. Alguns investidores veem esse ajuste como uma espécie de ingrediente mágico e não se importam muito com o tipo de construtor responsável pela criação do produto. Andy Rachleff, cofundador da Benchmark Capital, famosa empresa de capital de risco do Vale do Silício, explica sua lógica: "No setor da tecnologia, acredito que o sucesso

CAPÍTULO OITO

acontece quase exclusivamente em função de a empresa conseguir encontrar ou não o ajuste do produto ao mercado. Não tem nada a ver com perseverança, trabalho duro ou personalidade. Se você tiver o ajuste certo entre produto e mercado, pode ser o pior executivo do mundo e mesmo assim atingir um enorme sucesso. De que outra maneira se explica que jovens de 24 anos liderem empresas de bilhões de dólares? Em minha cabeça, os arquétipos de personalidade não importam muito".[2]

Se você é um Condutor, essa ênfase na criação de um produto perfeito para as necessidades do cliente o beneficia, por atrair investidores externos como Rachleff, que buscam as soluções que você apregoa com tanta confiança (desde que você consiga bancar a ideia com uma boa aceitação do mercado). O investidor ideal para sua personalidade mantém um equilíbrio ponderado entre empolgar-se com a visão de seu produto e não se deixar levar pela euforia e perder a objetividade. Você precisa que seu investidor se mantenha centrado no que diz respeito ao desenvolvimento do mercado e à maturidade tanto de sua linha de produtos como de seu mercado-alvo.

Ser absolutamente apaixonado por seu produto é ótimo, mas pode levar a uma avaliação exagerada nas negociações de financiamento, em especial nos estágios iniciais de seu empreendimento. Um investidor experiente pode ajudá-lo a ter uma visão mais realista da maturidade do mercado para fazer uma avaliação correspondente. A visão mais ponderada permite que vocês alinhem suas expectativas em termos de capital investido, avaliação e adequação do produto ao mercado.

Se você é um Condutor que trabalha em uma corporação, enfrentará três desafios. O primeiro será encontrar, na organização, o tipo certo de patrocinador para o empreendimento. É possível que sua ideia simplesmente não seja compatível com os interesses estratégicos ou os recursos da empresa. A maioria das organizações prefere não investir em novos negócios na ausência de um alinhamento estratégico.

Atraia os melhores patrocinadores financeiros

Se o empreendimento proposto se alinhar com a visão da empresa, você se verá diante de um segundo obstáculo: encontrar maneiras de estruturar o investimento para conseguir o apoio financeiro necessário no momento certo e, ao mesmo tempo, remunerar você e a equipe de acordo com o que vocês esperam para concretizar o empreendimento.

Ao negociar uma estrutura de remuneração para motivar você e a equipe, talvez você acabe em um beco sem saída, ante um sólido muro de políticas inflexíveis e a falta de precedentes na empresa, a menos que ela já tenha criado estruturas de investimento e remuneração para outros empreendimentos internos. Você pode ser mais propenso que os outros tipos de construtor a assumir parte dos riscos de suas ideias com seu patrocinador corporativo. Sabendo disso, você deve se preparar para sugerir estruturas originais e até novos modelos de negócio que reduzam os riscos para a empresa e lhe proporcionem uma remuneração maior em troca de sua disposição de assumir mais riscos e de sua capacidade de atingir determinadas metas. Ações fantasma (*phantom stock options*), a possibilidade de criar uma empresa derivada (*spin-off*) e a opção de recompra da participação em troca da possibilidade de seu empreendimento criar raízes fora da organização são exemplos do tipo de flexibilidade de que a empresa pode precisar para motivar e manter um ambicioso Condutor e sua equipe.

O terceiro desafio será você e seu patrocinador potencial concordarem que uma pessoa com personalidade como a sua pode criar um negócio promissor na empresa. Afinal, você, um Condutor, tende a ser o mais intransigente dos quatro tipos de construtor, e seu jeito de ser pode acabar se revelando problemático no ambiente corporativo. Sua personalidade costuma ser fácil de identificar justamente porque, em geral, sua aspereza, ambição profunda e clara autoconfiança se destacam na multidão de colegas mais tranquilos.

Seu patrocinador corporativo também precisa se dispor a sair do caminho para garantir o sucesso da ideia. Você já tem uma opinião formada do que será preciso fazer para levar sua ideia ao mercado, inclusive do tipo de pessoas que você pretende envolver no empreendimento. Portanto, não vai receber bem sugestões

CAPÍTULO OITO

para contratar pessoas que não se ajustem à intensidade operacional que você vislumbra para a empreitada.

Sua personalidade construtora também é a que menos se adapta ao resto da infraestrutura corporativa, como procedimentos orçamentários, protocolos de reuniões, especificações de sistemas de tecnologia da informação e políticas de contratação e remuneração de recursos humanos. Seu patrocinador precisa abrir caminho para Condutores como você, mas também se preparar para lidar com o tumulto que surge depois que você passa como um furacão. Você pode ser desestabilizador tanto no sentido positivo como no negativo, e seu patrocinador interno tem de ficar de olho nas consequências de suas ações. O ideal é que ele proteja a organização de você e você da organização, tomando o cuidado de manter as rédeas soltas para você poder agir com liberdade. A empresa patrocinadora pode estar precisando justamente de seu tipo de personalidade para revolucionar o mercado.

Na verdade, é difícil encontrar Condutores empreendedores trabalhando em corporações consolidadas. Eles costumam ser os primeiros a sair de uma grande empresa quando não conseguem convencer a organização da viabilidade de suas ideias. Tenha em mente, contudo, que a taxa de sucesso de parcerias entre Condutores e seus empregadores não é muito animadora, como revelou recente estudo da Accenture sobre o empreendedorismo corporativo: "Três quartos das grandes empresas acreditam que seus funcionários são suficientemente empreendedores, mas, de todos os empreendedores que trabalharam em uma grande empresa, 75% a deixaram por considerar impossível manter o empreendedorismo no ambiente corporativo".

Não faltam exemplos dessas relações problemáticas: desde os "oito traidores" que saíram da Fairchild Semiconductor para encabeçar a explosão de inovação no setor da alta tecnologia que acabou se transformando no Vale do Silício até Mark Cuban, que foi demitido de seus dois primeiros empregos corporativos e nunca mais voltou a trabalhar para ninguém. Alguns Condutores corporativos, aliados ao patrocinador certo, são capazes de alavancar seus talentos comerciais dentro de uma grande empresa. No entanto, muitos não conseguem e saem da organização para abrir

Atraia os melhores patrocinadores financeiros

o próprio negócio, não raro vendendo o empreendimento resultante a uma grande empresa incapaz de promover internamente o crescimento disruptivo. Para os patrocinadores corporativos e outros membros da alta administração, acreditamos ser melhor evitar a saída desses Condutores, já que uma aquisição costuma ser muito mais cara do que se adaptar à natureza agressiva de um Condutor que gera grande valor.

MAPEANDO O CAMINHO DO EXPLORADOR
Crie o ajuste certo

Os Exploradores costumam atrair investidores que pensam sistematicamente como eles. Se você é um Explorador, seu foco em resolver problemas difíceis criando soluções sistemáticas e pensadas em detalhes pode ser perfeito para empresas de capital de risco cujos sócios tenham formação ou experiência em engenharia. Os investidores, atraídos por sua capacidade de descrever as complexidades do problema e dar-lhe solução, podem criar um verdadeiro festival geek nas primeiras reuniões com Exploradores como você.

Alguns investidores podem se surpreender em saber que depois de certo ponto muitos Exploradores não são mais motivados pelo dinheiro. Ainda assim, uma boa remuneração em dinheiro ou em ações é uma das formas de motivar esses construtores e suas equipes.

A outra maneira de motivação é entrar com capital de investimento. Você, um Explorador, quer transformar sua solução engenhosa em um produto, uma linha de produtos e, se possível, em uma plataforma, o que requer o parceiro de investimento certo, que possa entrar com um fluxo constante de capital. Seu aliado financeiro ideal compartilha a mesma curiosidade voraz e o mesmo apetite por levar soluções sistemáticas ao mercado. O acesso ao capital para continuar inventando soluções pode ser muito mais interessante para um Explorador do que concretizar uma missão elevada ou grandiosa, como revolucionar o mercado ou promover uma transformação no setor.

CAPÍTULO OITO

Se você é um Explorador que trabalha em uma empresa, está focado em resolver problemas estrategicamente importantes para sua empresa? Essa pergunta não está relacionada com sua capacidade intelectual. Afinal, você tem o mesmo pensamento sistêmico, disciplinado e criativo que seus colegas construtores de empreendimentos independentes, como Brian Coester, Tom Phillips e Mark Bonfigli.

No entanto, os melhores patrocinadores corporativos sabem que nem todos os problemas têm valor estratégico e nem todo bom solucionador de problemas sabe construir um negócio. Não é tão fácil simplesmente tirar pessoas do departamento de engenharia ou do laboratório e presumir que se transformarão em empreendedores da noite para o dia. Cientistas, tecnólogos e engenheiros podem se destacar no processo de descoberta, mas em geral não têm talento para vender suas ideias. Pode ser por isso que menos de 1% das invenções patenteadas nos Estados Unidos geram lucro. Além disso, os objetivos estratégicos de sua empresa são importantes demais para serem deixados nas mãos de amadores.

Se você é um Explorador corporativo, pode ser interessante para você e seu patrocinador potencial pensarem como Capitães, montando uma equipe com habilidades complementares para alavancar e vender a solução proposta. Afinal, você provavelmente não vai precisar se preocupar com conflitos resultantes da divisão do patrimônio e com problemas de recrutamento que muitos empreendedores enfrentam, considerando que boa parte da equipe será formada por pessoas que já trabalham na empresa. Caso a administração decida em que e com quem as pessoas vão trabalhar, você pode se beneficiar da situação.

É grande a chance de que o acesso aos recursos humanos da empresa o ajude a concretizar o valor comercial de sua ideia. Norbert Berta, o Explorador que inventou a nova forma de comprimidos para a Johnson & Johnson, crucial para a recuperação da marca Tylenol, precisou mobilizar as competências dos colegas para concretizar o valor de sua ideia. Defina os tipos de talentos necessários para liderar sua nova empreitada nas cinco dinâmicas de crescimento e não relute em procurar dentro da empresa quem possa ajudar. Entretanto, tome cuidado para não aceitar as sugestões de seu patrocinador às cegas. Pode ser interessante

Atraia os melhores patrocinadores financeiros

lutar pela liberdade de contratar externamente outras pessoas de mentalidade analítica.

Como acontece em qualquer novo empreendimento dentro ou fora de uma empresa existente, talvez você tenha de enfrentar conflitos culturais. Os Exploradores tendem a não se concentrar demais no lado do empreendimento que envolve as pessoas, mas a cultura é muito importante para o patrocinador e para a empresa. Fique de olho em sinais de tensão e possíveis divisões culturais. Não estamos afirmando que o patrocinador espera necessariamente que o empreendimento seja um clone da empresa, porém você precisa garantir que a empreitada reflita os valores centrais nos quais a organização se fundamenta e em que os clientes confiam.

ALAVANCANDO OS TALENTOS DO EXPEDICIONÁRIO
Encontre sua rainha Isabel de Castela

Se você é um Expedicionário, seu patrocinador financeiro ideal é alguém com uma visão parecida com a sua e o temperamento e o capital necessários para bancar a empreitada. Você precisa de investidores mais parecidos com a rainha Isabel de Castela patrocinando Cristóvão Colombo do que com o ganancioso Gordon Gekko investindo nas empresas de seu portfólio no filme *Wall Street*. Em outras palavras, a ideia é procurar um patrocinador mais interessado no desenvolvimento futuro do que nos lucros imediatos. Até certo ponto, sempre haverá tensão entre o desejo de um investidor de patrocinar um empreendimento em estágio inicial, tendo em vista uma saída lucrativa, e a vontade de um fundador de construir uma empresa de sucesso voltada para o futuro, que continuará crescendo muito tempo depois de os primeiros patrocinadores recuperarem com lucro seu investimento e saírem do empreendimento. No entanto, essa tensão pode ser especialmente intensa nos negócios liderados por Expedicionários.

Os investidores com experiência em financiar Expedicionários conhecem muito bem tanto a atração como os riscos de patrocinar a visão empolgada desses empreendedores centrados na mis-

CAPÍTULO OITO

são. Contudo, alguns investidores desavisados podem se empolgar com o carisma e a visão do Expedicionário para melhorar o mundo e o mercado resolvendo grandes problemas e depois não ter a paciência necessária para concretizar uma missão tão grandiosa.

Sua personalidade construtora tem grande apelo para os primeiros clientes e correligionários. Entretanto, muitos Expedicionários de primeira viagem ainda não enfrentaram as dificuldades práticas e os desafios operacionais envolvidos em transformar uma visão grandiosa em algo de valor duradouro em um mercado indiferente, cético ou até hostil. Se você é um deles, tome cuidado para não se aliar a patrocinadores sem experiência com seu tipo de construtor, tanto investidores de startups em estágio inicial como empresas de capital de risco.

Os Expedicionários de primeira viagem precisam de um patrocinador financeiro disposto a assumir o leme em alguns momentos importantes do desenvolvimento da empresa, mas a natureza carismática do Expedicionário pode dificultar essa supervisão. Vejamos o exemplo de Nate Morris. Sua empresa, a Rubicon Global, ambiciona ser o Uber da coleta de lixo. A visão entusiasmada de Morris, combinada com os primeiros clientes de peso da Rubicon, como a Wegmans, o Walmart e a Home Depot, lhe permitiu atrair muitos patrocinadores famosos, entre eles John Ashcroft (ex-procurador-geral dos Estados Unidos) e Leonardo DiCaprio. Porém foi um investidor experiente, Peter Kellner, da Richmond Global, que convenceu Morris a contratar a equipe operacional certa e intensificar o foco na rentabilidade e na eficiência de escala.

Um grande obstáculo enfrentado por alguns Expedicionários é a possibilidade de atrair investidores sem a estrutura de capital, a experiência ou os conhecimentos necessários, mais interessados na visão do construtor que nas atividades operacionais do dia a dia, imprescindíveis para converter a ideia em valor. Uma série de grandes clientes conquistados ou notícias favoráveis na imprensa podem ocultar esse obstáculo, postergando o inevitável ajuste de contas financeiro. No entanto, a maioria dos investidores, públicos ou privados, sempre vai esperar que o negócio gere ganhos positivos. Nesse ponto, o discurso, por mais inspirador

Atraia os melhores patrocinadores financeiros

que seja, não supera os resultados concretos, medidos por métricas como número de clientes, trajetória da receita, fluxo de caixa e eficiência de capital.

Esse abismo entre a missão e a realidade financeira pode ser especialmente difícil de transpor se você for um Expedicionário que trabalha em uma empresa. Nesse caso, às vezes é mais fácil para os patrocinadores potenciais apenas identificá-lo do que lhe dar apoio. Suas cruzadas podem ser vistas como conflitantes com a missão da empresa ou confundir o pessoal interno ou os clientes externos. Como já sugerimos, antes de sair pedindo financiamento a um patrocinador interno, é importante avaliar o alinhamento de sua cruzada com a estratégia, a marca, as tradições e a cultura da organização.

Se sua visão for compatível ou complementar ao direcionamento da companhia, será revolucionário para ela se beneficiar de seus prodigiosos talentos. Sua empresa talvez esteja precisando de uma boa injeção de ânimo e senso de propósito para motivar o pessoal ou se reposicionar no mercado. Nesses casos, você pode ser o catalisador certo para promover o crescimento da organização, e é possível até que ela aprenda algumas lições com seu estilo de liderança e sua capacidade de inspirar seguidores para embarcar em sua cruzada.

Além disso, como acontece com os Exploradores, seu patrocinador corporativo pode recrutar internamente o pessoal operacional necessário para concretizar o projeto. Como vimos nas histórias de construtores como Nate Morris e Angelo Pizzagalli, os Expedicionários tendem a se dedicar ao futuro e não se incomodam em delegar grande parte das operações do dia a dia. Assim, você acaba tendo condições de recrutar uma equipe funcional com muita facilidade e rapidez.

Seu patrocinador interno precisará encontrar o equilíbrio certo entre a execução operacional sob sua liderança como Expedicionário e sua necessidade de fazer o empreendimento gerar valor com sua personalidade. Um controle estrito demais do patrocina-

CAPÍTULO OITO

dor acabará por sufocar o espírito expedicionário que a equipe pode adotar por sua influência.

Se a missão for estratégica o suficiente, será grande a chance de você e sua ideia influenciarem a empresa toda. Alguns executivos talvez questionem a urgência da execução da ideia e relutem em lhe dar recursos importantes. Tome cuidado com a política do mínimo esforço que essa atitude às vezes gera. Por exemplo, um executivo pode liberar apenas um funcionário medíocre para dar a impressão de que está apoiando a missão. Você e o patrocinador precisam manter as pessoas convencidas da importância da expedição.

As cruzadas não são para os covardes nem para os mesquinhos e podem gerar frutos surpreendentes, dignos da paciência e do investimento em sua visão e em seu talento de liderança. Se você é um Expedicionário independente, tente recrutar investidores compatíveis que não só compartilham sua paixão pela missão, mas também são capazes de compensar algumas de suas limitações à medida que você escala o empreendimento. Se você é um Expedicionário corporativo em busca de um patrocinador interno, procure compatibilizar a promessa de sua missão com a visão estratégica e as raízes culturais da empresa.

Não importa se você, um Expedicionário, está empreendendo fora ou dentro de uma empresa, provavelmente vai precisar de investidores que não se incomodem em esperar e em investir até o empreendimento conseguir decolar. Vocês dois se beneficiarão se alinharem suas expectativas e concordarem com metas intermediárias. Fique longe de patrocinadores que vão querer pegar a primeira saída no que talvez venha a ser uma longa estrada.

 PATROCINANDO O CAPITÃO
Garanta investidores que valorizam o trabalho em equipe e um histórico de sucesso

Se você é um Capitão, seu estilo atrai muitos patrocinadores, em especial os que preferem financiar líderes de sucesso comprovado, e não empreendedores de primeira viagem, ideias badaladas de novos produtos ou mercados na crista da onda. Eles ficam tranquilos com seu estilo, não importa se você atua em um negócio independente ou em uma empreitada corporativa. Você atrai e inspira equipes talentosas, fiéis a você e focadas em sua visão clara e articulada para o empreendimento. Como você é pragmático, administra muito bem as expectativas de seus investidores executando metodicamente o plano de trabalho. Administra com foco em evitar surpresas, cumprindo todas as suas promessas e talvez até prometendo menos e cumprindo mais, práticas que tendem a conquistar a confiança dos investidores.

Em uma startup, os melhores patrocinadores financeiros para você provavelmente serão os mais conservadores. Esses investidores preferem um crescimento mais lento para conservar o caixa a arriscar uma taxa mais alta de queima do capital na esperança de conquistar uma base de usuários ou tomar o território de outras empresas. É importante encontrar patrocinadores que compartilhem o estilo "devagar e sempre" para conduzir seu navio.

Na verdade, pode ser interessante para os investidores que têm interesse em patrocinar esse tipo de construtor oferecer-se para apoiar um grupo de Capitães, patrocinando-os de empreendimento a empreendimento. Os Capitães são líderes experientes que sabem o que fazer com o capital investido, e muitos geram excelentes retornos com o tempo. Empresas de capital de risco como a Highland Capital Partners e a Venrock executam essa estratégia há décadas.

Os patrocinadores que esperam resultados mais rápidos e espetaculares podem não se alinhar ao estilo dos Capitães e se frustrar com a abordagem mais conservadora e metódica deles. Alguns investidores do Vale do Silício forçam os Capitães a buscar um crescimento mais agressivo do que esses construtores prefeririam. Nesses casos, as diversas apostas que constituem o portfólio de investimento do patrocinador podem levá-los a ser mais propensos ao risco que o construtor, que em geral investiu tudo o que tinha em sua empresa.

Se você é um Capitão, sugerimos passar um tempo a mais com seus patrocinadores potenciais para alinhar expectativas em relação a taxa de crescimento, riscos e saída. Tome cuidado, porque, ironicamente, seu histórico de sucessos na liderança pode acabar atraindo patrocinadores inadequados a seu estilo.

CAPÍTULO OITO

Os Capitães corporativos costumam ser as meninas dos olhos da administração executiva pelas mesmas razões que os Capitães de startups independentes têm facilidade de atrair patrocinadores. O estilo colaborativo do Capitão é muito valorizado em organizações grandes e complexas. Ao contrário dos construtores de startups independentes, os Capitães corporativos podem ser recrutados pelos executivos seniores para liderar até mesmo novas iniciativas que não sejam uma ideia original desses construtores.

Grandes organizações, bem como empresas de consultoria e contabilidade, bancos de investimento ou financiadores comerciais, podem ter diversas oportunidades de criação de valor perfeitas para um Capitão. Se você trabalha em uma companhia como essa, a equipe executiva talvez já tenha identificado oportunidades promissoras para criar valor, dentro ou fora do atual portfólio de negócios, como um novo produto ou linha de produtos, a aquisição de uma empresa com uma nova e interessante tecnologia ou até um novo modelo de negócio que precise ser testado. De toda maneira, a oportunidade requer um líder. Acontece muito de um aspirante a Capitão corporativo ser nomeado para assumir uma iniciativa como essa simplesmente por ter demonstrado espírito empreendedor.

Uma personalidade construtora não é melhor que as outras (não é o caso). Mas pode ser mais fácil para um Capitão ser visto como compatível com as expectativas culturais e os processos da organização da empresa para levar uma nova iniciativa a decolar e crescer. Mas, como Capitão corporativo, você ainda vai precisar que os patrocinadores executivos interfiram de tempos em tempos quando você encontrar obstáculos e precisar contornar os canais e procedimentos da empresa.

Como Capitão que atua em uma empresa, você pode contar com outro importante recurso: os talentos. A ideia é tentar recrutar os melhores profissionais internos e ter liberdade para procurar no mercado, se necessário. Não pense que os melhores integrantes de sua equipe serão necessariamente atuais colaboradores da organização. Depois de algum tempo atuando em cargos corporativos, os talentos internos podem ter perdido a intuição, o estilo e o espírito empreendedor necessários para levar a iniciativa ao sucesso. Faça

Atraia os melhores patrocinadores financeiros

um levantamento das competências necessárias e prepare-se para pedir ajuda aos patrocinadores para abrir algumas exceções nas políticas de recursos humanos da empresa caso você precise procurar talentos externos.

Na qualidade de Capitão corporativo, você vai poder contar com outros recursos, como monitoramento do mercado e das tecnologias, para ajudar no crescimento da iniciativa. Se a empresa tiver bons pesquisadores e estrategistas, não deixe de envolvê-los no empreendimento, mesmo que seja apenas consultando-os ocasionalmente. Esse tipo de transferência de conhecimento vai mantê-lo a par das tendências importantes do mercado.

Também é possível alavancar os pontos fortes operacionais do negócio acessando sistemas, canais e grupos já atuantes. Por exemplo, você pode usar os sistemas de distribuição da companhia, acessar os relacionamentos com os clientes existentes e se beneficiar do poder de negociação da empresa com os fornecedores. Essas vantagens provavelmente o ajudarão a desenvolver o empreendimento com mais rapidez, desde que a complexidade dos procedimentos envolvidos não supere os potenciais benefícios de escala e da eficiência.

Os Capitães também são empreendedores corporativos muito mais impetuosos que os três outros tipos de construtor. Afinal, sabem atingir o consenso, resolvem problemas e ainda conseguem manter o foco na execução operacional, talentos que os distinguem de seus colegas construtores. Os Condutores tendem a perder a paciência com o processo decisório que engessa e com a aversão ao risco que costumam caracterizar as empresas consolidadas e, com isso, pedir demissão ou se isolar, frustrados, na organização. Os Exploradores, em geral, têm dificuldade de montar uma equipe interdisciplinar com o estilo e os processos adequados à cultura corporativa. E os Expedicionários podem entrar em uma queda de braço desestabilizadora, competindo ou até entrando em conflito com a missão e a visão da empresa.

Seja você um Capitão de startup ou corporativo, é provável que tenha mais facilidade de atrair patrocinadores. Você tende a ser um construtor objetivo, disposto a manter a estratégia e a equipe alinhadas. Sua capacidade de desenvolver e liderar equipes que fazem

CAPÍTULO OITO

acontecer é um talento muito valorizado tanto em ambientes independentes como corporativos. Se você é o Capitão de uma startup em busca de investidores, saliente os talentos das pessoas que atraiu para sua equipe e deixe que os investidores potenciais as avaliem diretamente, sem cair na armadilha da necessidade de ocupar o centro do palco, como costuma acontecer com os outros três tipos de personalidade.

Apesar das vantagens dos Capitães, é possível que seu maior desafio com os patrocinadores financeiros no longo prazo surja justamente de sua força como líderes de equipe. Os clientes e os mercados podem estar prontos para uma verdadeira inovação, inclusive algo revolucionário do tipo que os Condutores, os Exploradores e os Expedicionários se propõem a oferecer. No entanto, os Capitães tendem a não endossar oportunidades radicais. De tempos em tempos, questione seu estilo e reveja, com criatividade e ousadia, se o ouro realmente está nas montanhas que você está explorando.

Se você é um construtor independente, entender que sua personalidade se adapta aos vários estilos e preferências dos investidores pode ajudá-lo a procurar financiamento. E, se o empreendimento for candidato à aquisição por uma empresa maior, é fundamental saber até que ponto você e a cultura de seu negócio vão se adequar ao comprador potencial. Essa medida é de extrema importância, ao menos se você estiver interessado em algo mais além de dinheiro ou tiver uma remuneração ou participação vinculada ao desempenho do empreendimento depois de vendido.

Da mesma forma, se você é um colaborador que deseja se tornar construtor de um empreendimento corporativo ou trabalhar em uma iniciativa como essa, também precisa ficar atento a maneiras de alinhar suas ambições com os interesses estratégicos da empresa. O tipo de talento que você tem a oferecer costuma ser escasso na maioria das organizações, mas você vai ter de aprender a navegar pelos procedimentos (e pela politicagem) para obter os recursos necessários para lançar e desenvolver sua ideia. Use toda

Atraia os melhores patrocinadores financeiros

a sua criatividade para analisar a gama de recursos internos não financeiros de que seu empreendimento pode precisar, talvez começando por desenvolvê-lo sem alardes na empresa antes de revelá-lo a seus patrocinadores.

Por fim, se você quer investir em uma startup, adquirir uma empresa ou patrocinar uma iniciativa, terá maior chance de sucesso conhecendo as personalidades construtoras no centro desses empreendimentos. Identificar os construtores, alinhar-se com eles e apoiá-los pode ser a melhor maneira de garantir o crescimento de sua empresa e de ajudá-los a incrementar a deles.

PARTE 3

COMO SE TORNAR O MELHOR CONSTRUTOR POSSÍVEL

Estratégias para estender seu impacto

Concluímos este livro com uma seção dedicada ao aperfeiçoamento dos construtores. Nas próximas páginas, você encontrará um resumo do perfil de cada tipo de construtor, bem como seus talentos e deficiências a título de comparação, e, no capítulo 9, conhecerá duas estratégias que o ajudarão a se tornar um construtor melhor.

A estratégia do construtor especializado baseia-se nas ideias apresentadas nos capítulos referentes a cada personalidade construtora (capítulos 2 a 5). Sugerimos concentrar-se em aprimorar seus talentos e delegar outras tarefas importantes. Seria como um atleta talentoso em nado borboleta concentrar-se em aperfeiçoar sua técnica nessa modalidade em vez de tentar melhorar no nado peito.

A estratégia do construtor mestre, de outro lado, o convida a se estender além de seus talentos naturais e suas preferências de estilo e analisar por que você faz as coisas do jeito que faz. Você precisará de muita coragem para isso, mas poderá tomar de empréstimo algumas das técnicas e abordagens de seu complemento polar. Seu complemento polar é o tipo de construtor cujo maior talento pode corresponder a sua maior deficiência. Com essa estratégia, a ideia não é se transformar em outra pessoa, e sim adotar e adaptar os talentos de seu complemento polar para incorporá-los a seu jeito de ser.

A escolha da estratégia de crescimento (do construtor especializado ou do construtor mestre) vai depender de sua disposição de se expor... a si mesmo. O empreendedorismo não deixa de ser um exercício de exposição pessoal ao público, ao mercado e aos colegas, parentes e amigos. Você é um construtor e sabe bem como é isso. Não importa qual estratégia você escolha, pode ter certeza de que estará a caminho de se tornar um construtor melhor.

RESUMO DOS TIPOS DE PERSONALIDADE CONSTRUTORA: FATORES

	MOTIVAÇÃO	PROCESSO DECISÓRIO
CONDUTOR	Sempre se considerou um empreendedor. Impelido por ideias, põe-se a vendê-las com um fervor que reforçan sua autoconfiança.	Começa decidindo com base na intuição, mas depois busca dados e outros pontos de referência para triangular e ajustar as decisões.
EXPLORADOR	Considera o empreendedorismo uma forma sistemática de vender e escalar soluções para os problemas mais complexos que instigam sua curiosidade.	Extremamente motivado e sistemático, acredita que todo problema pode ser segmentado em seus elementos constitutivos e analisado detalhadamente para identificar a melhor decisão.
EXPEDICIONÁRIO	É dedicado a resolver problemas importantes para a sociedade, para um mercado ou para ambos, orientado por uma profunda empatia e motivado a criar uma empresa baseada na missão.	É extremamente intuitivo e impelido por um senso emocional de fazer o que é certo. Insiste no alinhamento com a missão da empresa.
CAPITÃO	Visa construir empreendimentos de valor duradouro mobilizando o potencial produtivo de pessoas e equipes.	Imparcial e focado no crescimento, toma o cuidado de agir de acordo com a missão, a visão e suas promessas.

	ABORDAGEM DE GESTÃO	ESTILO DE LIDERANÇA
CONDUTOR	Com enfoque prático, em geral dá instruções ou ordens. Severo, tem pouca ou nenhuma tolerância ao fracasso.	Focado em resultados, tende a atrair e inspirar perfeccionistas como ele e tem dificuldade de lidar com quem não é igualmente não motivado e orientado a metas.
EXPLORADOR	Gosta de colocar as mãos na massa e dar instruções e orientações e espera que todos sejam tão sistemáticos e curiosos quanto ele.	Tende a atrair pensadores sistêmicos como ele e cria uma relação de confiança com as pessoas que demonstram capacidade de resolução sistêmica de problemas e bons conhecimentos.
EXPEDICIONÁRIO	Orientado pela missão da empresa e por sua intuição, pode ter dificuldade de resolver problemas com seu pessoal, tendendo a evitar conflitos e não raro permitindo a presença de aliados de baixo desempenho em vez de afastá-los.	Atrai os talentos necessários para se encarregar dos aspectos mais operacionais do negócio, inspirando-os com a visão e a missão da empresa, mas nem sempre lhes proporciona um direcionamento sistemático.
CAPITÃO	É direto, franco e sistemático no que diz e em suas expectativas em relação a pessoas e equipes.	Empodera as pessoas depois de definir metas e expectativas claras, ao mesmo tempo que aplica sistematicamente sólidos princípios de honestidade e transparência. Busca o consenso.

RESUMO DOS TIPOS DE PERSONALIDADE CONSTRUTORA: TALENTOS E DEFICIÊNCIAS

	TALENTOS (PONTOS FORTES)	DEFICIÊNCIAS (PONTOS FRACOS)
CONDUTOR	• Usa uma combinação de intuição e análise com base em fatos para alavancar as tendências do mercado antes dos concorrentes. • Tenacidade, ambição e foco claro minimizam as distrações.	• Tende a identificar-se demais com o produto, o que pode levá-lo a ignorar novas mudanças no mercado. • Não tem paciência com os clientes que não sacam o produto. • Pode ter dificuldade de empoderar uma equipe em expansão à medida que a empresa cresce.
EXPLORADOR	• Tem pensamento sistêmico e analítico. • Pode-lhe ser mais fácil escalar os sistemas. • É focado em melhorar continuamente e resolver o próximo problema.	• Pode-lhe ser mais difícil escalar a equipe, especialmente em áreas que não o interessam. • Seu estilo por vezes rude e impaciente pode afetar o moral da equipe. • Pode acabar ocupado resolvendo problemas de menor importância estratégica.
EXPEDICIONÁRIO	• Inspira as pessoas com uma visão ousada comunicada com carisma. • Dispõe-se a delegar tarefas. • Não se incomoda com um ambiente de trabalho mais flexível e criativo. • Usa um toque pessoal ao lidar com as pessoas.	• Tem dificuldade de traduzir a visão em tarefas práticas do dia a dia. • Tende a contratar pessoas empolgadas com a visão, mas não necessariamente competentes (sempre presumindo o ajuste com a cultura). • Sua tendência a evitar conflitos pode permitir que os problemas se agravem.
CAPITÃO	• Empodera as pessoas exigindo uma responsabilidade clara. • Encoraja a franqueza entre os membros da equipe. • Compartilha os créditos pelos resultados positivos. • É aberto a uma criatividade "efervescente", sem refreá-la com um direcionamento de cima para baixo.	• A tendência a delegar pode fazer com deixe de ver acontecimentos importantes na linha de frente. • A busca pelo consenso pode desacelerar as tomadas de decisão. • O foco na melhoria constante pode levá-lo a ignorar grandes e importantes tendências externas.

210

CAPÍTULO NOVE

EXPANDA SEU REPERTÓRIO
Cresça além dos limites
de sua personalidade

Um dos aspectos mais notáveis dos seres humanos é a capacidade de aprender e de se adaptar. Os melhores construtores são muito bons nisso. Neste capítulo, sugerimos técnicas específicas que você pode utilizar para crescer e se adaptar e, em consequência, ser um construtor melhor.

Além de saber como e por que sua personalidade é do jeito que é, você também pode mudar a maneira como aplica seus talentos ampliando o repertório de conhecimentos e abordagens. Em outras palavras, não importa em que ponto você esteja na trajetória profissional, nós o encorajamos a encarar sua personalidade como um trabalho que nunca acaba – mais como um filme do que como uma foto. Acreditamos que, desse modo, você pode controlar a influência de sua personalidade na maneira como você constrói um empreendimento até atingir a escala.

Expanda seu repertório

JOHN CROWLEY: UM MESTRE EM CONSTRUÇÃO

Quando conhecemos John Crowley, em 2014, ele era, sem dúvida, um Capitão típico.[1] Sabia como empoderar e orientar seus funcionários, que variavam desde cientistas e profissionais de vendas e marketing até coordenadores de atendimento ao paciente. Sua visão para a segunda empresa que fundou, a Amicus, é muito clara: usar a biotecnologia para criar medicamentos com o objetivo de tratar os sintomas causados por doenças raras negligenciadas por companhias farmacêuticas convencionais.

No entanto, acreditamos que Crowley é um Condutor nato. Seu pai foi policial do condado de Bergen, estado de Nova Jersey, e sua mãe, professora do ensino médio. Ele estudou na Naval Academy e fez MBA na Harvard Business School. Como ex-consultor dos Navy Seals, está acostumado a impor respeito e dar ordens em situações estressantes. Você deve lembrar que, quando dois de seus filhos pequenos foram diagnosticados com a doença de Pompe (praticamente uma sentença de morte), seus instintos de Condutor entraram em cena e o impeliram a encontrar uma cura.

Naquela época, Crowley era impetuoso, impaciente e implacável. Tinha um sexto sentido do mercado e de como capitalizá-lo. Contudo, amadureceu como construtor e encontrou seu Capitão interior, percebendo que, para atrair e gerenciar cientistas, investidores e outros grupos, teria de aprender a empoderar as pessoas e não depender apenas de seu conhecimento intuitivo do mercado.

Crowley resume sua jornada: "Eu achava que sabia tudo e não precisava de nenhuma ajuda ou conselho. Agora percebo quanto eu não sabia. Na verdade, hoje, sabendo um pouco mais das coisas e sendo um pouco mais teimoso, até me surpreendo ao pensar em tudo o que consegui fazer direito na época".

CAPÍTULO NOVE

DUAS ESTRATÉGIAS PARA TORNAR-SE UM CONSTRUTOR MELHOR
Especializado ou mestre

Os construtores podem seguir vários caminhos para aumentar a eficácia, mas nos concentraremos nas duas estratégias que encontramos repetidas vezes em nossas pesquisas. A primeira delas é a estratégia do construtor especializado, uma extensão da estratégia de reforçar e delegar que descrevemos para cada tipo de personalidade construtora. Paul Maeder, ex-presidente do conselho da National Venture Capital Association, afirma: "A personalidade construtora não faz muita diferença para mim. Basta que você seja a melhor versão possível do seu tipo de personalidade!".[2] Essa estratégia consiste em concentrar-se em seus talentos especiais dentro de cada dinâmica de crescimento e delegar as funções e tarefas que você não domina ou que não o interessam.

A segunda abordagem é a estratégia do construtor mestre, que requer aprender e adotar alguns talentos e técnicas das outras personalidades construtoras, a começar pela dinâmica de crescimento e pelo estágio de escala com os quais você tem mais dificuldade. Como já descrito neste livro, cada personalidade construtora se destaca por certos talentos.

- Os Condutores são especialistas em ajustar um produto ao mercado. Conseguem intuir com precisão as novas necessidades do mercado (bem como suas tendências) e têm um profundo conhecimento intuitivo que lhes possibilita traduzir essas ideias em valor para o cliente.
- Os Exploradores resolvem problemas complexos e estratégicos dos clientes. Conhecem os sistemas que estão em jogo, e sua enorme curiosidade os leva a criar soluções melhores para resolver problemas e beneficiar-se de oportunidades econômicas.
- Os Expedicionários inspiram a equipe com missões grandiosas tomando como base o alinhamento de interesses mútuos para atingir resultados melhores. Atraem correligionários comprometidos e dedicados ao oferecer propósito e uma fonte de orgulho para funcionários e clientes.

Expanda seu repertório

- Os Capitães criam culturas duradouras focadas na execução. Sua preferência pela colaboração cria um ambiente de responsabilidade mútua e de abertura e a capacidade de entregar resultados financeiros constantes.

O caminho para se tornar construtor mestre requer expandir suas habilidades de gestão e liderança, assim como os melhores atletas quando criam e dominam uma manobra ou movimento completamente novo. Sua personalidade não vai mudar. Você só vai adaptar uma seleção dos melhores atributos dos outros tipos de personalidade e incorporá-los.

Em que ponto de seu desenvolvimento pessoal e profissional cada tipo de construtor pode ter a motivação (e até a inspiração e a coragem) para começar a seguir a estratégia do construtor mestre?

Os caminhos para a maestria (não importa se motivados por uma vitória, uma tragédia, um desejo ou pura sorte) são imprevisíveis. Independentemente do caminho escolhido, o construtor que estiver pronto para seguir a estratégia do construtor mestre percebe que alguma coisa precisa mudar para ele atingir o próximo nível de eficácia e até de satisfação. Cada pessoa carrega consigo cicatrizes, que refletem dolorosos fracassos, assim como troféus, que eternizam seus sucessos. A combinação desses dois extremos desperta a vontade de tentar a estratégia do construtor mestre. Tais experiências extremas e o aprendizado que delas resulta podem despertar o desejo e a capacidade de aprofundar-se e não apenas conhecer, mas dominar uma abordagem diferente.

Como o Condutor chega à conclusão de que é importante dominar os talentos naturais do Capitão? Ele pode ter finalmente atingido o sucesso financeiro que lutou tanto para conquistar e estar confrontando o custo desse sucesso na forma do distanciamento das pessoas. E o Explorador? Quais experiências podem levá-lo a perceber que a empatia do Expedicionário tende a atrair e reter melhor os correligionários do que o apelo intelectual do próximo problema espinhoso? Talvez (como no caso do Condutor) o sucesso e o vazio que se segue levem um pensador sistêmico a se dar conta de que o sistema humano de conexão emocional é mais complexo e vigoroso que os domínios mais seguros nos quais ele tende a permanecer.

CAPÍTULO NOVE

Por que tantos Expedicionários sentem enorme atração pela grande ideia, mas não têm paciência para levá-la até o fim? Algumas pessoas precisam vivenciar um fracasso ou ser derrotadas por um concorrente também dedicado a uma missão grandiosa, mas que teve disciplina para executá-la. As feridas desse tipo de decepção podem levar o Expedicionário a perceber as virtudes do pensamento sistemático e disciplinado do Explorador.

E o Capitão, tão talentoso em mobilizar a produtividade colaborativa das pessoas delegando e empoderando, mas que reluta em se colocar no centro da responsabilidade pessoal? Essa postura aparentemente despretensiosa pode não refletir humildade, e sim insegurança quanto à própria capacidade e medo. Nesse caso, a ousadia rebelde do Condutor, alimentada pela necessidade de se afirmar aos olhos do mundo, pode ajudar o Capitão a detectar uma iminente mudança tectônica no mercado.

Não importa como você chega a esse ponto de inflexão, talvez seja interessante contar com o apoio e a objetividade de um coach executivo para ajudá-lo a adotar a estratégia do construtor mestre. Chris Kuenne, coautor deste livro, associou-se a um coach espetacular e afirma que ele o ajuda a ver que o caminho pela frente não é tão difícil e pode até ser prazeroso.

Como vimos nos capítulos 2 a 5 e na Figura 7.1, cada tipo de personalidade construtora tem suas vantagens e desvantagens (talentos e deficiências) nas cinco dinâmicas de crescimento. Ao longo deste livro, mostramos como os talentos de um construtor podem ser as deficiências de outro e vice-versa. Chamamos esse fenômeno de "complemento polar", no qual o ponto forte de um tipo de personalidade pode ser um modelo para combater o ponto fraco de outro. Mais especificamente, identificamos que o Condutor e o Capitão são complementos polares um do outro, assim como o Explorador e o Expedicionário. Analisaremos esses pares de complementos polares em mais detalhes a seguir.

Para ajudá-lo a decidir qual estratégia pode ser melhor para você, apresentamos na Figura 9.1 um exercício simples para identificar a personalidade construtora e a dinâmica de crescimento com as quais você tem mais a aprender.

Expanda seu repertório

FIGURA 9.1

Com quem você acha que pode aprender mais e em quais áreas?

Agora que você já leu sobre as quatro personalidades construtoras e como elas lidam com as dinâmicas de crescimento, sugerimos uma pausa para refletir. Pense nas dificuldades e nas oportunidades que você encontrou ou acredita que encontrará em cada dinâmica de crescimento. Determine qual das cinco dinâmicas se beneficia mais de seus pontos fortes e qual ocupa o segundo lugar nesse critério. Continue a fazer essa análise até chegar à dinâmica de crescimento em que você se considera menos eficaz. Escreva "1" no quadrado referente a sua dinâmica de crescimento mais forte, "2" no da segunda dinâmica e assim por diante. O número "5" deve representar a dinâmica mais fraca. Para as dinâmicas 3 a 5, pergunte-se qual personalidade construtora é mais eficaz que você. Sua resposta lhe dará uma boa ideia das áreas que precisam ser melhoradas e dos tipos de personalidade com os quais você vai poder aprender mais.

Dinâmica da escala
Promover a escalada do empreendimento
Criar valor continuamente por todo o empreendimento e ajustar o portfólio de produtos ou serviços de acordo com as mudanças, as condições do mercado e as necessidades dos clientes. ☐

Dinâmica da solução
Converter ideias em produtos
Criar soluções que atendam às necessidades e às exigências do mercado de maneira competitiva e justificável. ☐

Dinâmica da equipe
Estimular talentos individuais para aumentar o impacto colaborativo
Formar e inspirar uma equipe em constante evolução e comprometida com o sucesso do empreendimento. ☐

Dinâmica do patrocinador
Alinhar financiadores e outros aliados
Alinhar patrocinadores financeiros (e, no caso de empreendedores corporativos, alinhar executivos aliados) com as necessidades e as prioridades em constante mudança do empreendimento à medida que ele cresce. ☐

Dinâmica do cliente
Transformar clientes em parceiros
Converter clientes e usuários em parceiros e defensores, tendo em vista o sucesso de todos. ☐

Feitas para crescer

CAPÍTULO NOVE

Veja a seguir os tipos de personalidade construtora que costumam apresentar talentos especiais em cada dinâmica de crescimento (sempre lembrando que cada caso é único e que as pessoas podem variar muito em cada tipo de personalidade).

Dinâmica	**Talentos da personalidade construtora**
• Solução	Condutores e Exploradores
• Equipe	Capitães e Expedicionários
• Cliente	Condutores e Expedicionários
• Patrocinador	Os quatro tipos, cada um com o próprio estilo
• Escala	Capitães e Exploradores

O CONDUTOR ESPECIALIZADO
Você não precisa conduzir tudo

Alguns Condutores podem decidir se ater ao conforto de seus pontos fortes e contratar um CEO para liderar e administrar seu empreendimento. Como explicamos no capítulo 6, sugerimos que os construtores não vinculem a divisão da propriedade com as funções e responsabilidades de administrar o negócio. Os Condutores que adotam a estratégia do construtor especializado continuam utilizando seus talentos naturais e fazendo o que adoram: criar e desenvolver continuamente o produto para capitalizar sua capacidade de identificar as constantes mudanças do mercado. Esses construtores podem delegar responsabilidades entregando o cargo de CEO a um administrador profissional e mantendo para si o cargo de diretor de produto ou o de presidente não executivo do conselho.

Se optar por seguir essa estratégia, você não estará mudando sua personalidade de Condutor. Vai continuar a ser exigente no trabalho. No entanto, essa abordagem o deixará livre para fazer o que faz melhor: converter seu conhecimento intuitivo do mercado na próxima geração de produtos e serviços da empresa ao mesmo tempo que delega as funções relacionadas ao ganho de escala, como a criação de uma cultura colaborativa, a pessoas que têm esses talentos natos.

Expanda seu repertório

O Condutor como construtor mestre
Solte o volante e empodere-se como um Capitão

A criação do produto e o foco no mercado do Condutor podem relegar a segundo plano o desenvolvimento de outros talentos de liderança, inclusive os do Capitão. Vamos dar uma olhada detalhada nas consequências de não tentar mudar nos diferentes estágios de desenvolvimento do negócio.

No início do empreendimento, se você era um Condutor, seu foco intenso e seu conhecimento intuitivo das tendências do mercado possibilitavam adequar seu produto inicial ao mercado e atrair os primeiros funcionários, clientes e investidores. Agora, após os primeiros estágios de crescimento, sua energia e tenacidade podem continuar a impelir o negócio. Entretanto, à medida que o empreendimento cresce e passa a ter centenas de funcionários trabalhando em diferentes locais, até mesmo para os Condutores é difícil ter o poder e o alcance necessários para direcionar e motivar como no começo.

Nos estágios posteriores da escalada, todos os construtores precisam de equipes motivadas e capazes de promover o crescimento do negócio. O Capitão tem o talento especial de montar equipes como essas. Se você é um Condutor e escolher a estratégia do construtor mestre, vai valer muito a pena desenvolver os pontos fortes e as técnicas do Capitão, seu complemento polar.

Um Capitão mobiliza o poder das pessoas para promover o crescimento do negócio e planta as sementes desde cedo, muito antes de precisar colher os frutos. Esse construtor considera que sua função mais importante é atrair e cultivar talentos. O Capitão recruta e desenvolve sua equipe tendo em vista as competências necessárias para os estágios de escalada atuais e futuros.

Os Condutores devem aprender desde cedo a contratar mais gente que o necessário em cada área, escolhendo pessoas que possam até ser muito bem qualificadas para o estágio atual do empreendimento, mas que estejam preparadas para trabalhar em seu crescimento. Contratar mais pessoas que o necessário para as áreas mais importantes da empresa tam-

CAPÍTULO NOVE

bém ajuda a combater a tendência do Condutor de se agarrar ao volante em vez de treinar e ensinar os outros a conduzir a empresa com ele. Ao contratar mais gente que o necessário para uma área importante, provavelmente o pessoal mais experiente vai exigir mais liberdade e espaço de manobra para aceitar o cargo.

Outra técnica que você pode aprender com os Capitães é a capacidade de montar equipes escaláveis e empoderadas com funções, responsabilidades e prestação de contas bem claras. Essa medida pode minimizar sua tendência de ser controlador demais. Se você conseguir abrir mão dos detalhes e mantiver uma clara prestação de contas, poderá atingir os resultados desejados sem precisar fazer tudo sozinho. Concentre-se no que os membros de sua equipe conseguem fazer e não tanto na maneira como eles fazem.

Você pode constatar que, ao ampliar seu foco no sucesso do mercado a todo custo para o sucesso da equipe, vai conseguir atingir o primeiro objetivo ao ter êxito no segundo. Esse modo de pensar é natural para o Capitão, mas os Condutores precisarão escolher entre o desejo de deixar sua marca no mundo e a necessidade de controle. O mesmo fator que possibilita ao Condutor atingir os primeiros sucessos acaba se transformando em obstáculo.

Adam Jackson, cofundador da Doctor On Demand, resolveu esse conflito no início de 2016, quando entregou as rédeas da liderança de sua empresa a um construtor mais experiente que tinha atuado como líder sênior do PayPal. Jackson nos contou: "Eu faço as coisas de acordo com a ordem de meus objetivos. Meu objetivo principal é construir o maior e mais bem-sucedido gigante da área. Para isso, sei que preciso recrutar pessoas melhores que eu, empoderá-las, comunicar-lhes minha visão com clareza e deixá-las trabalhar em paz".

Os Condutores capazes de desenvolver os talentos de um construtor mestre se beneficiarão muito ao combinar seu conhecimento intuitivo do mercado com a habilidades de liderança do Capitão.

Expanda seu repertório

O Explorador especializado
Concentre-se em sua paixão e em seu talento para resolver problemas

Se você é um Explorador, pode achar que sua maior contribuição para a criação contínua de valor não será no cargo de CEO. Independentemente dos nomes que você lhes dê, as melhores posições para você são a de diretor de produto e a de líder de inovação. De fato, essas funções se beneficiam de seus talentos e interesses. Dito isso, a empresa do Explorador deve levar em consideração estruturas organizacionais e de reporte não tradicionais que ofereçam a esse tipo de construtor a possibilidade de deixar sua curiosidade correr solta, livre da burocracia.

Brian O'Kelley é um Explorador que escolheu seguir a estratégia do construtor especializado. Ele se concentra em seus pontos fortes e, em vez de tentar influenciar uma grande equipe de projeto a partir de um cargo executivo, trabalha diretamente com alguns engenheiros de produto. Essa abordagem não convencional deixa claro para a organização que ele prefere focar seu talento para resolver problemas. Essa atitude contraria o papel de um CEO tradicional, que tomaria o cuidado de não subverter a cadeia de comando.

Nessa abordagem, O'Kelley é o gerente de produto e trabalha lado a lado com uma pequena equipe de engenheiros para resolver o próximo problema espinhoso e promover o crescimento da empresa, que hoje tem mais de mil funcionários e, segundo algumas estimativas, vale mais de US$ 2 bilhões. E quem você acha que dá o toque humano para se comunicar com as pessoas no dia a dia e motivar a equipe? Bem, O'Kelley criou uma tríade para se encarregar da administração do negócio: trabalham com ele Michael Rubenstein, que atua como presidente, e Jonathan Hsu, que é o diretor-operacional. No caso da AppNexus, parece que a estratégia de reforçar e delegar está dando muito certo.

O Explorador como construtor mestre
Incorpore o toque humano do Expedicionário

Se você é um Explorador, seu pensamento sistêmico é muito eficaz nos aspectos mais racionais do negócio, como traduzir

CAPÍTULO NOVE

ideias em produtos, atrair clientes e investidores sofisticados e planejar a escalada do negócio. Mas será que você não está deixando de mobilizar a necessidade de seus correligionários de ter um propósito e uma missão além de simplesmente resolver os problemas dos clientes?

Os Exploradores conquistam a confiança e o controle do mundo ao redor deles analisando e adquirindo um conhecimento integrado do mecanismo ou sistema em questão. À medida que se tornam melhores na resolução de problemas, sua autoconfiança aumenta cada vez mais, e eles acabam desenvolvendo um complexo de superioridade que pode afastá-los da equipe encarregada de escalar o negócio. Um coach executivo ou psicólogo costumam denominar esse distanciamento de "despersonalização do relacionamento". Preferimos chamá-lo de "exclusão do fator humano do relacionamento".

Para escalar um empreendimento que já atingiu o sucesso, é fundamental aumentar o compromisso com o propósito da empresa além da mera descrição de cargos e das responsabilidades inerentes às funções. Os Exploradores capazes de criar esse senso de propósito mais elevado para o trabalho das pessoas recrutam e inspiram uma força de trabalho muito melhor e, em consequência, aumentam sua capacidade de escalar o negócio.

Como Explorador, você precisa aprender a se comunicar com os correligionários em um nível mais emocional do que apenas intelectual, comercial ou profissional. Por isso, o melhor professor para ajudá-lo a se tornar um construtor mestre é o Expedicionário, seu complemento polar. Os Expedicionários motivam e alinham o pessoal criando vínculos de empatia com pessoas de toda a empresa. Esse foi o caminho que Mark Bonfigli escolheu seguir, criando uma cultura energizada em um ambiente que inclui uma academia de ginástica e festas a fantasia. Como Explorador, você costuma se basear em suas preferências natas. Valoriza a honestidade e a transparência, fundamentos que pode usar para firmar relacionamentos profundos e de confiança. Esses atributos são necessários, mas não suficientes.

Para um Explorador, o importante é estar certo – o que ele considera uma forma de honestidade –, sem se preocupar muito

Expanda seu repertório

com o impacto emocional sobre os colegas. Como Explorador, você precisa ir além dessa forma de honestidade e adotar um estilo menos assustador, mostrando-se emocionalmente disponível e talvez até vulnerável em suas relações profissionais.

Os Expedicionários podem ensiná-lo a se comunicar, a gerenciar com base em uma missão e criar vínculos de empatia com sua equipe. Essa é a missão que antes de mais nada leva esses construtores ao empreendedorismo. Não estamos sugerindo que você se transforme em um missionário como eles, mas o encorajamos a usar a missão como ferramenta gerencial para se comunicar com as pessoas e inspirá-las emocionalmente.

Como já vimos, os Expedicionários Ben Cohen e Jerry Greenfield deram aos colaboradores esse tipo de propósito a ponto de motivá-los a trabalhar nos fins de semana com as próprias ferramentas para garantir que fosse servido o sorvete perfeito. Quando a empresa cresceu e ganhou várias centenas de milhões de dólares em receita, os fundadores a imbuíram de uma missão social, permitindo que os funcionários usassem um tempo do trabalho para participar de ações sociais no famoso Cowmobile da marca (o "vacamóvel", uma sorveteria ambulante montada em um motorhome pintado com cores chamativas com desenhos de vacas no pasto).

Essa missão social pode soar patética para a mente lógica dos Exploradores. Contudo, é interessante dar uma olhada abaixo da superfície e analisar o mecanismo em questão. Cohen e Greenfield descobriram um jeito de garantir que a empresa que estavam construindo proporcionasse sentido e propósito para a vida de seus funcionários, incorporando esse espírito à organização, e isso também levou os colaboradores comprometidos a recrutar pessoas de mentalidade afim para ajudar a escalar a empresa.

Em resumo, se conseguir aparar as arestas de seu pensamento sistêmico de Explorador para incluir a missão motivadora de Expedicionário, você pode ser imbatível!

CAPÍTULO NOVE

O Expedicionário especializado
Concentre-se em levar a bandeira da missão e contrate alguém para se encarregar das operações

Se você é um Expedicionário, é o melhor tipo de construtor para convencer as pessoas a promover grandes mudanças em um mercado ou até no mundo. Carismático e eloquente, sua paixão é contagiante. Você tem capacidade de mudar o jogo, podendo ajudar as pessoas a bolar maneiras totalmente diferentes de criar valor. São exemplos de empresas que contaram com a força da personalidade do Expedicionário a Rent the Runway, que disponibiliza a pessoas comuns o luxo de um vestido de grife, a Rubicon Global, que revolucionou o mercado da reciclagem de lixo, e a Ben & Jerry's, que vincula sorvetes com iniciativas sociais. Se optar pela estratégia do construtor especializado, você deve se concentrar em aplicar sua capacidade de identificar, criar e articular a missão para os clientes, funcionários e fornecedores. Você é o maior evangelista da empresa. Não só leva a bandeira da empresa, como, em muitos aspectos, *é* a bandeira.

Contudo, por ser um Expedicionário, sua abordagem enfrenta dois obstáculos. Para começar, você tende a voar alto demais. Seu foco na missão pode levá-lo a negligenciar os aspectos operacionais do negócio. Esse problema às vezes é agravado pelas mesmas características que aconselhamos aos Exploradores aprender com você: compaixão e vínculo de empatia com os funcionários. No seu caso, essas maravilhosas qualidades podem resultar na incapacidade de identificar seguidores de baixo desempenho e na relutância em lidar com os conflitos. Em resumo, a compaixão pode se transformar em desvantagem.

Se você adotar a estratégia do construtor especializado, terá de delegar os aspectos do dia a dia da empresa a seguidores comprometidos e confiáveis capazes de criar e administrar os detalhes necessários para concretizar sua missão. Você precisará do tipo certo de líder operacional, com estilo e competências bem diferentes dos seus. Como, por definição, o Expedicionário não tem talento natural para avaliar a capacidade operacional das pessoas, é importante escolher a dedo quem o ajudará nessa tarefa. Os investidores ex-

Expanda seu repertório

ternos, particularmente os especializados em seu tipo de negócio ou os que têm um parceiro operacional com experiência funcional, costumam ser grandes aliados na superação desse obstáculo.

O Expedicionário como um construtor mestre
Aprenda a abordagem sistemática do Explorador

O Expedicionário tende a gerar uma energia enorme com sua missão e carisma, levando funcionários, clientes e investidores a segui-lo. Como acabamos de ver, esse tipo de personalidade muitas vezes não tem as competências necessárias para operacionalizar a empresa nos diferentes estágios da escalada, um talento natural do Explorador.

Em vista disso, o Expedicionário pode optar por se tornar um construtor mestre aprendendo com os pontos fortes sistemáticos do Explorador, que, desse modo, pode retribuir o favor que sugerimos na seção anterior.

Você tem muito a aprender com seu colega Explorador, o mestre da racionalidade. Mas como um construtor compassivo e intuitivo pode aprender com um construtor de estilo oposto? Acreditamos que a ponte para o pensamento sistêmico do Explorador está na capacidade do Expedicionário de intuir e capitalizar áreas de desalinhamento. Esses dois construtores se beneficiam do conhecimento do sistema em questão.

O Explorador faz isso por meio de uma análise baseada em fatos; o Expedicionário, por meio de um senso intuitivo de necessidades e desejos. Se você, um Expedicionário, for capaz de identificar os problemas operacionais usando sua capacidade de encontrar pontos de desalinhamento, será mais fácil adotar os talentos operacionais do Explorador, mas ao seu próprio estilo.

O Capitão especializado
Nunca deixe de empoderar, orientar e ouvir

Se você é um Capitão, seu ponto forte é a liderança centrada na equipe. Esse talento lhe possibilita mobilizar seus correligioná-

CAPÍTULO NOVE

rios e gerenciar equipes com base na visão, na responsabilidade mútua e no empoderamento.

Como Capitão, você se destaca em descobrir maneiras de extrair o máximo desempenho de pessoas e equipes. Para isso, emprega sua enorme capacidade de ouvir, delegar e empoderar seus subordinados diretos e as equipes deles.

Os Capitães especializados expandem sua capacidade de liderança e gestão. Você já deve estar liderando um grupo mais diversificado de pessoas do que no início de sua carreira. Para se beneficiar ainda mais de seu talento de liderança, passe mais tempo familiarizando-se com as diferentes formas de pensar, falar e até ouvir de sua equipe. Essa é sua chance de aumentar a capacidade de comunicar o que precisa ser feito usando termos com que as pessoas se identificam.

Pode parecer um contrassenso sugerir que um Capitão adote a estratégia da delegação. Para isso, você precisará ir além da orquestração ativa e entregar a batuta a outras pessoas para ver se a orquestra consegue tocar sem você. Se conseguir, sairá mais capaz de se comunicar e motivar os membros de suas diversas equipes em constante evolução.

O Capitão como um construtor mestre
Faça um teste para ver como o Condutor domina as mudanças do mercado e a adequação do produto

Como já vimos, os Capitães em geral são os mais completos dos quatro tipos de construtor. Se você é um deles, tem o talento nato de selecionar, alocar e encorajar as pessoas a trabalhar em colaboração e com diligência para concretizar a visão da empresa. É franco e direto, o que leva seus funcionários a ter uma grande confiança em você. Promove o crescimento da organização e gerencia por meio das pessoas, que são encarregadas de prestar contas por resultados claramente definidos.

O que você tem a aprender e com quem para ser um construtor mestre? Acreditamos que o Condutor é o complemento polar do Capitão. Como identificamos antes, o Condutor tem muito a aprender com o Capitão, mas o Capitão também pode aprender com o Condutor, especialmente quando a empresa se vê diante de

Expanda seu repertório

condições de mercado mais competitivas e de evolução mais rápida, o que tende a se acelerar com a escala. Como Capitão, você pode aumentar sua eficácia com o tempo adotando a abordagem do Condutor e do Explorador, centrada no problema ou na solução, mas livre do grande ego desses dois tipos de construtor.

Lembre que os Capitães que conhecemos neste livro fundaram seu empreendimento a partir de um insight simples e pragmático. Pense em Suri Suriyakumar, que começou expandindo pequenas operações de impressão de plantas arquitetônicas, gerando oportunidades na compra de papel e aumentando a cobertura geográfica para atender construtoras de âmbito nacional. No fim de 2016, ele começou a oferecer a seus clientes serviços de armazenamento e acesso a plantas arquitetônicas digitais para serem usadas em reformas de prédios até sua demolição, ao fim de seu ciclo de vida.

Adotando a estratégia do construtor mestre, o Condutor pode servir de exemplo ao Capitão, mostrando como evitar surpresas com mudanças no mercado e nunca perder de vista as necessidades e os desejos dos clientes. Lembre como Mi Jong Lee se dedicou a observar as necessidades das clientes no âmbito da moda. Ela é tão consciente das necessidades em evolução que conseguiu se adaptar a elas, em vez de ficar para trás no veloz mundo da moda.

Para melhorar sua capacidade de identificar as mudanças no mercado, é preciso enfrentar um importante obstáculo. Você deve se dispor a arrancar sua equipe, e talvez até você mesmo, da zona de conforto. Refrear sua tendência de empoderar pessoas vai depender de sua ambição. Em mercados em rápida evolução, você talvez precise usar sua ambição para opor-se a sua propensão natural e sacrificar um pouco do espírito de equipe para fazer um movimento estratégico. Você pode ter sucesso chegando a uma solução primeiro, como Suriyakumar fez, e orientar a equipe de acordo com a percepção do produto ou mercado.

Abrimos este capítulo com a trajetória de John Crowley no caminho do construtor mestre e o fecharemos com outro exemplo de como um construtor pode expandir seu repertório usando um estilo para compensar as desvantagens de outro.

CAPÍTULO NOVE

Na qualidade de construtor, você sem dúvida aprendeu, adaptou-se e cresceu muito depois de lançar e administrar seu empreendimento. Sabemos que o processo de construção pode dar muito trabalho. Esperamos que as estratégias apresentadas neste capítulo e os insights dos capítulos anteriores reforcem seu entusiasmo pelo desafio e pelas recompensas resultantes de construir para o crescimento.

LAURIE SPENGLER: UMA CONSTRUTORA MESTRE EM EVOLUÇÃO

Como vimos no capítulo 2, Laurie Spengler desenvolveu e vendeu uma empresa europeia de consultoria financeira, a Central European Advisory Group.[3] Em muitos aspectos, Spengler é uma Condutora clássica. Quando a Tchecoslováquia foi dividida para formar a República Tcheca e a Eslováquia, em 1993, essa jovem norte-americana soube identificar intuitivamente uma oportunidade no mercado.

As empresas que estavam surgindo da desolação da economia planificada ao estilo soviético, agora voltadas para uma economia de mercado, precisavam de orientação para levantar capital e se reestruturar. Essa empreendedora corajosa, munida de um profundo conhecimento intuitivo do mercado, lançou seu negócio em um ambiente corporativo de um setor dominado por homens.

Como vimos, Spengler conta com todo o dinamismo, confiança e tenacidade de um Condutor. Mas ela vai além. Adota a estratégia do construtor mestre, incorporando o foco do Expedicionário na missão e as competências avançadas de liderança do Capitão.

Em muitos aspectos, Spengler tem a motivação de um Expedicionário. Ela lembra: "Eu queria ajudar a criar um mundo que não visse os resultados de negócios e a filantropia como objetivos conflitantes, a promover modelos de negócio que possibilitassem às pessoas ver que o mundo pode ser uma combinação do melhor desses dois universos".

Seu Expedicionário interior é reforçado ainda mais pela liderança empoderadora do Capitão. Uma de suas maiores fontes de inspiração foi seu pai, empresário de sucesso que lhe ensinou que "o sucesso deve ser orientado por uma visão mais ampla dos stakehol-

Expanda seu repertório

ders, inclusive dos funcionários, proporcionando-lhes bons empregos, bons benefícios e a possibilidade de mandar os filhos para a faculdade". Por isso, quando Spengler estava pensando em vender a empresa, ela até ponderou a possibilidade de maximizar o capital e vendê-la para uma grande empresa de serviços financeiros. No entanto, achou melhor abrir mão de parte dos lucros e vendê-la aos próprios funcionários. Ela afirma que sua motivação foi "ajudar a próxima geração de empresários da comunidade onde trabalhei". Pensando naquela época, ela conta: "Acho que minha decisão fez parte de meu processo de amadurecimento. Tem menos a ver com minha personalidade do que com meus valores. Em minha vida profissional, minha âncora sempre foram meus valores aliados a minha visão do mundo que quero ajudar a criar".

Laurie Spengler é o exemplo espetacular de uma construtora mestre, que integra sistematicamente os pontos fortes do Condutor, do Expedicionário e do Capitão.

UMA ÚLTIMA OBSERVAÇÃO

Se crescer for fundamental para o empreendimento, sua personalidade deve fazer uma grande diferença. O tipo de pessoa que você é afeta o modo como decide viabilizar o crescimento de seu negócio, como gerencia sua equipe e quais são suas chances de vencer. Esperamos que este livro o ajude a atingir seus objetivos. Agora você já pode decodificar, entender e encontrar o caminho para se tornar um construtor melhor, não importa se é um Condutor, um Explorador, um Expedicionário ou um Capitão.

Mostramos aos coconstrutores como avaliar e firmar parcerias mais profundas e produtivas ajudando-se mutuamente, bem como suas equipes, a identificar e selecionar pessoas compatíveis com seus objetivos e estilos. E apresentamos sugestões para construtores, investidores e patrocinadores corporativos selecionarem uns aos outros para maximizar o alinhamento de objetivos, abordagens e estilos.

A tarefa de construir empreendimentos de valor duradouro a partir do zero é dificílima. São incontáveis os fatores em jogo — coisas que podemos ver, como as ações dos concorrentes, e coisas que não

CAPÍTULO NOVE

podemos ver, como avanços tecnológicos sigilosos. Forças macroeconômicas podem elevar ou derrubar uma empresa, e, naturalmente, a sorte está sempre atuando nos bastidores.

Em meio a todas essas forças, a personalidade é o único fator que o construtor consegue controlar. Sua personalidade nunca é tão perfeita ou tão problemática quanto você, seus fãs ou seus críticos mais implacáveis podem acreditar. No entanto, você pode conhecer e alavancar sua personalidade para aumentar seu impacto no mercado e no mundo. Esperamos tê-lo munido de ferramentas, histórias e sugestões práticas para fazer isso.

Não importa qual é sua personalidade construtora, seu trabalho de fundar, desenvolver e escalar um empreendimento é fundamental para criar oportunidades e estimular a prosperidade. Nossa economia, nossas sociedades e o mundo dependem do crescimento que seu sucesso pode gerar.

Em resumo, precisamos que você, sua equipe e seu empreendimento sejam *feitos para crescer*.

APÊNDICE A

NOSSA METODOLOGIA
DE PESQUISA
Como decodificamos os
segredos dos construtores

Nos 13 anos que Chris e sua equipe passaram entre a fundação, construção e desenvolvimento da Rosetta, conduziram milhares de vezes o Personality-Based Clustering (técnica de agrupamento baseado na personalidade) em muitas empresas da lista Global 1000 mundo afora. Durante esse trabalho, eles analisaram mais de 1 milhão de respondentes dentre bilhões de observações, abrangendo líderes de mercado no setor de saúde, como Johnson & Johnson, Genentech, Pfizer e Bristol-Meyers Squibb, companhias de serviços financeiros, como Chase, Fidelity, Capital One e Citibank, empresas de tecnologia de consumo, como Samsung, Microsoft e Activision, organizações sem fins lucrativos, como NPR e Special Olympics, e centenas de outras empresas. As ideias resultantes foram aplicadas para criar e executar campanhas de marketing personalizadas em mercados por todo o mundo.

E a abordagem funciona. Os resultados foram impressionantes, com um aumento da eficácia do marketing (em termos de receita incremental por dólar de marketing gasto) variando em média de 75% a 150% e até mais. Essas campanhas mostraram-se muito eficazes para estimular os consumidores, melhorando ainda mais o retorno do marketing sobre o investimento.

Nossa metodologia de pesquisa

A técnica Personality-Based Clustering é eficaz no marketing porque separa os consumidores de cada setor em grupos diferenciados de acordo com suas motivações e preferências. Com base nesse conhecimento e por meio de um conjunto de ferramentas de tipologia para direcionar a campanha, o produto, a mensagem e a oferta podem ser customizados para conquistar os indivíduos mais promissores de cada grupo.

A TIPOLOGIA DO CONSTRUTOR

Depois de comprovar que a metodologia do agrupamento baseado na personalidade era capaz de decifrar os mistérios de quem compra quais marcas e em que mercados mundo afora, trabalhamos com a Rosetta para adaptar essa ferramenta analítica e decifrar quem constrói essas empresas, por que e como. Nosso foco foi responder a três perguntas: "Quais fatores formam e definem as diferentes personalidades construtoras?"; "Quais são os tipos de construtor resultantes, em termos de como suas preferências levam a diferentes comportamentos na construção de seus empreendimentos?"; e, por fim, quando aplicamos o questionário Builder Personality Discovery™ (BPD, ou Descoberta da Personalidade Construtora) a construtores individuais e os entrevistamos para investigar como eles construíram seu empreendimento, "As histórias e exemplos que contaram confirmaram ou não as preferências de cada tipo?".

OS QUATRO FATORES QUE GERARAM NOSSA TIPOLOGIA DE CONSTRUTORES

O questionário BPD de dez perguntas que usamos nas entrevistas para escrever este livro é o resumo de uma ferramenta de pesquisa mais extensa enviada a vários grupos de fundadores de empresas de sucesso. Esse questionário original, composto de mais de cem perguntas, foi respondido por mais de 450 entrevistados de um painel de CEOs construtores de organizações que atingiram receita anual de pelo menos US$ 3 milhões e estavam no negócio havia pelo menos três anos.[1] Complementamos esse grupo com empreendedoras participantes dos grupos Young Presidents' Organization e Women Presidents' Organization, além de outras associações cujos membros atendiam a nossos critérios.

Feitas para crescer

APÊNDICE A

Ao aplicar o algoritmo de agrupamento patenteado da Rosetta aos dados dos respondentes, isolamos os quatro fatores e as dez dimensões básicas que categorizam a população dos construtores em quatro tipos diferentes. Os fatores e dimensões são:

Motivação e autoidentidade

- O respondente acha que sempre foi destinado a ser um construtor de empresas, ou o fato de ser um construtor ocorreu por acaso?
- Até que ponto o respondente atribui seu sucesso à sorte e ao timing do mercado?
- O respondente prefere se concentrar em vender ou em entregar o produto ou serviço?

Processo decisório

- O respondente tende a confiar mais em sua intuição ou em fatos?
- O respondente encoraja a experimentação?

Abordagem de gestão

- O respondente acha que sua equipe de gestão é fundamental para o sucesso do empreendimento?
- O respondente costuma colocar as mãos na massa ou deixa as pessoas livres para agir?
- O respondente considera as decisões difíceis algo pessoal ou acha que simplesmente fazem parte do trabalho?

Estilo de liderança

- O respondente inspira as pessoas pela empatia e compaixão?
- O respondente vê a empresa como "minha empresa" ou "nossa empresa"?

Esses fatores e dimensões estão no questionário BPD de dez perguntas (veja, na página 11, o quadro "Qual personalidade

Nossa metodologia de pesquisa

construtora é mais parecida com a sua?"), lembrando que nosso algoritmo é aplicado ao questionário mais extenso disponível no site www.builtforgrowth.com.

LIMITAÇÕES DO QUESTIONÁRIO
BUILDER PERSONALITY DISCOVERY (BPD)

Nosso questionário BPD tem as mesmas limitações que outras ferramentas psicométricas (termo sofisticado que se refere a questionários que comparam o respondente com outras pessoas que responderam ao questionário e o classificam em um grupo descritivo conhecido como "tipo"). Vamos dar uma olhada nessas limitações.

Uniformidade

A eficácia da ferramenta BPD, tal qual a Tipologia de Myers-Briggs, o Hogan Assessments e outras avaliações, depende de respostas precisas e francas. O problema é que as respostas variam de acordo com o estado de espírito das pessoas e sua atitude mental no momento em que preenchem o questionário e podem alterar os resultados. Tal variação é uma limitação de todas essas ferramentas, inclusive da nossa.

Precisão

Como no caso da uniformidade, a precisão de qualquer instrumento baseado em informações autorrelatadas depende de respostas francas e do estado de espírito das pessoas no momento em que preenchem o questionário. Portanto, nós o encorajamos a responder a nosso questionário BPD mais de uma vez, deixando um intervalo de uma semana a dez dias entre as ocasiões, e em diferentes estados de humor, especialmente se você achar que os primeiros resultados não são precisos. Repetir o questionário vai ajudá-lo a identificar um tipo dominante, se for o caso.

Você também pode perguntar a duas ou três pessoas de confiança como elas acham que você responderia às dez perguntas.

Feitas para crescer

APÊNDICE A

Feito isso, compare as respostas com as suas. Assim, você pode verificar a objetividade de sua autoavaliação.

Híbridos: construtores que combinam mais de um tipo

Poucos construtores se adaptam à perfeição a um tipo de personalidade, e a personalidade não é necessariamente fixa e imutável. Alguns construtores combinam mais de uma personalidade. Os seres humanos são, por natureza, adaptáveis, observam e incorporam qualidades de colegas, subordinados e mentores. Você pode e deve usar essa facilidade adaptativa para aprimorar e diversificar seu repertório de construtor. Chamamos esse tipo de combinação adaptativa de "adquirida", porque os atributos são tirados do ambiente, e o outro tipo de "inata", por corresponder a uma personalidade combinada que está configurada em nosso cérebro. Pense nas recentes discussões sobre as diferenças entre os gêneros e a nova hipótese de que eles podem ser vistos como um espectro e não apenas como dois pontos, o masculino e o feminino.

Para refletir sobre esse conceito da personalidade combinada, usamos as respostas ao questionário para criar uma medida da probabilidade de uma pessoa ser uma combinação de dois tipos de construtor, e, se for o caso, quais tipos e em quais proporções. Essa medida só está disponível em nosso site, porque são necessários cálculos estatísticos para comparar suas respostas com a população de teste. Não temos como identificar se sua combinação específica é inata ou adquirida, mas podemos dizer se você tem mais chances de pertencer a um dos tipos de construtor ou a uma combinação de dois tipos. Se estiver curioso, visite nosso site (www.builtforgrowth.com).

Você pode estar se perguntando qual é a diferença entre as personalidades híbridas do construtor e nosso conceito de construtores mestres. Os híbridos são combinações de dois ou mais tipos de construtor com personalidade que apresenta aspectos de mais de um tipo. Isso é muito diferente de um construtor que começa com um tipo de personalidade, com os talentos e as deficiências características, e, à medida que se desenvolve profissionalmente,

Nossa metodologia de pesquisa

começa a ver como suas preferências e tendências resultam em deficiências. Com base nesse autoconhecimento, o construtor mestre pode estudar seu complemento polar e incorporar sistematicamente as preferências desse tipo de personalidade, mas de um jeito que não seja forçado.

UM RESUMO DOS TESTES DE PERSONALIDADE E DO AGRUPAMENTO BASEADO NA PERSONALIDADE

Gostamos de acreditar que somos especiais, mas na verdade existe um número finito de variações de personalidade. A técnica Personality-Based Clustering (agrupamento baseado na personalidade), da Rosetta, fundamenta-se nos conceitos apresentados no trabalho seminal de Katharine Cook Briggs e sua filha, Isabel Briggs Myers.

No início da década de 1940, Briggs e Myers desenvolveram um questionário psicométrico que ficou conhecido como Tipologia de Myers-Briggs. Essa ferramenta foi concebida para medir preferências psicológicas no modo como as pessoas percebem o mundo e tomam decisões. O trabalho original de Myers e Briggs foi utilizado na Segunda Guerra Mundial para ajudar as mulheres a encontrar os empregos mais adequados a seu temperamento. Desde sua criação, essa metodologia foi aplicada milhões de vezes.

Os conhecimentos resultantes desse trabalho pioneiro geraram uma indústria de testes de personalidade, incluindo a técnica Personality-Based Clustering. Embora existam muitas classificações possíveis, podemos caracterizar as ferramentas psicométricas de tipologia com base no escopo e na natureza das populações às quais se dedicam. A Figura A.1 mostra essa classificação na forma de um cone. Os testes de personalidade gerais, que formam um conjunto de ferramentas que podem ser aplicadas a todas as pessoas e explica consideráveis variações de personalidade espalhadas por toda a população, são a parte mais ampla do cone. No meio dele estão as ferramentas focadas em populações delimitadas, específicas a certas áreas, como as pessoas que trabalham em empresas ou as estão pensando em abrir o próprio negócio. A parte mais estreita do cone representa as ferramentas de personalidade ainda mais especializadas. Vejamos os três tipos de ferramentas em detalhes.

APÊNDICE A

FIGURA A.1

Exemplos de ferramentas de tipologia da personalidade

População em geral
Grupos definidos por amplas preferências de personalidade em qualquer contexto

População específica a certas áreas
Grupos definidos por preferências apresentadas em contextos específicos

Grupos segmentados e de alto impacto*

- Tipologia de Myers-Briggs
- Teste de Temperamento de Keirsey

Empresas em geral
- Metodologia DiSC
- StrengthsFinder
- Inventário de Personalidade Hogan
- Teste de Belbin

Empreendedorismo
- Entrepreneurship StrengthsFinder (atualmente chamado de EP-10)
- BOSI Entrepreneurial DNA Test

Categorias de consumidores
- Personality-Based Clustering (técnica do agrupamento baseado na personalidade, da Rosetta)

Construtores empresariais de sucesso
- Builder Personality Discovery (BPD, Descoberta da Personalidade Construtora)

* Essas ferramentas identificam crenças, motivações e preferências específicas cruciais para o sucesso no contexto relevante.

Nossa metodologia de pesquisa

Ferramentas de tipologia da personalidade da população em geral

No extremo mais largo do cone, a Tipologia de Myers-Briggs é o exemplo mais conhecido. Com base nas teorias de Carl Jung, Briggs e Myers postularam que todas as possíveis personalidades humanas podem ser classificadas em quatro dimensões (introversão *vs.* extroversão, sensorial *vs.* intuição, razão *vs.* sentimento e julgamento *vs.* percepção), resultando em 16 variações de personalidade (as várias combinações das quatro dimensões). Por exemplo, se você for um INTP, tende a ser mais Introvertido (I), a confiar em sua iNtuição (N), a ser mais propenso a pensar (T, de *thinking*, em inglês) do que a sentir e a ter uma abordagem mais Perceptiva (P) da vida, em vez de julgar. A Figura A.2 descreve as quatro dimensões e o espectro de respostas potenciais para a Tipologia de Myers-Briggs.

FIGURA A.2

AS QUATRO DIMENSÕES DA TIPOLOGIA DE MYERS-BRIGGS

DIMENSÃO
1. Mundo preferido

Externo (mundo exterior)	Fonte de energia	Interno (mundo interior)

2. Informações

Fatos (sensorial)	Método de obtenção de informações	Possibilidades (intuição)

3. Decisões

Cabeça (razão)	Abordagem na tomada de decisão	Coração (sentimento)

4. Estrutura

Organizado (julgamento)	Abordagem à vida	Aberto (percepção)

Feitas para crescer

APÊNDICE A

Ferramentas de personalidade amplas e específicas ao contexto

No meio do funil, temos ferramentas psicométricas amplas e específicas ao contexto. Esses instrumentos se baseiam em um conceito similar à Tipologia Myers-Briggs e identificam fatores que agrupam as pessoas em uma área específica, como as que trabalham em empresas ou, mais especificamente, as que podem ter interesse pelo empreendedorismo.

Em 1998, Chris e a equipe da Rosetta tiveram a ideia de aplicar ferramentas psicométricas a populações especializadas de consumidores. Eles desenvolveram um processo de criação de ferramentas específicas a diferentes setores para explicar como e por que diferentes categorias de consumidores (de cartões de crédito e celulares a analgésicos e roupas) tomam suas decisões de compra e escolha de marca. A hipótese inicial era a de que cada consumidor tem um conjunto de crenças, motivações e preferências que afetam seu grupo e o comportamento de compra.

Por exemplo, eu quero ou não comprar um celular novo? Se eu quiser um celular novo, qual combinação de crenças (acho que os melhores celulares são os da Apple), quais motivações (que marca e estilo quero exibir aos amigos) e preferências (combinação das funcionalidades de voz e dados, preço, cobertura de serviços etc.) levam a meu comportamento de compra de celular? A Rosetta chamou esse contexto específico de Cell Phone Personality Typology (tipologia de personalidade para escolher celulares) e aplicou a tipologia para aumentar a eficácia do marketing para clientes como a AT&T Wireless, a Sprint e vários fabricantes famosos. A Rosetta concebeu modelos similares para retratar as escolhas dos consumidores em centenas de outras categorias mundo afora.

Outro instrumento específico ao contexto é a ferramenta StrengthsFinder, da Gallup.[2] O StrengthsFinder tem sido aplicado para ajudar as pessoas e seus empregadores a identificar os talentos inatos dos indivíduos. Com base nos resultados, os funcionários podem ser alocados às funções mais adequadas e receber ajuda para desenvolver-se profissionalmente. Nos últimos anos, a Gallup adaptou sua ferramenta para identificar empreendedores,

Nossa metodologia de pesquisa

como explicado em *Entrepreneurial StrengthsFinder.*[3] Esse livro apresenta ideias importantes para quem deseja saber se tem ou não os atributos necessários para empreender.

Ferramentas de personalidade segmentadas e de alto impacto

No extremo mais estreito do cone, há um conjunto de ferramentas de personalidade especializadas, aplicadas a populações específicas para dividir as pessoas em subgrupos dependendo de como suas crenças e preferências motivam explicitamente suas escolhas e comportamentos em contextos específicos. A ferramenta BPD, que desenvolvemos com a metodologia da Rosetta (e aplicamos ao grupo de alto impacto de empreendedores de sucesso), é um desses instrumentos. O questionário foi especificamente concebido para identificar o perfil de personalidade dos construtores de novos empreendimentos de sucesso.

Isso foi feito criando um amplo espectro de respostas potenciais, como mostra a Figura A.3, para a ferramenta BPD. A maioria das perguntas é mensurada em uma escala de sete pontos, e as outras, com respostas do tipo "sim" ou "não".

APÊNDICE A

FIGURA A.3

Os quatro fatores e dimensões da ferramenta Builder Personality Discovery (BPD)

FATOR
1. Motivação e autoidentidade

Acaso	Motivação para ser o construtor de um empreendimento	Destino
Não importante	Papel da sorte e do timing no sucesso	Importante
Entregar o produto ou serviço	Função preferida	Vender o produto ou serviço

2. Processo decisório

Baseada em fatos	Abordagem	Baseada na intuição
Não favorece	Cultura de experimentação	Favorece

3. Abordagem de gestão

Menos importante	Papel da equipe de gestão	Fundamental para o sucesso
Tende a não interferir	Necessidade de controle	Maníaco por controle
Leva para o lado pessoal	Como considera as decisões difíceis	Apenas parte do trabalho

4. Estilo de liderança

"Não são fundamentais para meu estilo de liderança"	Compaixão e empatia	"São fundamentais para meu estilo de liderança"
"Nossa empresa"	Pensa na empresa como	"Minha empresa"

Nossa metodologia de pesquisa

APÊNDICE B

OS ARQUÉTIPOS DO CONSTRUTOR
Padrões de resposta de
cada tipo de construtor

Ao comparar seu padrão de respostas às perguntas do questionário de personalidade construtora (capítulo 1) com os padrões descritos a seguir, tenha em mente que:

- as respostas às perguntas do questionário podem variar muito, inclusive entre pessoas com a mesma personalidade construtora. Apresentamos aqui apenas os padrões arquetípicos para você poder comparar seu padrão e identificar suas tendências gerais. Os padrões arquetípicos também dão uma ideia mais geral de como os quatro fatores distinguem um tipo dos outros;
- não se preocupe se seu padrão não corresponder perfeitamente a um dos arquétipos, porque o questionário deste livro é uma versão simplificada do que você encontrará em nosso site (www.builtforgrowth.com). Entre as diferenças, sete perguntas poderão ser respondidas em uma escala de sete pontos, em vez de na escala simplificada de três pontos sugerida aqui. A escala de resposta mais detalhada especifica suas crenças e preferências e prevê seu tipo de construtor com mais precisão;
- a versão do questionário em escala completa, disponível em nosso site, tem mais de um bilhão de combinações de respostas possíveis, e a melhor maneira de descobrir seu tipo é responder ao questionário completo do site.

Os arquétipos do construtor

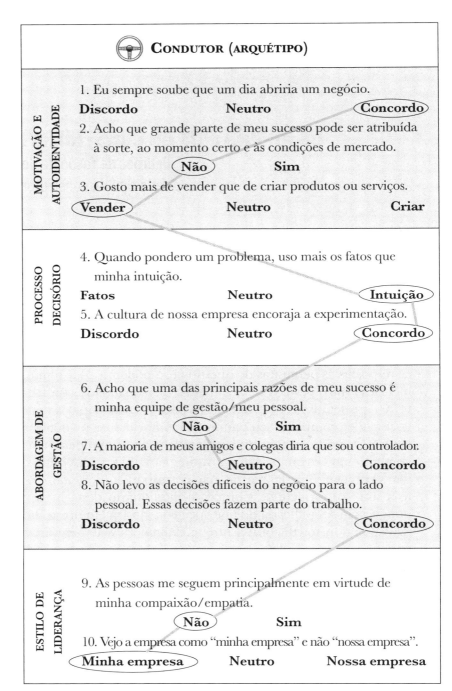

CONDUTOR (ARQUÉTIPO)

MOTIVAÇÃO E AUTOIDENTIDADE

1. Eu sempre soube que um dia abriria um negócio.
   Discordo — Neutro — (**Concordo**)
2. Acho que grande parte de meu sucesso pode ser atribuída à sorte, ao momento certo e às condições de mercado.
   (**Não**) — Sim
3. Gosto mais de vender que de criar produtos ou serviços.
   (**Vender**) — Neutro — Criar

PROCESSO DECISÓRIO

4. Quando pondero um problema, uso mais os fatos que minha intuição.
   Fatos — Neutro — (**Intuição**)
5. A cultura de nossa empresa encoraja a experimentação.
   Discordo — Neutro — (**Concordo**)

ABORDAGEM DE GESTÃO

6. Acho que uma das principais razões de meu sucesso é minha equipe de gestão/meu pessoal.
   (**Não**) — Sim
7. A maioria de meus amigos e colegas diria que sou controlador.
   Discordo — (**Neutro**) — Concordo
8. Não levo as decisões difíceis do negócio para o lado pessoal. Essas decisões fazem parte do trabalho.
   Discordo — Neutro — (**Concordo**)

ESTILO DE LIDERANÇA

9. As pessoas me seguem principalmente em virtude de minha compaixão/empatia.
   (**Não**) — Sim
10. Vejo a empresa como "minha empresa" e não "nossa empresa".
    (**Minha empresa**) — Neutro — Nossa empresa

APÊNDICE B

	EXPLORADOR (ARQUÉTIPO)
MOTIVAÇÃO E AUTOIDENTIDADE	1. Eu sempre soube que um dia abriria um negócio. **(Discordo)** Neutro Concordo 2. Acho que grande parte de meu sucesso pode ser atribuída à sorte, ao momento certo e às condições de mercado. **(Não)** Sim 3. Gosto mais de vender que de criar produtos ou serviços. **Vender** Neutro **(Criar)**
PROCESSO DECISÓRIO	4. Quando pondero um problema, uso mais os fatos que minha intuição. **(Fatos)** Neutro Intuição 5. A cultura de nossa empresa encoraja a experimentação. **(Discordo)** Neutro Concordo
ABORDAGEM DE GESTÃO	6. Acho que uma das principais razões de meu sucesso é minha equipe de gestão/meu pessoal. **(Não)** Sim 7. A maioria de meus amigos e colegas diria que sou controlador. Discordo Neutro **(Concordo)** 8. Não levo as decisões difíceis do negócio para o lado pessoal. Essas decisões fazem parte do trabalho. Discordo Neutro **(Concordo)**
ESTILO DE LIDERANÇA	9. As pessoas me seguem principalmente em virtude de minha compaixão/empatia. **(Não)** Sim 10. Vejo a empresa como "minha empresa" e não "nossa empresa". **Minha empresa** **(Neutro)** Nossa empresa

Os arquétipos do construtor

EXPEDICIONÁRIO (ARQUÉTIPO)

MOTIVAÇÃO E AUTOIDENTIDADE

1. Eu sempre soube que um dia abriria um negócio.

Discordo   **Neutro**   **Concordo**

2. Acho que grande parte de meu sucesso pode ser atribuída à sorte, ao momento certo e às condições de mercado.

Não   **Sim**

3. Gosto mais de vender que de criar produtos ou serviços.

Vender   **Neutro**   **Criar**

PROCESSO DECISÓRIO

4. Quando pondero um problema, uso mais os fatos que minha intuição.

Fatos   **Neutro**   **Intuição**

5. A cultura de nossa empresa encoraja a experimentação.

Discordo   **Neutro**   **Concordo**

ABORDAGEM DE GESTÃO

6. Acho que uma das principais razões de meu sucesso é minha equipe de gestão/meu pessoal.

Não   **Sim**

7. A maioria de meus amigos e colegas diria que sou controlador.

Discordo   **Neutro**   **Concordo**

8. Não levo as decisões difíceis do negócio para o lado pessoal. Essas decisões fazem parte do trabalho.

Discordo   **Neutro**   **Concordo**

ESTILO DE LIDERANÇA

9. As pessoas me seguem principalmente em virtude de minha compaixão/empatia.

Não   **Sim**

10. Vejo a empresa como "minha empresa" e não "nossa empresa".

Minha empresa   **Neutro**   **Nossa empresa**

APÊNDICE B

CAPITÃO (ARQUÉTIPO)

MOTIVAÇÃO E AUTOIDENTIDADE

1. Eu sempre soube que um dia abriria um negócio.
Discordo   Neutro   Concordo

2. Acho que grande parte de meu sucesso pode ser atribuída à sorte, ao momento certo e às condições de mercado.
Não   Sim

3. Gosto mais de vender que de criar produtos ou serviços.
Vender   **Neutro**   **Criar**

PROCESSO DECISÓRIO

4. Quando pondero um problema, uso mais os fatos que minha intuição.
Fatos   Neutro   Intuição

5. A cultura de nossa empresa encoraja a experimentação.
Discordo   **Neutro**   **Concordo**

ABORDAGEM DE GESTÃO

6. Acho que uma das principais razões de meu sucesso é minha equipe de gestão/meu pessoal.
Não   **Sim**

7. A maioria de meus amigos e colegas diria que sou controlador.
Discordo   Neutro   Concordo

8. Não levo as decisões difíceis do negócio para o lado pessoal. Essas decisões fazem parte do trabalho.
Discordo   **Neutro**   **Concordo**

ESTILO DE LIDERANÇA

9. As pessoas me seguem principalmente em virtude de minha compaixão/empatia.
Não   **Sim**

10. Vejo a empresa como "minha empresa" e não "nossa empresa".
Minha empresa   Neutro   **Nossa empresa**

Os arquétipos do construtor

NOTAS*

Capítulo 1

1. STEVENSON, Howard H. A perspective on entrepreneurship. Boston: Harvard Business School, 28 out. 1983. Um comentário interessante sobre a longevidade dessa definição está em EISENMANN, Thomas R. Entrepreneurship: a working definition. *Harvard Business Review*, 10 jan. 2013. https://hbr.org/2013/01/what-is-entrepreneurship.
2. BIOGRAPHY.COM. Biografia de Mark Cuban. http://www.biography.com/people/mark-cuban-562656#synopsis.
3. As citações de Ben Weiss apresentadas neste capítulo foram extraídas de nossa entrevista com ele, realizada em 17 de maio de 2015.
4. OXFORD DICTIONARY OF ENGLISH. Oxford: Oxford University Press, 2009.
5. CPP, https://www.cpp.com/en-US/Products-and-Services/Myers-Briggs; DiSC PROFILE, What is DiSC®? The DiSC personality test explained, http://www.discprofile.com/what-is-disc/overview; HOGAN ASSESSMENTS, http://www.hoganassessments.com.
6. MOORE, Geoffrey A. *Crossing the Chasm*: Marketing and Selling High-Tech Products to Mainstream Customers. Nova York: HarperBusiness, 1999.
7. No decorrer deste livro, você vai ler sobre construtores de empreendimentos de enorme sucesso, e entrevistamos pessoalmente a maioria

---

* N.T.: Todos os sites indicados foram acessados em 14 fev. 2018.

deles. Todos também responderam a nosso questionário Builder Personality Discovery™ (BPD, ou Descoberta da Personalidade Construtora) para identificar seu tipo de construtor. Às vezes nos referimos a outros empreendedores importantes e famosos, vivos ou mortos, para exemplificar nossos argumentos. Nesses casos, utilizamos fontes respeitáveis e disponíveis ao público, como autobiografias, biografias e entrevistas publicadas na imprensa, para ter uma ideia de como essas pessoas provavelmente se adaptam a nossa tipologia.

8. McCRACKEN Harry. How Facebook keeps scaling its culture. *Fast Company*, 24 nov. 2015. http://www.fastcompany.com/3053776/behind-the-brand/how-facebook-keeps-scaling-its-culture.

9. PACKARD, David. *The HP Way*: How Bill Hewlett and I Built Our Company. Nova York: HarperBusiness, 1995.

10. Veja, por exemplo: QUENK, Naomi L., *Beside Ourselves*: Our Hidden Personality in Everyday Life. Palo Alto: Davis-Black, 1993.

CAPÍTULO 2

1. Salvo indicação contrária, as informações apresentadas neste capítulo baseiam-se em entrevistas que fizemos com Ben Weiss, Rick Greenberg, Len Pagon, Bob Kocher, Howard Lerman, Mi Jong Lee, Steve Breitman, Adam Jackson e Matt Blumberg entre março e novembro de 2015. As citações de Laurie Spengler são de uma entrevista realizada em novembro de 2014.

2. Para mais informações sobre a vida e a carreira de Charlie Cawley, veja: ROBERTS, Sam. Charles M. Cawley, credit card pioneer, dies at 75. *New York Times*, 24 nov. 2015. http://www.nytimes.com/2015/11/25/business/charles-m-cawley-founder-of-mbna-corp-dies-at-75.html; CHARLES M. CAWLEY. *Reference for Business*. http://www.reference-forbusiness.com/biography/A-E/Cawley-Charles-M-1941.html.

3. Conceito e expressão contidos no clássico livro de Clayton M. Christensen: CHRISTENSEN, Clayton M. *The Innovator's Dilemma*: When New Technologies Cause Great Firms to Fail. Boston: Harvard Business School Press, 1997.

CAPÍTULO 3

1. Salvo indicação contrária, as informações apresentadas neste capítulo baseiam-se em entrevistas que fizemos com Brian O'Kelley, Grace Choi,

Tom Phillips, Derek Lidow, Mark Bonfigli, Chris Pinkham, Brian Coester e Bryan Roberts entre março e novembro de 2015.

2. MOORE, Susie. What Sara Blakely wished she knew in her 20s. *Marie Claire*, 4 nov. 2014. http://www.marieclaire.com/politics/news/a11508/sara-blakely-interview.

3. ROGERS, Bruce. Tom Leighton's Journey from MIT professor to Akamai CEO. *Forbes*, 20 maio 2014. https://www.forbes.com/sites/brucerogers/2014/05/20/tom-leightons-journey-from-mit-professor-to-akamai-ceo/#19ac5ac46167.

4. BROOKS, Carl. Amazon's early efforts at cloud computing? Partly accidental. *TechTarget*, 17 jun. 2010. http://itknowledgeexchange.techtarget.com/cloud-computing/amazons-early-efforts-at-cloud-computing-partly-accidental.

CAPÍTULO 4

1. Veja, por exemplo: MASTERS, Kim. Jessica Alba's tears on her way to building a $1 billion business. *Hollywood Reporter*, 3 out. 2014. http://www.hollywoodreporter.com/features/jessica-albas-tears-her-way-736714; FERNANDEZ, Celia. Jessica Alba talks $1 billion empire. *Latina*, 22 maio 2015. http://www.latina.com/entertainment/celebrity/jessica-alba-talks-honest-company-empire; O'CONNOR, Clare. How Jessica Alba built a $1 billion company, and $200 million fortune, selling parents peace of mind. *Forbes*, 15 jun. 2015. https://www.forbes.com/sites/clareoconnor/2015/05/27/how-jessica-alba-built-a-1-billion-company-and-200-million-fortune-selling-parents-peace-of-mind/#bb4655442b4a.

2. Para saber mais sobre Jack Dorsey e sua trajetória, veja: JACK DORSEY. *Biography.com*. http://www.biography.com/people/jack-dorsey-578280#creation-of-twitter; CARLSON, Nicholas. Jack Dorsey is not Steve Jobs. *Business Insider*, 29 nov. 2014. http://www.businessinsider.com/jack-dorsey-is-not-steve-jobs-2014-11.

3. Salvo indicação contrária, as informações apresentadas neste capítulo baseiam-se em entrevistas que fizemos com Derek Newell, Nate Morris, Katherine Hays, Jim Hornthal, James Currier, Angelo Pizzagalli, Ben Cohen, Jerry Greenfield, Jenny Fleiss, Christina Seelye, Greg Titus, Umair Khan, Doris Yeh, Aaron Levie e Marsha Firestone entre março e novembro de 2015.

Capítulo 5

1. Salvo indicação contrária, as informações apresentadas neste capítulo baseiam-se em entrevistas que fizemos com Margery Kraus, John Crowley, Mark Coopersmith, Peter Arvai, Suri Suriyakumar, Cindy Monroe, Chris Dries, June Ressler e Chris Bischof entre março e novembro de 2015. Nossas entrevistas com George McLaughlin e Paul Gilbert foram realizadas no último trimestre de 2014 e de 2013, respectivamente.

2. Para saber mais sobre Jack Ma, sua trajetória no empreendedorismo e sua abordagem na construção de empresas, veja, por exemplo: MA, Jack. Unparalleled ruthlessness' awaits: Jack Ma's letter to Alibaba employees. *Wall Street Journal*, 7 maio 2014. https://blogs.wsj.com/chinarealtime/2014/05/07/unparalleled-ruthlessness-awaits-jack-mas-letter-to-alibaba-employees; FANNIN, Rebecca. How I did it: Jack Ma, Alibaba.com. *Inc.*, 1 jan. 2008. https://www.inc.com/magazine/20080101/how-i-did-it-jack-ma-alibaba.html; PROJECT PENGYOU. Jack Ma: "To win in the 21st century, you must empower others". *Project Pengyou*, 28 jan. 2015. http://projectpengyou.org/jack-ma-to-win-in-the-21st-century-you-must-empower-others.

3. Para uma análise fascinante da cultura de tomada de decisão da Nokia, veja: HUY, Quy; VUORI, Timo. Who killed Nokia? Nokia did. *INSEAD Knowledge*, 22 set. 2015. https://knowledge.insead.edu/strategy/who-killed-nokia-nokia-did-4268.

4. Para saber mais sobre o Great Place to Work United States, veja: http://www.greatplacetowork.com/about-us.

Capítulo 6

1. Para saber mais sobre esses coconstrutores, veja: RICE, Julie. The secrets to a successful business partnership. *Fast Company*, 18 jun., 2015. http://https://www.fastcompany.com/3047361/the-secrets-to-a-successful-business-partnership; SOULCYCLE. *Our story*. http://www.soul-cycle.com/our-story.

2. SHAH, Dharmesh. Startup insights from Paul English, co-founder of Kayak. *OnStartups*, 10 maio 2010. http://onstartups.com/tabid/3339/bid/12604/Startup-Insights-From-Paul-English-Co-Founder-of-Kayak.aspx.

3. Uma observação pessoal interessante sobre nós, autores (ambos Condutores), nesse sentido: John prefere estruturas igualitárias em suas atividades empreendedoras por acreditar que isso maximiza o alinhamento

entre as partes e força um comprometimento quando necessário, e Chris tende a ver esse tipo de estrutura como exceção a sua abordagem habitual, acreditando que, para vencer em mercados competitivos, uma única pessoa precisa ter a última palavra na tomada de decisões difíceis.

4. ABBOTT, Michael. Founder stories: Airbnb's Nate Blecharczyk on being the only engineer for the first year. *TechCrunch*, 19 jun. 2013. https://techcrunch.com/2013/06/19/founder-stories-airbnbs-nate-blecharczyk--on-being-the-only-engineer-for-the-first-year.

5. Somos especialmente gratos a Dan Mulhern, nosso colega do corpo docente da University of California Berkeley, por sugerir essa abordagem que ele chama de "líderes emparelhados".

6. KAWASAKI, Guy. How to find a co-founder. *Guy Kawasaki* (blog), 21 fev. 2015. http://guykawasaki.com/how-to-find-a-co-founder.

CAPÍTULO 8

1. Paul Maeder, entrevista com os autores, 1 out. 2015.
2. Andy Rachleff, entrevista com os autores, 4 ago. 2015.

CAPÍTULO 9

1. Citações de Crowley, entrevista com os autores, 28 abr. 2015.
2. Citações de Paul Maeder, entrevista com os autores, 1 out. 2015.
3. Citações de Laurie Spengler, entrevista com os autores, 4 nov. 2014.

APÊNDICE A

1. Escolhemos o limite "3 + 3" por várias razões. Em primeiro lugar, a maioria dos principais relatos do sucesso e do fracasso de startups tende a se concentrar nos primeiros três-cinco anos do empreendimento. Em segundo lugar, os melhores dados disponíveis sobre a escalada de empresas sugere que grande parte das startups não supera o limite dos US$ 3 milhões. Em terceiro lugar, à luz desses fatores, consideramos esse padrão "3 + 3" ao mesmo tempo prático e uma meta a ser ambicionada. Quando milhares de construtores que satisfazem esse limite responderem a nosso questionário Builder Personality Discovery, esperamos poder melhorar a ferramenta, incluir mais detalhes e segmentá-la por setor de atuação ou gênero, por exemplo.

2. Gallup Strengths Center, http://www.gallupstrengthscenter.com.

3. CLIFTON, Jim; BADAL, Sangeeta Bharadwaj. *Entrepreneurial Strengths-Finder 2.0.* Nova York: Gallup Press, 2014.

ÍNDICE REMISSIVO

abordagem do lobo solitário, 66, 83

Accenture, 193

adequação do produto ao mercado, 191-4; Condutores e, 33-4

administração/gestão, 5, 233; construtores aliados e, 159; de talentos, 183-5; pelos Capitães, 120, 122, 138; pelos Condutores, 30; pelos Expedicionários, 90; pelos Exploradores, 60

adotantes iniciais, 41, 50, 53, 71; Expedicionários e, 96

agrupamento baseado na personalidade, 21-3, 31, 231-40

Airbnb, 154, 170

Akamai, 63

Alba, Jessica, 89-91

Alibaba, 128-9, 159

Alphabet, 20

Amazon, 7

Amazon Web Services, 16, 74, 80, 132

American Specialty Foods, 131

Amicus, 126, 139, 212

APCO Worldwide, 119, 121, 137, 139

apoio financeiro *ver* dinâmica do patrocinador

Apple, 18, 154

AppNexus, 59, 61, 66-7, 75, 220

aprendizagem com outros tipos de construtor, 17, 22-3, 211-39; estratégias, 213-7; para os Capitães, 224-6; para os Condutores, 217-9; para os Expedicionários, 223-4; para os Exploradores, 220-2

ARC Document Solutions, 130

armadilha da complacência, 143

Arnold & Porter, 119

Arvai, Peter, 128

avaliação do empreendimento: Condutores e, 54-5; negociação de uma avaliação justa, 191

Bai Brands, 6, 32, 41, 48, 52; dinâmica do cliente na, 39

Bain Capital, 104

Bank of America, 47

Ben & Jerry's, 8, 93, 98, 100, 154, 223
Benchmark Capital, 190-1
Berners-Lee, Tim, 63
Berta, Norbert, 16, 65, 78, 195
Bezos, Jeff, 7, 74
Bischof, Chris, 137
Black, Benjamin, 74
Blakely, Sara, 7, 63
Blecharczyk, Nathan, 170
Blumberg, Matt, 45, 52
Bonfigli, Mark, 70-2, 80, 83, 221
Box, 113
Bradley, Bill, 41
Breitman, Steve, 16, 35
Briggs, Katharine, 23, 236
Brin, Sergey, 20
Bristol-Myers Squibb, 21
Brulant, 41

capacidade de ouvir: Capitães e, 131, 141; dos Expedicionários, 109, 112
Capitães, 8, 119-47; arquétipo, 247; como construtores aliados dos Condutores, 163; como construtores aliados dos Expedicionários, 167; como construtores aliados dos Exploradores, 165; como construtores corporativos, 127, 133, 201-3; como construtores mestre, 225-6; como eles lidam com as dinâmicas de crescimento, 121-38; contratação e, 182; dinâmica da equipe, 125-8, 182; dinâmica da escala, 135-8; dinâmica da solução, 122-5; dinâmica do cliente, 129-31; dinâmica do patrocinador, 131-5; em resumo, 146-7; estratégia do construtor especializado para os, 224-6; estratégias do

"reforçar e delegar" para os, 140-4; Hewlett e Packard, 20; perfil, 120; principais talentos dos, 214; processo decisório, 167, 169; seleção de patrocinadores, 199-203; talentos e deficiências dos, 138-9, 209
Capital One, 21
Cawley, Charlie, 16, 46-7
Cell Phone Personality Typology, 239
Cenergy International Services, 142
Center for Creative Leadership, 111
Central European Advisory Group, 38, 227-8
Chesky, Brian, 170
Choi, Grace, 16, 63, 80
ciclos de venda, 53
Citibank, 21
coaches executivos, 215, 221
Coester, Brian, 76, 79, 84
CoesterVMS, 76, 79
Cohen, Ben, 16, 100, 108-9, 222
colaboração, 15; Capitães e, 125-8, 182; Condutores e, 177-9; escolhendo colaboradores, 153-73; Expedicionários e, 92, 180-2; Exploradores e, 179-80; recrutamento para, 175-85
complementos polares, 23; estratégia do construtor mestre e, 215-6
comportamento autocrático, 80
Condutores, 5-6, 29-57; arquétipo, 244; como construtores aliados dos Capitães, 168; como construtores aliados dos Expedicionários, 166; como construtores aliados dos Exploradores, 164; como construtores corporativos, 42-3, 191-3; como construtores mestre, 218-9; como

eles lidam com as dinâmicas de crescimento, 32-47; definição de sucesso, 37, 39; dinâmica da equipe e, 37, 39, 177-9; dinâmica da escala e, 44-7; dinâmica da solução e, 33-5; dinâmica do cliente e, 39-41; dinâmica do patrocinador e, 41-3; em resumo, 56-7; estratégia do construtor especializado para os, 217-9; estratégias do "reforçar e delegar" para os, 50-5; jogos de soma zero, 135; perfil, 30; principais talentos dos, 213; processo decisório, 162-4; recrutamento e, 177-9; seleção de patrocinadores, 190-4; Steve Jobs, 18; talentos e deficiências dos, 47-50, 209

confiança: Capitães e, 122, 142, 144; Condutores e, 39; Expedicionários e, 110

consenso, Capitães e, 139-42

construtores aliados, 153-73; complexidade e número de, 170; conversa ou negociação com, 171-3; dividindo as responsabilidades de gestão com, 159; escolha dos, 160; nível de igualdade entre, 157; processo decisório, 159-69; questões a serem discutidas com, 172; relacionamento com, 155-7

construtores corporativos: alinhamento estratégico e, 189-90; Capitães como, 127, 132-3, 201-2; Condutores como, 42-3, 191-2; Expedicionários como, 97, 198-9; Exploradores como, 65-6, 75, 195-6; recursos disponíveis para, 202

contratação e recrutamento, 175-85; Capitães e, 135-8, 182; Conduto-

res e, 177-9, 219; contratar mais pessoas do que o necessário, 219; Expedicionários e, 98, 105-7, 112, 180-2; Exploradores e, 179-80; valores baseados na missão para a, 108; *ver também* dinâmica da equipe

controle: Condutores e, 18, 32, 46, 49; Exploradores e, 62, 66, 79-80, 82, 165

conversa, ou negociação, 171-3

Coopersmith, Mark, 132-3

CourseAdvisor, 111

Crossing the Chasm (Moore), 15, 41, 48, 96, 101; *ver também* adotantes iniciais

Crowley, John, 124, 126, 139, 142, 212

Cuban, Mark, 6, 193

cultura da empresa: Capitães e, 8, 121, 125-6, 135-8, 182; Condutores e, 178; Expedicionários e, 112; Exploradores e, 70, 72, 75; recrutamento de membros da equipe, 176

Currier, James, 104

Cutler, Elizabeth, 153

Daltran Media, 36

Dealer.com, 70-1

Della Femina, Jerry, 77

DiCaprio, Leonardo, 105, 197

dinâmica da equipe, 17; Capitães e, 123-7, 138-9, 182; Condutores e, 6, 36-9, 51-2, 177-9; Expedicionários e, 98-100, 180-2; Exploradores e, 66-70, 80, 179-80; gestão de talentos e, 183-5; recrutamento, 175-85

dinâmica da escala: Capitães e, 135-8; Condutores e, 76-9; em diferentes segmentos de clientes, 14; Expedicionários e, 105-7; Exploradores e, 62-6

Índice remissivo

dinâmica da solução: Capitães e, 122-5; Condutores e, 33-4; Expedicionários e, 94-7; Exploradores e, 62-5

dinâmica do cliente: Capitães e, 129-31, 139; Condutores e, 32, 39-41, 53-4; Expedicionários e, 101-3, 114-5; Exploradores e, 71-2

dinâmica do patrocinador, 187-203; alinhamento estratégico e, 189; Capitães e, 131-5, 199-3; Condutores e, 41-3, 54-5, 190-4; Expedicionários e, 103, 105, 196-9; Exploradores e, 73-6, 194-6

dinâmicas de crescimento, 10; *ver também* dinâmica do cliente; dinâmica da escala; dinâmica da solução; dinâmica do patrocinador; dinâmica da equipe

divisão da propriedade, 157

Dixon, Tom, 36

Doctor On Demand, 44-5, 219

doença de Pompe, 124, 212

Dorsey, Jack, 16, 93, 94

DoubleClick, 61

Dr Pepper Snapple Group (DPSG), 39, 49

Dries, Chris, 140

Dstillery, 64-5, 68

Eastside College Preparatory School, 137

e-commerce na Sony, 132-3

Emmelle, 34

empoderamento das pessoas: Capitães e, 121-2, 128-9, 138; Condutores e, 35, 47; Exploradores e, 83

empreendedorismo: definições, 4, 189; Expedicionários e, 107

Endeavor, 105

Entrepreneurial StrengthsFinder (Clifton e Badal), 240

Equinox, 154

"escudos", delegar a, 84

estágios da carreira, membros da equipe e, 176-7

estilo sem interferência, 92

estratégia do construtor especializado, 17, 213; Capitães e, 224-6; Condutores e, 217-9; Expedicionários e, 223-4; Exploradores e, 220-2

estratégia do construtor mestre, 17, 213-7; Capitães e, 225-6; complemento polar e, 215-7; Condutores e, 218-9; Expedicionários e, 224

estratégias do "reforçar e delegar": para os Capitães, 140-4; para os Condutores, 50-5; para os Expedicionários, 111-5; para os Exploradores, 81-5

Eventbrite, 155

Expedicionários, 7-8, 89-117; arquétipo, 246; carisma, 109; como construtores aliados dos Capitães, 168; como construtores aliados dos Condutores, 163; como construtores aliados dos Exploradores, 165; como construtores corporativos, 97, 198-9; como eles lidam com as dinâmicas de crescimento, 92-108; complemento polar dos, 92; contratação e, 180-2; dinâmica da equipe e, 98-100, 180-2; dinâmica da escala e, 105-8; dinâmica da solução e, 94-7; dinâmica do cliente e, 101-3; dinâmica do patrocinador e, 103-5; em resumo, 116-7; estratégia do construtor especializado para os, 223-4; estratégias do "reforçar e delegar" para os, 111-5; lealdade dos, 181; Page e Brin, 20; perfil, 90; processo decisório, 166-7; seguidores dos, 80; seleção de patrocinadores, 196-9; talentos e deficiências dos, 108-11, 209

Exploradores, 7, 59-87; arquétipo, 245; como construtores aliados dos Capitães, 168; como construtores aliados dos Condutores, 162; como construtores aliados dos Expedicionários, 166; como construtores corporativos, 65-6, 75, 195-6; como construtores mestre, 220-2; como eles lidam com as dinâmicas de crescimento, 62-79; complemento polar dos, 92; contratação e, 179-80; dinâmica da equipe e, 66-70; dinâmica da escala e, 76-9; dinâmica da solução e, 62-6; dinâmica do cliente e, 71-2; dinâmica do patrocinador e, 73, 76; em resumo, 86-7; estratégia do construtor especializado para os, 220-2; estratégias do "reforçar e delegar" para os, 81-5; Mark Zuckerberg, 19; perfil, 60; principais talentos dos, 213; processo decisório, 164-5; seleção de patrocinadores, 194-6; talentos e deficiências dos, 79-81, 209

Facebook, 19
Fairchild Semiconductor, 193
Fidelity, 21
Firestone, Marsha, 114-5

Fleiss, Jenny, 8, 104-5
Folio3, 113
Friend, Scott, 104

Gebbia, Joe, 170
Genentech, 21
gestão de talentos, 183-5
Gilbert, Paul, 122-3, 139, 143
Godiva Chocolates, 32
Google, 19-20, 155
Goyal, Ajay, 83
Great Place To Work Institute, 144
Greenberg, Rick, 40, 49
Greenfield, Jerry, 16, 100, 108-9, 222

Hays, Katherine, 96-9, 104, 108-9
Hewlett Packard, 20, 155
Hewlett, Bill, 20
Highland Capital Partners, 187
Hogan Assessments, 15
Holmes, Elizabeth, 100, 105, 109
Honest Company, 89, 91
Hornthal, Jim, 103
Hsu, Jonathan, 220
Hyman, Jenn, 8, 104, 106

IBM, 41
IgnitionOne, 48
inovação, 140, 144
inovadores (clientes), 41
Intel, 154
intuição, Condutores e, 33-4
Intwine, 36
iSuppli, 68

Jackson, Adam, 44-5, 48, 219
Jiff, 91
Jobs, Steve, 18

Índice remissivo

Johnson & Johnson, 21, 30; Tylenol, 16, 65, 77-8, 195
Jung, Carl, 23

Kawasaki, Guy, 173
Kellner, Peter, 105, 197
Kepler Group, 40, 49
Khan, Umair, 113
Kissinger, Henry, 105
Kocher, Bob, 42
Kraus, Margery, 119, 121, 137-8
Kravis, Henry, 105
Kuenne, Chris, 29-30
Kutcher, Ashton, 41

Lee, Mi Jong, 34, 48, 226
Leighton, Tom, 63, 80
Lerman, Howard, 33, 36-7, 48
Levie, Aaron, 113
Lewin, Danny, 63
liderança, 5, 233; Capitães, 120, 140-1; Condutores, 30; Expedicionários, 90; Exploradores, 60
Lidow, Derek, 68

Ma, Jack, 128-9, 159
MacIsaac, Sean, 36
Maeder, Paul, 187, 213
Margiloff, Will, 48
marketing de afinidade, 47
Massive Inc., 96
Maximum Games, 105
MBNA, 16, 46-7
McGraw, Phil, 45
McLaughlin, George, 131
Mead, Margaret, 115
MedAvante, 122-3, 139, 143
melhorias incrementais, 140, 143

mentoria, 183; pelos Capitães, 119, 121, 141; pelos Expedicionários, 113; pelos Exploradores, 82
metodologia de pesquisa, 15, 21-3, 231-40
Metodologia DiSC, 15
Microsoft, 21, 154
Mink, 63
Mirapath, 113
Monroe, Cindy, 135-6, 139
Moore, Geoffrey, 15, 41, 71, 96
Morris, Nate, 8, 16, 95, 98, 102, 105, 109, 197
motivação, 5, 233; dos Capitães, 120-1; dos Condutores, 30; dos Expedicionários, 90; dos Exploradores, 60; recrutamento de membros da equipe e, 176
Myers, Isabel Briggs, 23, 236

narcisismo em relação ao produto, 49, 52-3
National Venture Capital Association, 187
negociação, 171-3
negócios de ativos básicos, 95
Newell, Derek, 91
NFX Guild, 104
Novazyme Pharmaceuticals, 124

O'Kelley, Brian, 59, 61, 66-7, 75, 220
Oakleaf, 95
oito traidores, 193

P&G, 154
Packard, Dave, 20
Page, Larry, 19
Pagon, Len, 41

parceiros, 153-73; complexidade e número de, 170-1; conversa ou negociação com, 171-3; nível de igualdade entre, 157; relacionamento com, 155-7

PC Construction, 98, 106

personalidades construtoras, 5-8; aprendendo com outros tipos, 23, 211-29; arquétipos, 243-7; benefícios de conhecer, 12, 14, 16; como a alma do empreendimento, 4; como um fator controlável do sucesso, 4; complementos polares, 23, 161, 215, 218, 236; contratação/recrutamento, 175-85; desafios enfrentados por, 3-4, 10; dinâmica de crescimento e, 10, 13-4; em ação, 18-20; em resumo, 206-8; escolhendo colaboradores, 153-73; gestão de talentos e, 183-5; identificando o seu tipo, 9, 11; metodologia de pesquisa, 15, 21-4, 231-40; patrocinadores financeiros e, 187-204; tipos híbridos, 235-6; *ver também* Capitães; Expedicionários; Condutores; Exploradores

pesquisas de personalidade, 15, 21-3

Phillips, Tom, 64-5, 68, 80

Pinkham, Chris, 16, 74, 80, 133

Pinterest, 155

Pizzagalli, Angelo, 98, 106

PlayStation, 132

Prepay Nation, 83

Prezi, 128

questionário Builder Personality Discovery (BPD), 9, 11, 188; limitações, 234-5

Rachleff, Andy, 190-1

Raju, Dan, 52

Rent the Runway, 8, 104, 155

Republic Industries, 95

Ressler, June, 142

Return Path, 45

Rice, Julie, 153-4

Richmond Global, 105, 197

Right Media, 59, 66-7

risco, Condutores e, 43

Roberts, Bryan, 84

Rosemark Capital, 114-5

Rosetta, 21-2, 231-40

Rubenstein, Michael, 220

Rubicon Global, 8, 95-6, 102, 197

Samsung, 21

SEBCO Laundry Systems, 35

Seelye, Christina, 105-6

segmentos de clientes: abordagem do agrupamento baseado na personalidade aos, 30; Condutores e, 41; escala, 10; rentabilidade dos, 110

seguidores: Capitães e, 128-9, 141; Condutores e, 44, 48; Expedicionários e, 98-9, 105-7; Exploradores e, 66-70, 80, 221-2

SoulCycle, 153-4

Spanx, 7, 63

Spengler, Laurie, 38, 48, 227-8

Stevenson, Howard, 4, 189

Stone, Biz, 93

Suriyakumar, Suri, 130, 134, 226

taxa interna de retorno (TIR), 190

TED Talks, 128

testes de personalidade, 236, 239-40

Theranos, 100, 105

Índice remissivo

Thirty-One Gifts, 135, 139

Tipologia de Myers-Briggs, 15, 236-8

Titus, Greg, 111-2

tomada de decisão, 5, 233; alianças entre tipos de construtor e, 160-9; construtores aliados e, 157, 160-9; pelos Capitães, 120, 122, 142, 167-9; pelos Condutores, 30, 162-4; pelos Expedicionários, 90, 166-7; pelos Exploradores, 60, 164-5

Tradier, 52

Twitter, 93-4

Tylenol, 16, 65, 77-8, 195

United Silicon Carbide, 140

Venrock, 42, 84

ViVoom, 99

Walmart, 95

Warby Parker, 155

Waste Management, 95

WebSphere, 41

Wegmans Food Markets, 95, 102, 109

Weiss, Ben, 6, 32, 48-9, 52; dinâmica do cliente e, 39; dinâmica do patrocinador e, 41-2

Women Presidents' Organization, 114-5

Wozniak, Steve, 18

Yeh, Doris, 113

Yext, 33, 48

Young Presidents' Organization (YPO), 232

Zuckerberg, Mark, 19

AGRADECIMENTOS

Algumas ideias originais que fundamentam este livro foram concebidas pelos homens e mulheres extraordinários que ajudaram a criar a empresa de Chris, a Rosetta. Entre essas pessoas estão Kurt Holstein (Explorador), cofundador cujos talentos em marketing analítico e paixão por encontrar ideias práticas foram fundamentais para direcionar e aumentar os serviços oferecidos pela Rosetta, Hari Mahadevan (Expedicionário), cujos talentos em consultoria e liderança inspiraram clientes e colegas, possibilitando que a empresa aprofundasse seu impacto e, mais adiante na jornada, Nigel Adams (Expedicionário), que demonstrou o poder de integrar conhecimentos de gestão e liderança para aumentar o impacto da empresa. Essas pessoas muito talentosas desempenharam um papel importantíssimo na criação das bases deste livro, e somos profundamente gratos a todas elas.

Também agradecemos à equipe de lançamento da Rosetta – George Tang (Capitão), Jason Whitney (Explorador), Chetna Bansal (Exploradora) e Lawrence Choi (Explorador) –, que codificou nossa técnica Personality-Based Clustering (agrupamento baseado na personalidade), sendo que Lawrence voltou à equipe nos estágios posteriores de nosso trabalho para refinar algumas análises. Líderes talentosos como Ned Elton (Expedicionário) e Shannon Hartley (Condutora) ajudaram a levar a visão da Rosetta a empresas líderes ao redor do mundo. E, por fim, Tom Adamski (o Capitão exemplar) incentivou e possibilitou os primeiros estágios da jornada que deu origem a este livro. Infelizmente, Tom deixou este mundo muito antes da hora... Muito obrigado, Tom.

Chetna Bansal e Alyssa Pemberton lideraram a equipe da Rosetta, formada por Sarah Martin, Steven Yum e Loren Taylor-Raymond, na aplicação da técnica Personality-Based Clustering às pesquisas para escrever este livro. Somos muito gratos a todos.

Nos estágios iniciais de nosso trabalho, contamos com a ajuda de muitas pessoas. Peter Wendell, Marsha Firestone, Ken Traub, Adam Eiseman, Taylor Francis e Paul Chamberlain foram mais que generosos ao nos disponibilizar seu tempo e suas redes de relacionamento, assim como as filiais da Pensilvânia e de Nova Jersey da Young Presidents' Association e muitas outras organizações. Nossas entrevistas preliminares com vários empreendedores experientes nos ajudaram a consolidar nossos conceitos. Nossa gratidão a Alexander Jutkovitz, Brian Halligan, Carol Head, Chinwe Onyeagoro, Frank Dombroski, Jay Gould, Justin Mares, Mark Buller, Paul Chachko, Neil Grimmer e Tracy Doyle.

Estendemos nossos agradecimentos a Stephanie Sandberg, Whitney Frith e Dan Gerasmowicz, que colaboraram com pesquisas, sugestões e entrevistas. Devansh Gupta contribuiu com pesquisas e estudos (demonstrando sabedoria e ideias surpreendentes para sua idade), com a ajuda de Jenna Rodrigues, Max Bressler, Stephanie McGill e Alex Ferguson. Heather Vanselous, nossa obstinada assistente, orquestrou nossas agendas, supervisionou transcrições e administrou muitos aspectos decisivos de nosso trabalho nos bastidores para concretizar a missão.

Somos gratos à primeira equipe de leitores críticos – Gigi Goldman, Bob Kocher, Tom Higgins, Sylvia Sze, Jim Goldman, entre outros –, que contribuíram com sugestões e opiniões sinceras para melhorar nossa mensagem. Dana Baker-Williams nos ajudou muito na edição durante esse estágio importantíssimo.

Escrevemos extensivamente sobre adequação. Em nenhum outro contexto a importância desse conceito ficou mais clara do que nossa adequação, como autores, à maravilhosa equipe editorial da Harvard Business Review Press (HBRP), liderada por Melinda Merino, que contou com as contribuições de Jen Waring, Stephani Finks, Patty Boyd, Kenzie Travers e Karen Palmer. A equipe de marketing do livro foi liderada por Erin Byrne, com a ajuda de Margery Kraus, Jim Moorhead e Kevin Goldman, da APCO, e de Raeva Kumar, além de contribuições de Chris Danner e Bob Caruso. E ainda contamos com a espetacular equipe de marketing da HBRP: Keith Pfeffer, Julie Devoll, Nina Nocciolino, Lindsey Dietrich, Brian Galvin, Sally Ashworth, Jon Shipley e Aniruddh Kashyap.

Também contamos com a cooperação de muitas pessoas e empresas. Will Danner, Kevin Haag, George Fribourg e Nik Schulz ajudaram no design do site e deste livro; e a Research Now, a Folio3, a Absolute Data, Brian Hasenkamp, da Asenka Interactive, Urban Mouse, Michael Franzyshen, da Ascendant Technologies, e a Princeton Transcription nos auxiliaram em outros valiosos aspectos.

Escrever um livro sempre provoca certo caos na vida dos autores, e não fomos exceção. Nossos colegas da Berkeley e da Princeton foram muito pacientes com nossas várias solicitações, reuniões, ligações e incompatibilidade de agenda. Os professores Mark Coopersmith, Dan Mulhern, Whitney Hischier e Dean Rich Lyons, da UC Berkeley, bem como Benedikt Westrick, John Molner e Fanni Fan, da Rosemark, estão entre eles. Na Princeton University, o Keller Center nos ajudou desde o começo, e agradecemos aos professores Ed Zschau, Derek Lidow e Mung Chiang e aos funcionários Cornelia Huellstrunk, Victoria Dorman, Beth Jarvie, Stephanie Landers e JD Jasper, entre outros.

Por sorte contamos com a orientação de nosso agente, Jim Levine, da Levine, Greenberg, Rostan Literary Agency, e com o apoio contínuo de nossos queridos amigos Treby Williams, Dannie Kennedy e Tom Higgins.

Ao rever essa lista, sem dúvida incompleta, somos tomados pela modéstia diante de toda a ajuda que recebemos. Por último, e o mais importante, agradecemos às nossas esposas, Leslie e Peach, cuja paciência, sabedoria e ajuda emocional foram incomensuráveis. Sem elas, este livro simplesmente jamais teria sido possível.

Chris Kuenne e John Danner
11 de dezembro de 2016

SOBRE OS AUTORES

Fomos surpreendidos pela ideia de escrever este livro durante um almoço em dezembro de 2014. Havíamos marcado um encontro para falar de nossos cursos na Princeton no semestre anterior. No entanto, quando começamos a comparar observações sobre nossas carreiras, ideias e interesses, percebemos que eram convergentes e complementares. Nós dois queríamos muito descobrir por que e como os empreendedores criam algo do zero, concebendo empresas que crescem de startups a empresas de sucesso, e estávamos convencidos da importância desse processo em um mundo em busca de oportunidades econômicas e progresso social. Chris sempre se sentiu intrigado com o fato de a personalidade afetar o comportamento nos mercados, e John, com os problemas e as dificuldades da inovação e da liderança.

Acreditávamos que ninguém ainda tinha conseguido desvendar a inter-relação entre o "quem" e o "como" do processo empreendedor: a interação catalítica entre a personalidade do fundador de um empreendimento e os vários desafios que ele tem de enfrentar ao construir uma empresa de sucesso. Em suma, partimos da crença de que o tipo de pessoa que o empresário é deve afetar a maneira pela qual ele opta por construir seu empreendimento.

Em algumas situações, o acaso fala mais alto que a estratégia. Aquela conversa casual formou as bases da parceria e da amizade que resultaram neste livro. Somos de regiões diferentes dos Estados

Unidos, um da Costa Leste e o outro da Costa Oeste, e integramos nossos estilos discordantes ao processo de condução de nossas pesquisas, aprimoramento de nossas ideias e elaboração destes capítulos.

Chris Kuenne, fundador da Rosetta e da Rosemark Capital, é um empresário de grande sucesso, membro do corpo docente da Princeton University e investidor de capital de crescimento. Há mais de 30 anos é fascinado pelo que motiva as pessoas a fazer o que fazem no contexto empresarial. Tem devotado a carreira a demonstrar ideias sobre as motivações do cliente em técnicas customizadas de vendas e marketing para acelerar o crescimento das empresas.

Chris se dedica, com seus colegas da Rosemark, à aplicação dessas técnicas de crescimento a investimentos em parcerias com empresas líderes. É convidado com frequência a dar palestras em diversas instituições de liderança empresarial, inclusive na Young Presidents' Organization (YPO), em associações de capital de risco, na Association for Corporate Growth (ACG) e na CFO Roundtable, entre outras. Colabora ativamente com a *Forbes* e com uma variedade de outras importantes revistas e periódicos especializados, como a *Advertising Age*, a *Banking Strategies* e a *Pharmaceutical Executive*. Também já participou do programa *Street Signs*, da CNBC, de podcasts da *Forbes* e de outros meios de comunicação.

Antes de fundar a Rosetta, Chris foi líder da divisão de marketing de varejo do First Manhattan Consulting Group, depois de atuar por dez anos em gestão de marketing na Johnson & Johnson, onde liderou as franquias das marcas Band-Aid e Tylenol. Atua em vários conselhos de administração corporativos e de organizações sem fins lucrativos. Concluiu o MBA com honras na Harvard Business School e é formado em administração pela Princeton University. Divide seu tempo entre Princeton, no estado de Nova Jersey, e Shelburne, no estado de Vermont, com sua esposa, Leslie, e seus três filhos, Peter, William e Matthew.

John Danner é professor, consultor, palestrante e escritor dedicado a inovação, empreendedorismo, estratégia e liderança. Sempre quis desvendar como esses fatores convergem para criar valor econômico e social em todos os setores (privado, sem fins lucrativos e público), e sua carreira como executivo, empreendedor e consultor engloba os três.

Atualmente, é pesquisador sênior do Institute for Business Innovation e do Lester Center for Entrepreneurship, ambos da UC Berkeley, e leciona na Haas School of Business, da mesma universidade, e como professor visitante de empreendimento na Princeton. Além do trabalho de consultoria, conduz treinamentos de educação executiva e liderança nos Estados Unidos e por todo o mundo.

Palestrante requisitado em conferências ao redor do mundo, teve a ideia de criar a TED U[niversity] e recentemente deu palestras na TEDx Beacon e na TEDx Athens. Atua em vários conselhos consultivos e é um dos juízes da premiação Spark Design Awards. Foi tema de artigos do *New York Times*, *Wall Street Journal*, *Financial Times*, *Fortune*, *Fast Company*, *Chief Executive*, *strategy+business*, *Entrepreneur* e *Business Insider*, além de várias publicações estrangeiras. É coautor de *The Other "F" Word: How Smart Leaders, Teams, and Entrepreneurs Put Failure to Work*.

John é formado em direito, mestre em saúde pública e educação pela UC Berkeley e bacharel em humanidades com honras pelo Harvard College. Divide seu tempo entre Berkeley, na Califórnia, e Nova York com sua esposa, Nancy Pietrafesa, com quem tem três filhos, Eliot, Chris e Will.

Entre em contato com os autores:
Chris Kuenne
chris.kuenne@rosemark.com
www.rosemark.com
linkedin.com/in/chriskuenne
@kuenne_chris

John Danner
danner@berkeley.edu
www.johndanner.com
linkedin.com/in/johndanner1
@dannerjd

www.builtforgrowth.com

Sobre os autores